철학이란 무엇인가

12가지 물음

최유신 지음

철학이란 무엇인가

12가지 물음

최유신 지음

철학과현실사

머리글

　철학은 다른 학문과 달리 그 정체를 파악하기가 간단치 않다. 그래서 다른 학문과 달리 철학은 철학의 의미가 무엇인가를 논하는 것으로 시작해서 그것으로 끝나는 것이라고 해도 지나친 말이 아닐 것이다. 적지 않은 사람들이 철학은 할 일 없는 사람들이 자기도 이해가 안 가는 말을 가지고 말장난을 하는 것이라고 놀린다. 그래서 철학을 한다는 것은 전혀 비생산적인 일이며, 바쁜 현대인들에게는 더욱 그렇다고 한다.

　몇 주 전에 인문학의 위기라고 전국의 인문대 학장들이 모여서 이러면 안 된다고 집회를 가진 것이 언론을 탔다. 효과가 있을지 모르지만 있다고 해도 과연 며칠이나 갈까? 그 위기에 놓인 인문학에 속하는 학과 중에서 모집이 가장 안 되는 곳이 철학과이다. 나는 한때 학부제라는 제도 속에서 교수로서의 나의 무능력도 아니고, 나의 게으름도 아니고, 나의 학식의 부족함도 아니고, 나의 강의 때문도 아닌데도 불구하고 몇 해 동안

느껴야 했던 자괴감과 처절함을 지금도 생생하게 기억하고 있다. 다만 내가 전공한 것이 철학이라는 것 때문이고, 모양도 내용도 학부제가 아닌 기형적 한국형 학부제 속에 강제적으로 억류되었기 때문에 생긴 일이다.

젊은이들도 어른들도 철학을 하면 밥벌이가 되지 않는다고 생각한다. 그래서 대학에서 인기가 가장 없는 학과가 철학과이다. 특히 지방대학의 철학과 중에는 이미 문을 닫은 곳이 있고, 지금도 폐업할 준비를 하는 곳이 많이 있다. 물론 많은 사람이 철학을 전공으로 할 필요도 없으며, 그럴 수도 없다. 만일 그렇게 되기를 바란다면 그것은 현실을 모르는 어리석음을 드러내는 것일 뿐이다.

그러면서도 많은 한국 사람들이 살면서 어려움에 봉착하면 찾아가는 곳이 있다. 철학관이다. 이 철학관은 한국 동네 곳곳에서 볼 수 있으며, 아마도 세계적인 도시, 서울에 가장 많을 것이다. 신문을 펴보면, 특히 스포츠 신문을 보면 철학관 광고가 실리지 않는 날이 없다. 아마 거리에서 봐주는 싸구려 점을 포함해서 한국인이라면 이곳에 한 번도 들르지 않은 사람은 별로 없으리라. 부잣집 마나님과 귀부인들은 족집게만 찾아간다. 여기서도 빈부의 차를 보게 되니 우리는 씁쓸한 입맛을 다시지 않을 수 없다.

오늘날의 한국은 여러 면에서 결코 밝지 않다. 정치, 경제, 문화, 사회, 그 어느 곳에서도 몇몇 튀는 정치가, 사업가, 연예인, 운동선수를 빼고는 결코 밝지 않다. 튀는 스타를 쫓는 숱한 젊은이들과 아줌마, 아저씨들은 스타를 통해서 대리만족을 느낀다. 오늘날 대한민국 구석구석에 자본주의 제도와 정신이 스며들어와 있다. 물론 이것은 앞으로도 더욱 가속화될 것이다. 북조선 인민은 지도자를 잘못 만난 탓으로 죽음과 배고픔의 고통을 겪고 있다. 이런 와중에 온 세계의 반대를 아랑곳하지 않고 드디어 핵폭탄을 만들어내서 햇볕정책을 떠들어댔던 사람들을 무색하게 만들었다. 과연 한반도의 장래는 있는가?

북쪽은 허울 좋은 이데올로기를 앞세워서 총칼 들고 생존해보겠다고 발버둥을 치고 있고 남쪽은 물질의 풍요를 보장하는 자본주의라는 정글 속에서 총칼을 들지 않은 치열한 생존경쟁을 벌이고 있다. 자본주의 경제는 기본적으로 끊임없는 소비를 만들어내야 돌아가게끔 되어 있다. 생산물이 실제로 인간에게 필요한지 아닌지는 상관없다. 일단 만들어서 팔기만 하면 된다. 한반도의 젊은이들은 어른들이 만들어놓은 이 제도와 이 환경 속에서 어디로 가는지도 모르고 같이 진흙탕에서 허우적대고 있다. 과연 한반도의 장래는 있는 것인가? 다시 한번 한강의 기적을 만들어낼 수 있을까?

교수라는 직업상 내게 붙는 명칭 중에 하나가 지성인이다. 그러나 세상 사람들이 그 말에 붙여주는 의미대로 살아가는 지성인이 나를 포함해서 이 한반도 땅 위에 과연 몇이나 될까? 지식을 파는 장사꾼들이 너무 많다. 그 중에 하나인 나도 깊이 생각하면 할수록 자괴감을 벗어던지기가 어렵다. 이것을 어떻게 풀어야 하는가? 한국의 장래는 있는가?

그러나 나는 장래가 있다고 보고 싶다. 다만 철학적 반성이 우리에게 있을 때 가능하다고 본다. 물론 이 긍정적 답이 나의 직업을 합리화시키기 위해서 내뱉은 말이라도 좋다. 철학을 직업으로 갖고 있는 한 선생의 자기중심적 답이라고 해도 좋다.

그러나 나는 그것만은 아니라고 이야기하고 싶다. 나는 대학에서 그리고 사회 곳곳에서 모든 문제의 밑바닥에는 철학이 있어야 한다는 것을 인정하는 소리를 수없이 듣는다. 전혀 철학과 관련이 없는 사람들의 입에서 그 소리가 나온다. 철학이 부재해서 정치가 안 되고, 사업이 안 되고, 한류가 한계에 부닥치고, 사회가 어지럽다는 소리를 나는 글에서 그리고 정치가에게서, 사업가에게서, 연예인에게서 듣는다. 그 철학이 무엇을 뜻하는지는 모르지만 하여튼 철학이 부재하다는 소리들을 한다. 철학을 주업으로 하는 나로서도 동감이다. 가야 할 목표와 목적이 확실하지 않은데, 빨리 가면 갈수록 불안해지고 갖은 노력과 정성이 헛수고로 돌아갈 수 있다. 목표와 목적을 정하는 데 도움을 주는 것은 다름 아닌 철학의 몫이다. 큰 밑그림이 없이 출발한 그 무엇도 제대로 될 수 없음은 누구나 다 잘 알고 있는 사실이다. 그 큰 밑그림을 철학이 그려준다. 그리고 목표를 향해서 열심히 가면서도 제대로 가고 있는가를 살피기 위한 자기성찰이 없으면 안 된다. 그 자기성찰의 몫도 철학이 갖고 있다.

철학은 '나'라는 존재가 무엇이며, 우리가 사는 '공동체'가 무엇이며, 나아가 '우주'가 무엇인가를 밝히려는 노력을 한다. 곧 참이 무엇인가를 가장 밑바닥에서 그리고 가장 높은 곳에서 바라보면서 그 그림을 그려내려고 한다. 그리고 내가 참이라고 알고 있는 것이 정말 참인가를 다시 반성하고 비판한다. 그리고 내가 산다는 것이 의미가 있는 것인지, 내가 속한 나라의 의미와 우주의 의미가 무엇인지를 묻는다? 사람의 질문은 '무엇이냐?'로부터 시작해서 '왜?'라는 질문에 도달한다. 나이가 들면 들수록 사람은 의미를 묻는다. 사람은 의미를 묻고 의미를 갖고자 하는 존재이기 때문에 그렇다. 그래서 철학은 오늘을 열심히 살아가는 현대인에게 왜 그렇게 서둘러 뛰어가느냐고 묻는다. 이 물음에 바로 대답해야만 우리의 뜀박질이 헛되지 않기 때문이다. 오늘의 한국의 교육시장에서는 이런 질문들은 인기가 없다. 선생들부터 이런 질문은 제쳐놓았다.

한반도가 제대로 살기 위해서는 이런 문제에 다시 관심을 가져야 한다. 교육자부터 솔직하게 깊이 되씹어봐야 할 문제다. 음미하지 않은 삶은 제대로 사는 삶이 아니라는 소크라테스의 말에 교육자 그리고 각 분야의 지도자들이 귀 기울여야 나라의 장래가 있다. 물론 이 책은 이러한 질문들의 정답을 주지 않는다. 다만 다시 그 문제를 정리해 보고 분석해 본다. 나는 내 나름대로 철학을 세웠다고 하나 아직 남에게 정리해서 설명할 능력은 없다. 물론 내 나름의 철학은 모두 배우고 경험해서 조합한 것에 불과하다. 남이 해놓은 말을 베낀 것도 수두룩하다. 나름대로는 쉽게 풀어서 설명해 보려 했으나 역시 역부족이다.

이 책은 철학의 많은 주제 중에 12가지를 골랐다. 전통적 서양철학서에 나온 주제들이다. 내 비좁은 머리로 주로 서양 것만을 배우고 읽었으니 어쩔 수 없는 한계이다. 어떻게 자기 것도 잘 모르면서 남의 것을 가지고 떠드느냐고 말하면 할 말이 없다. 그래도 한마디 핑계는 있다. 잘 모르면서도 번역한 내 책을 참조해 보라고 기어들어가는 소리로 대답해도 괜찮을지 모르겠다. 서양학자가 써놓은 동양사상 책을 번역해서 내놓은 책이다. 역시 '철학과현실사'에서 출판한 『동양철학입문』이다.

이 책은 1부와 2부로 나뉘어 있다. 이 책의 제목인 12가지

철학의 주제는 2부에서 다루고 있다. 2부에서 12가지 주제를 이야기하기 전에 먼저 1부에서 철학이 무엇인가에 대해서 상당히 길게 설명하고 있다. 철학적 주제를 논하기 전에 철학이 무엇인가에 대한 전반적인 이해가 필요하다고 생각해서 그렇게 했다. 4장으로 되어 있는데 평소에 썼던 글과 강의하면서 모았던 글들이다. 반복되어 나오는 부분들이 있으나 철학이라는 것이 개념의 이해라고 볼 때, 반복된 설명 가운데서 이해가 분명해지리라고 생각한다. 1장은 '철학이 한국 학생들에게 필요한 이유'이다. 주로 철학의 현실적 유용성을 이야기했다. 2장과 3장은 철학이란 무엇인가에 대한 설명이다. 철학적 질문들의 성격을 설명했고 우리의 생활에서 나타나는 철학적 질문들을 구체적으로 나열한 후에 내 나름대로의 답을 써보았다. 얼마든지 다른 질문과 답이 있기 때문에 열린 질문과 열린 답이라고 제목을 붙였다. 다음 4장에서는 여러 가지 철학의 분야에 대해서 간략하게 설명했다. 잘 이해가지 않는 것은 건너뛰면 된다.

2부의 1, 2, 3 장은 철학 중에서 우리의 구체적 삶과 가장 직접적인 관련이 있는 윤리학과 관련된 주제이고, 그 다음으로 윤리학의 연장이라고 볼 수 있는 정치철학의 주제 중 3개를 택해서 4, 5, 6장에서 다루었다. 다음의 7, 8, 9장은 철학에서 가장 추상적인 분야라고 볼 수 있는 형이상학에서 역시 3개의 주제를 뽑아서 다루었다. 그리고 10장은 인식론에 해당하는 주제로서 진리란 무엇인가에 대해서 설명했다. 11장은 모든 문제의 시작이자 종착점인 자아에 대해서 다루었다. 그리고 마지막으로 12장에서는 11장에서 다룬 자아의 문제의 연장 내지는 확장으로서 인생의 의미에 대해서 다루었다. 특별히 11장과 12장은 우리의 삶과 매우 직접적 관련이 있는 부분이라고 생각해서 다른 장보다 좀 길게 썼다. 어설픈 설명이지만 12가지 주제에 대해서 같이 고민하면서 우리들의 철학적 사유 능력을 키우는 데 부디 도움이 되는 책이 되었으면 한다.

차 례

머리글 / 5

제 1 부   철학이란?

제 1 장   철학이 한국 학생들에게 필요한 이유 / 17
제 2 장   철학이란 무엇인가? / 29
제 3 장   철학적 질문들 / 41
제 4 장   철학의 분야 / 65

제 2 부 철학의 12가지 물음

제 1 장 행복을 얻느냐, 의무를 지키느냐? / 89

제 2 장 사람은 이기적인가, 이타적인가? / 105

제 3 장 우리에게 자유의지는 있는가? / 123

제 4 장 자유란 무엇인가? / 137

제 5 장 평등이란 무엇인가? / 153

제 6 장 정치에서 성(性)은 무엇인가? / 169

제 7 장 실체란 무엇인가? / 185

제 8 장 신은 존재하는가? / 195

제 9 장 악은 존재하는가? / 213

제10장 진리란 무엇인가? / 225

제11장 자아란 무엇인가? / 241

제12장 인생은 의미가 있는가? / 261

찾아보기 / 283

제 1 부

철학이란?

제 1 장
철학이 한국 학생들에게 필요한 이유

1. 들어가는 말

철학 수업에 처음으로 참여하는 학생들에게 철학이 무엇을 하는 학문이라고 생각하느냐고 물으면 대부분의 학생들은 쉽게 대답을 하지 못한다. 사실 철학은 무엇을 하는 학문인지, 그 이름만 듣고서는 쉽게 알 수가 없다. 일반적으로 다른 학문들은 그 이름만 들어도 무엇을 연구하는 학문인지를 금방 알 수 있다. 예를 들어, 물리학, 법학, 의학, 경영학, 국문학 등 대부분의 학문은 이미 이름 자체가 무엇을 하는 학문인지를 말해 주고 있다. 그러나 철학은 그 이름만 듣고서는 정체를 알 길이 없다. 그렇다고 다른 학문이 그 이름에서 보여주듯이 '철'에 관한 학문도 아니니 말이다.

철학은 그 이름에서부터 우리의 먹고사는 일상적 생활과는 한참 거리가 떨어져 있는 것 같다. 그러나 철학이 금방 감이 잡히지 않는 이름을 가진 것은 다른 개별학문처럼 어느 것 하나에 집중해서 그것만을 연구하는 개별학문과는 달리, 우리의 눈에 당장 드러나지 않는 현실의 밑바닥이나 배후에 서서 어떤 것 하나를 바라보지 않고 전체적으로 조명하는 학문인 데서 기인한다고 볼 수 있다. 사실 현대의 모든 학문은 근세 이후 철학에서 분가한 자식들이다. 모든 학문이 철학에서 시작했듯이, 분리된 모든 학문들은 다시 철학에 의해서 **통전적(統全的)** 시각으로 비판될 필요가 있다. 그래서 모든 학문은 학문의 역사가 더해 갈수록 철학을 필요로 하고 있다. 언어철학, 법철학, 경영철학, 과학철학, 심지어는 체육철학 등처럼 오늘날의 거의 모든 학문은 뒤에 철학이라는 말을 붙여, 스스로의 학문을 비판적으로 연구하는 철학적 작업을 하고 있다. 이것은 분화된 학문은 전체의 지식 체계 속에서 자신의 자리 매김을 하고 자신의 방향과 목적을 다시 살펴보아야 한다는 것을 단적으로 보여주고 있는 증거이다.

그런데 이 글에서는 철학이 무엇인가에 관한 학문적 이야기를 하기보다는 우리의 일상적 삶과 관련해서 철학의 유용성에 초점을 맞추려고 한다. 즉, 철학을 함으로써 우리가 얻을 수 있는 것이 무엇이며, 그것이 현실생활에서 특히 현대 사회와 미래 사회에서 얼마나 중요한 것인가를 논하고자 한다. 그럼으로써 21세기의 한국을 사람이 살 만한 사회로 만드는 데 있어서, 무엇보다도 철학 교육 특히 철학자들에 의한 논리와 윤리의 교육이 이루어지는 것이 필수적임을 이야기하고자 한다.

나는 대부분의 수업시간을 학생들이 둥그렇게 둘러앉은 가운데에 서서 설명하고, 질문하고, 답변을 하면서 토론을 유도한다. 내가 이런 식의 수업을 즐기는 것은 학생들과 대화를 하고 싶어서이다. 일방적 강의와 필기가 아니라 대화하는 수업을 통해서, 교수와 학생 간에 그리고 학생들 간에도 서로 묻고 대답할 수 있는 기회를 제공함으로써 발표하는 법, 대화하는 법, 토론하는 법, 말하는 법을 가르쳐주고 싶어서이다. 이것을 구태여 가르쳐주고 싶은 이유는 한국의 중고등학교 교육은 철저하게 대화와 토론과는 정반대의 교육을 하기 때문이다. 실제로 이런 식의 강의를 할 때 6년 이상을 일방적으로 듣고 필기하고 질문 한번 하지 않았던 학생들은 매우 어색하다고 한다. 서로 바라보는 것조차 어색하다는 것이다.

한국의 교육제도에 크게 문제가 있다는 것은 어제오늘만의 문제가 아니고, 이제는 세상 사람이 다 아는 상식이 되어 버렸다. 지구상에서 공부 때문에 자살하는 학생이 가장 많은 나라이다. 한국 교육의 문제점이 한두 가지가 아니고 그 성격이 총체적이지만, 대화와 질문과 토론이 없는 교육은 무엇보다도 심각한 문제이다. 내가 이렇게 생각하는 이유는 교육에서 가장 중심이 되어야 할 것은 말의 교육이라고 생각하기 때문이다. 말은 인간의 가장 근본적 삶의 조건이기에 그렇다. 대화와 토론식의 교육이 중요하다는 것을 알면서도, 이렇게 이끌어 나갈 선생도 별로 없고, 또 현재의 대학입학을 위한 교육은 이런 식의 교육이 발붙일 틈을 조금도 허용하지 않고 있다.

2. 말과 철학 그리고 말의 중요성

철학을 함으로써 우리가 얻는 것이 무엇인가? 여러 가지가 있겠지만, 우리의 현실생활과 관련시켜 볼 때, 무엇보다도 대화하는 능력을 얻을 수 있는 데 있다. 철학은 말을 제대로 할 수 있는 능력을 가르쳐준다고 해도 틀린 말이 아닐 것이다. 서양 철학의 아버지라고 볼 수 있는 플라톤의 스승인 소크라테스는 진리를 찾아 나아가는 방식을 대화를 통해서 펼쳐나갔지, 칠판의 강의를 통해서 풀어나가지 않았다. 대화를 통해서 대화의 참여자가 스스로 진리를 깨달아 나아갈 수 있는 길을 열었다는 것을 볼 때, 철학은 대화의 학문이라고 이야기해도 과언이 아니다.

말이 얼마나 중요하기에 기독교의 경전은 태초에 말씀(logos)이 있었고, 그 말씀으로 세상을 창조했다고 말했겠는가? 철학에서 사용하는 논리의 법칙이기도 하고 역사발전의 법칙이기도 한 **변증법(dialectics)**이라는 용어는 그 어원이 대화(dialogue)와 같다. 변증이란 용어의 'lect'와 대화의 'logue'는 둘 다 '말하다'라는 뜻을 가지고 있다. 발전의 법칙인 변증법도 결국 대화에서 나왔다는 것을 볼 때, 철학에서 '말'이라는 것이 얼마나 중요한지를 보여주고 있다.

철학은 또한 **비판정신의 함양**이라고도 하는데, 흔히 우리는 비난을 하지만 비판할 줄을 모른다는 말을 듣는다. 이 비판은 무엇을 말하는가? 어떻게 하는 것이 비판인가? 비판은 무엇으로 하는가? 비판 역시 말로서 하는 것이다. 비판을 제대로 하기 위해서는 우선 상대방의 말을 잘 들어야 하고, 상대방의 이

20

야기의 문제점을 발견하고, 내 의견을 제대로 말해야 하는 것이다. 비판을 제대로 하려면, 말을 제대로 해야 한다는 말이 되기도 한다.

인간을 만물의 영장이라고 하는 이유 중의 하나가 바로 말을 할 수 있는 능력을 갖추었다는 데 있다는 것을 보아도, 인간은 언어의 존재라고 정의를 내려도 무방하다. 인간에게 말이 없었다면 어떻게 문명과 문화가 가능했겠는가? 인류가 만든 정치제도 중에서 가장 최선의 제도가 민주주의라고 한다. 민주주의는 말로써 하는 정치를 말한다. 민주주의가 이루어지는 곳에서는 언로가 열려 있다. 말의 잔치가 이루어진다. 말의 꽃이 피어난다. 그렇지 않고 독재와 전제가 있는 곳에서는 말은 침묵을 당하고 억압되어서 왜곡된다. 이 민주주의 제도는 입법부, 행정부, 사법부가 서로 견제와 균형을 이룸으로써 가능하다. 그런데 이 세 부서 중에서 민주주의의 꽃이라고 불릴 수 있는 곳이 입법부이다. 입법부 혹은 국회는 무엇을 하는 곳인가? 국민의 대표들이 모여서 무엇을 하는가? 국사를 논의하고 토론하는 곳이다. 생각을 달리하는 여(與)와 야(野)가 모여서 말싸움을 하는 곳이다. 말로써 내 견해를 표명하고, 말로써 상대의 견해를 비판하고 그리고 상대의 말에 내 의견을 수정해서 새로운 합의를 이끌어내는 곳이다. 소위 변증법적으로 대화를 이루어 합의를 이루어내야 할 곳이다. 그런데 어려서부터 말싸움의 교육을 제대로 받지 못한 우리의 국회의원들은 말싸움을 해야 할 곳에서 몸싸움의 촌극을 전 국민이 바라보는 앞에서 아무런 부끄러움 없이 벌이고 있다. 미개한 사람과 미개한 나라일수록 몸싸움을 할 것이고, 문명화된 사람과 문명화된 나라일수록 말로써 싸움을 한다고 말하는 것은 지나친 말일까?

대화라는 것이 왜 인간에게 필요하게 되었나? 한마디로 사람들은 한결같이 서로 다르기 때문에 대화가 필요하게 되었다. 서로의 생각과 의견이 똑같다면 무슨 대화가 필요하겠는가? 서로 다르기 때문에 대화가 필요한 것이다. 서로 다른 인간들 사이에는 갈등이 불가피한 것이다. 갈등은 일종의 싸움을 일으킨다. 인간은 싸움을 통해서 갈등을 해결한다. 이렇게 볼 때 인간에게 싸움 또한 불가피하다고 볼 수 있다. 문제는 무엇을 가지고 싸움을 하는가이다. 주먹으로 싸움을 할 것인가, 말로 싸움을 할 것인가이다.

우리는 주먹으로 문제를 해결하는 것을 동물적 혹은 원시적 방법이라고 한다. 신은 동물과 달리 인간에게 훌륭한 싸움의 무기인 말을 주었기 때문이다. 인간이 인간이 될 수 있는 이유는 말로 싸움할 수 있기 때문이다. 모든 행복한 부부는 싸움을 하는 것이 정상이다. 싸움이 없다는 부부야말로 문제 있는 부부이다. 문제는 무엇으로써 부부싸움을 하는가이다. 말로써 하는가, 주먹과 야구방망이를 가지고 하는가이다. 행복한 부부는 말로 싸움을 한다. 말의 교육을 제대로 받지 못한 이들은 말로 싸울 줄을 모르기에 주먹이 날아간다. 사실이지 말싸움을 제대로 할 줄 모르기 때문에 괴롭고 추하게 사는 인생들이 우리 주변에는 너무도 많다.

우리는 가정에서 무엇으로 아이들을 교육시키는가? 말로써 시켜야 하지 않겠는가? 아이들에게 부모들의 말의 권위가 서야 제대로 된 교육을 시킬 수 있다. 나는 미국의 어머니들의 말의 권위가 한국의 어머니들의 말의 권위보다도 엄청나게 크다는 것을 종종 볼 수 있었다. 조용히 앉아 있어야 할 공공장소에서 뛰어다니는 아이들에게 서양의 어머니들은 단 세 번의 말의 충고로 효과를 발휘하지만, 한국의 어머니들이 아이들을 잡으려고 아이들과 같이 뜀박질을 하고 물리적 힘을 가해도 아이들은 막무가내이다. 이것은 우리가 어려서부터 제대로 말하는 법을 배워보지 못한 문화에서 자란 배경에 기인한다고 생각한다. 우리는 연애할 때 무엇으로 하는가? 6년 내내 소위 일류대학을 가기 위해서 그렇게도 열심히 외운 영어와 수학의 공식을 가지고 하는가? 아니다. 말을 가지고 한다.

자본주의란 무엇인가? 자본주의는 시장에서 이루어진다. 시장은 어떤 곳인가? 말이 난무하는 곳이다. 근세철학의 시조 중의 한 사람인 영국의 철학자 프랜시스 베이컨(Francis Bacon, 1561-1626)이 말한 시장의 우상이 바로 그것을 말해 주고 있다. 모든 기업들은 좋은 물건을 만들어 국내시장 혹은 외국시장에서 물건을 팔기 위해서 선전한다. 무엇으로 선전을 하는가? '말'이다. 내 물건이 좋다는 것을 '말'로 바이어들(buyers)에게 설득시켜야 한다. 장사를 잘한다는 것은 말을 잘한다는 것이 아닌가? 장사를 하는 기업에 취직하려는 졸업생들은 제대로 된 말을 해야 할 수 있지 않을까? 세계화되어 가는 오늘날, 나라와 나라 간의 외교는 내치(內治) 못지않게 중요하다. 외교가 하도 중요하기에 요즈음은 외교전(外交戰)이라는 말까지 쓰고 있다. 이 중요한 외교전의 무기가 무엇인가? '말'이 아닌가?

3. 말과 논리와 교육

우리는 흔히 이런 말을 듣고 또 우리가 직접 하기도 한다. "어디 말이 말 같아야 말이지", "어디 그게 말이 되냐?", "말도 안 된다." 이 말들은 무엇을 뜻하는가? 말이라고 해서 다 말이 아니란 뜻이다. 제대로 된 말이 되려면 어떤 조건을 갖추어야 한다는 말이다. 어떤 말을 제대로 된 말이라고 할 수 있을까? 그것은 아마도 '조리 있는 말'을 두고 하는 말일 것이다. 조리가 있는 말이란 어떤 말인가? 말의 앞뒤가 이치가 맞고 논리가 선 말을 두고 하는 말이 아닌가? 즉, 논리적으로 체계가 선 말을 말한다. 말과 논리는 떼려야 뗄 수 없는 관계이다. 왜냐하면, 말은 생각을 표현한 것인데, 우리의 생각은 아무렇게나 이루어지지 않기 때문이다. 생각에는 따라야 할 법칙이 있고, 논리가 있고 체계가 있기 때문이다. 그래서 우리의 생각을 표현한 말에는 말하는 법 즉, 어법과 문법이 있는 것이다. 결국 제대로 된 말이란 논리가 선 말을 뜻하는 것이다.

말이 논리와 얼마나 밀접한 관계에 있는가는 그 어원을 살펴보아도 알 수 있다. 논리학은 'logics'인데 이 용어는 바로 말을 뜻하는 'logos'에서 나온 것이다. 그리고 학문을 뜻하는 'logy'가(예를 들어, psychology, biology, geology 등) 바로 'logos'와 'logic'과 관련되어 있는 어미(語尾)라는 것을 볼 때, 말과 학문은 논리와 뗄 수 없는 관계임을 알 수 있다. 논리학은 모든 학문의 기본적 도구이다. 불교의 팔정도(八正道)에는 정언(正言)과 정사(正思)가 모두 있는데, 이 정언은 바로 정사에서 나오는 것이다. 물론 이 바른 생각이라는 것에는 윤리적 의미도 담겨 있겠지만, 그 윤리적 사고 역시 논리적 체계가 선 말을 통해서 표현되어야 하는 것이다. 현대철학의 가장 큰 조류 가운데 하나가 러셀(Bertrand Russel, 1872-1970)과 비트겐슈타인(Ludwig Wittgenstein, 1889-1951) 같은 철학자들이 강조한 논리학과 언어인 것을 보면, 철학은 말과 논리와 밀접한 관련이 있음을 알 수 있다.

인간의 삶은 말에서 시작하고 말로 끝난다고 볼 수 있다면 우리는 제대로 된 말을 하며 사는 인생을 살아야 하지 않을까? 인간을 사회적 동물이라고 하는데, 사회적 존재를 가능케 하는 것이 바로 말이다. 오늘날 강조되는 전인교육에서 가장 기본이 되어야 할 교육이 바로 말의 교육이다. 제대로 된 말은 논리가 선 말이고, 논리와 말은 철학과 밀접한 관련이 있다면, 제대로 된 인생을 살려면 철학은 필수적이라고 말할 수 있지 않을까? 그런데 우리의 전통적 문화와 중고등학교 교육은 말과 토론의 교육과는 너무나도 거리가 멀다.

일반적으로 우리는 어릴 때부터 말의 표현보다는 말의 자제에 익숙해 있다. 물론 오늘날의 젊은이들에게는 얼마든지 자신의 의사를 표현할 자유가 주어져 있다. 그러나 한국의 중고등학교 교육은 구조적으로 말을 제대로 할 기회를 박탈하고 있다. 앞에서도 이야기했듯이 우리의 교육제도는 암기식 교육을 강제하고 있기 때문에 학생들이 질문하고 토론할 기회라는 것은 전무하다 해도 과언이 아니다. 서양 학생들의 수업을 보면, 서로 말을 하려고 해서, 선생이 누구에게 말을 시켜야 할지를 모를 정도이다. 우리의 학생들은 질문할 거리가 없고 발표는 서로 안 하려고 한다. 중고등학교 시절에 한번도 질문해 본 적이 없는 학생들이 부지기수이다. 우리 부모들이 "오늘 학교에서 무엇을 배웠니?"라고 물을 때, 유태인의 부모들은 "오늘 무엇을 질문했니?"라고 묻는다. 이 한마디의 질문에서 우리는 유태인의 교육방식이 우리보다 훨씬 더 철학적이라는 것을 엿볼수 있다.

4. 맺는 말

제대로 된 말을 하기 위해서 철학교육은 필수적이다. 철학은 철학의 지식을 전달하는 것이 아니라, 철학하는 법을 가르치기 때문이다. 말 같은 말이 오가는 사회, 남의 말을 경청하는 사회, 제대로 된 말이 꽃을 피우는 가정과 사회, 말이 지켜지는 신용사회, 이것이 지금의 우리의 사회에 가장 필요하다. 우리의 사회가 어려서부터 제대로 말의 교육을 시킬 때 우리에게도 토론의 문화가 정착이 되고, 살 만한 사회가 이루어지고, 말과 토론을 말살시키는 오늘날의 교육이 싫어서 한국을 떠나는 사람들을 잡을 수 있을 것이다.

이러한 말과 토론의 교육이 이루어지기 위해서는 철학교육은 불가결한 것이다. 가능하면 초등학교 시절부터, 논리와 윤리의 교육이 실시되어야 한다. 많은 사람들이 논리와 윤리는 상관이 없는 것으로 생각하기 쉬우나, 윤리에서 논리의 면이 얼마나 중요한지 모른다. 왜냐하면, 윤리학이란 전통도덕을 잘 준수하는 것을 강조하는 것이 아니라 우리가 지켜야 할 도덕과 윤리가 정당한 논리와 근거를 지니고 있는가를 따지고 반성하고, 새로운 시대를 이끌어갈 창조적인 윤리를 만들어내는 작업을 하는 학문이기 때문이다. 전통적 윤리는 오늘날 새롭게 논리적 정당화의 작업을 거쳐야만 한다. 오늘날의 윤리는 지켜지지 않는 전통을 고집하는 것이 아니라, 전통의 옳은 면을 정당화할 수 있는 논리가 필요한 것이다. 그리고 윤리적 갈등 속에서, 감정에 치우치지 않으면서, 다른 사람이 결정한 것에 대해 무비판적인 수용이 아니라, 옳은 주체적, 윤리적 판단능력을 갖기 위해서는 윤리적 갈등을 논리적으로 분석할 힘이 필요한 것이다. 따라서 바른 윤리적 판단은 또한 논리교육에서 가능한 것이다.

철학은 말할 것을 요구하고 있다. 물론 인간의 삶에서 침묵이 차지하는 역할 매우 중요하다. 그러나 말이 그만큼 필요하기에 침묵이 필요하다. 제대로 되지 못한 말보다는 침묵이 낫다고 할 수 있지만, 침묵보다는 제대로 된 말, 바른 말, 올바른 말이 행복한 인간의 관계를 맺게 해줄 것이며, 인간이 만든 최선의 제도인 민주주의를 제대로 꽃피게 할 것이다.

제 2 장
철학이란 무엇인가?

일반적으로 사람들은 철학을 모든 학문 중에서 일상생활의 문제로부터 가장 멀리 떨어져 있는 가장 난해하고 추상적인 학문으로 생각한다. 그러나 우리가 의식하든 그렇지 않든, 우리들 대부분은 나름대로 어떤 철학적 견해들을 갖고 있다. 신기한 일은 철학이 무엇인지 잘 모르는 사람들조차도 그 용어를 일상적 대화에서 자주 사용한다는 것이다.

1. 대중적 사용

우리가 현재 사용하고 있는 '철학(哲學)'이라는 말은 영어의 'philosophy'를 가리킨다. 이 말은 원래 고대 그리스어의 '*philosophia*'에서 온 것으로서 일본의 서주(西周)라는 철학자가 처음으로 철학이라는 말로 번역했다. 그리스어 '필로소피아(*philo-sophia*)'는 '*philos*'라는 말과 '*sophia*'라는 말의 합성어로서 '지혜의 사랑'을 의미한다. 그러나 사람들은 이 말을 다양한 의미로 사용한다. 때때로 '철학'이라는 말은 어떤 활동이나 행동에 대한 태도를 말한다. 예를 들어 우리가 "나는 당신의 경영철학에 동의할 수 없다"라고 말할 때나 "나는 그에게 표를 던질 것이다. 왜냐하면 나는 그가 가지고 있는 정치철학을 좋아하기 때문이다"라고 말할 때가 그런 경우이다. 또한 어떤 즉각적인 문제들에 대해서 장기적이고 공정한 견해를 취하는 것을 의미할 때도 '철학적'이라는 말을 쓴다.

우리말에서는 그렇지 않지만 영어의 'philosophical'이라는 말은 '이성적인' 혹은 '냉정한'이란 의미를 담고 있어서 어떤 사람이 실망했을 때, 예를 들어 비행기를 놓쳤을 때에 미국 사람들은 그 사람에게 더 'philosophical(냉정)'할 것을 제안한다. 이때 그들이 말하고자 하는 것은 그 사람이 순간의 사건에 너무 염려 말고 그 사건을 더 긴 안목에서 바라봐야 한다는 것이다. 또 인생에서 중요하거나 의미심장한 것에 대한 평가나 해석을 말할 때에도 철학이라는 낱말을 사용한다. 이것은 두 사람이 같이 맥주를 마실 때 볼 수 있다. 한 명이 자신의 잔을 불빛 밑에 치켜들고서 잔에 써 있는 글자를 자세히 들여다보더니 "인생은 한 잔의 맥주와 같다"고 말한다. 함께 술을 마시던 친구가 잔을 쳐다보고서 그 친구에게 "왜 인생이 한 잔의 맥주와 같지?" 하고 묻는다. 그러자 다시 친구가 "그걸 내가 어떻게 알아? 내가 뭐 철학자인가?"라고 답한다.

2. 대중적 개념

일상적 언어에서 우리는 '철학' 혹은 '철학적'이라는 말을 여러 의미로 다르게 사용하면서도 대체로 철학을 극도로 복잡한 지적 활동이라고 생각하는 경향이 있다. 우리는 종종 철학자들이란 다른 사람들은 살아가기에 바삐 쓰고 있는 시간과 정력을 (로댕의 「생각하는 사람」의 조각상에서처럼) 가만히 앉아서 인생의 궁극적인 의미와 같은 해결도 되지 않는 질문들로 고민하는 데 써버린다고 생각한다. 우리가 때때로 신문이나 잡지에서 과거의 중요한 철학자들의 이야기, 예를 들어 버트란드 러셀(Bertrand Russell, 1872-1970)이나 아리스토텔레스(Aristotle, 384-322 BCE[1]) 같은 철학자들의 이야기를 읽어보면 그들은 세계의 문제를 가장 추상적인 방식으로 명상하는 데 자신을 바쳐서 멋있어 보이기는 하지만 도저히 실용적인 가치를 가졌다고 보기 힘든 견해나 이론을 만들었다는 인상을 받는다.

한편 철학자에 대한 또 다른 이미지가 있다. 그것은 철학자는 어떤 사회와 문화가 갖고 있는 전망과 이상을 만들어낸다는 것이다. 칼 마르크스(Karl Marx, 1818-1883)와 프리드리히 엥겔스(Friedrich Engels, 1820-1895) 같은 철학자들은 공산주의 이론을 만든 사람이며 반면에 토머스 제퍼슨(Thomas Jefferson,

---

1) 이 책에서는 '예수 탄생 이전(Before Christ)'을 뜻하는 BC와 '주님의 해(Anno Domini)'를 뜻하는 AD를 사용하지 않고 기독교 색채를 없앤 '공동연대(Common Era)' 이전과 이후를 뜻하는 BCE와 CE를 사용하겠다. 지구촌화되어 가는 오늘날의 관점에서 볼 때, 특정한 문화와 종교에서 시작한 연대 표기법을 사용하는 것은 합리적이지 않다. 그래서 많은 책에서 점차로 BC와 AD의 표기가 사라지고 있다.

1743-1826), 존 로크(John Locke, 1632-1704), 존 스튜어트 밀 (John Stuart Mill, 1806-1873)과 같은 철학자들은 민주주의 사회에 널리 퍼져 있는 이론을 개발한 사람들이다.

3. 철학적 작업

사람들이 철학자들의 역할에 대해서 이와 같이 다양한 생각을 가졌음에도 불구하고, 그리고 그들의 활동이 일반적인 사람들의 직접적인 관심사와 멀리 떨어져 있어 보임에도 불구하고, 철학자들은 직접적으로 혹은 간접적으로 우리 모두에게 중요한 문제들을 깊이 사색해 왔다. 문제들을 주의 깊게 철저하게 비판적으로 검토함으로써 그들은 크게는 우주 전체에 걸쳐서 그리고 인간사에 대해서 우리가 일반적으로 갖고 있는 정보와 믿음을 평가해 왔다. 이런 탐구를 통해서 철학자들은 우리가 알고 있고 생각하는 모든 것을 전체적이면서도 체계적인 그리고 일관성을 가진 하나의 그림으로 그려보려고 애써왔다. 그리고 과학의 발전을 통해서 세계에 대한 더 많은 정보를 얻게 됨으로써 기존의 그림에 대한 새로운 해석을 하는 작업을 해왔다.

철학자들의 이러한 해석과 이해를 통해서 보통 사람들은 세계와 인간사에 대해서 제한적이지만 자신들만의 개념으로 구성된 전망과 틀을 갖게 된다. 또한 철학자들이 시도한 세계와 인간에 대한 해석을 통해서 우리는 우리 자신의 역할과 활동을 살펴볼 수 있고 그 역할과 활동이 어떤 의미를 갖는지를 알 수 있다. 철학자들의 이와 같은 검토와 평가를 통해서 우리는 인간의 이상과 포부를 더 잘 평가할 수 있게 되고, 그런 이상과 포부를 갖게 되는 이유를 더 잘 이해할 수 있으며, 나아가서 우리가 그것을 받아들여야 하는지의 여부도 판단할 수 있다.

약 2,500년 전 고대 서양 철학이 시작할 바로 그 무렵부터 철학자들은 우리가 사는 세계와 우리 자신에 대해서 우리가 가지고 있는 견해가 합리적으로 옹호될 만한 것인가를 알아보기 위해서 그 견해를 철저하게 검토할 필요가 있다는 확신을 가지고 있었다. 사람들은 모두 자연계와 인간 세상에 대해서 많은 정보와 견해들을 얻는다. 그러나 우리들 중에 이 정보와 견해들이 믿을 만한 것인지 혹은 정말로 중요한 것인지 깊이 사색해 보는 사람은 별로 없다. 우리는 대개 과학적 발견을 통해서 얻는 정보, 전통적인 믿음, 그리고 우리의 개인적 경험을 통해서 얻는 다양한 견해들을 의심 없이 기꺼이 받아들인다. 그러나 철학자들은 이러한 견해와 믿음들이 충분한 증거에 기초한 것인지, 합리적인 사람이 그것들에 매달리는 것이 정당화될 수 있는 일인지를 비판적으로 철저히 검토하자고 주장한다.

4. 소크라테스의 주장

소크라테스는 BCE 399년에 그가 받은 재판에서 "음미되지 않은 삶은 살 만한 가치가 있는 것이 아니다"라고 말함으로써 자신이 철학을 하는 이유를 설명했다. 그는 자신과 동시대에 사는 사람들이 거의 모두가 명성, 부, 쾌락을 추구하는 데 온 정신을 쏟는 것을 보았다. 그러나 그들은 과연 이런 목표들이 인간의 삶에서 얼마나 중요한 것인지를 스스로 물어보지도 않은 채로 이것들을 추구하는 데 인생을 보내고 있었다. 자신들이

온 정열을 쏟는 문제에 대한 근본적 물음 없이, 또 답변을 얻으려는 심각한 고민도 없이 목표만을 향해서 달려갔는데 그 목표가 올바른 것이 아니라면 어떻게 될까? 쓸데없는 일에 혹은 위험한 목표를 추구하는 데 인생을 소비할 수도 있을 것이다.

우리 모두는 우리가 살고 있다고 생각하는 세계에 대해서 그리고 그런 세계에서 가치 있는 것들이 어떤 것인지에 대해서 나름대로의 전반적 전망을 가지고 있다. 소크라테스의 동시대 사람들과 마찬가지로 우리들 대부분은 우리들이 가지고 있는 견해의 기초 즉, 우리가 하고 있는 일에 대한 충분한 이유가 있는지, 혹은 전반적인 우리의 견해가 지속성과 일관성을 지니고 있는지를 알아보기 위해서 그것들을 음미해 보려는 노력을 하지 않는다. 그러므로 우리들 대부분은 어떤 의미에서 나름대로의 '철학'을 가지고 있으면서도 그것이 정당한 것인지를 알아보려는 철학적 작업을 하지 않는다. 진정한 철학자는 소크라테스의 주장을 따라 우리의 믿음이 어떤 것인지 세계와 우리 자신과 가치에 대해서 우리가 갖고 있는 가정들을 깊이 검토해 볼 것을 강조한다. 철학자는 조직적이지 못한 대중들의 견해를 그냥 받아들이지 않고 그것들을 조사해 보고 엄밀히 검토해서 의미 있고 일관성 있는 사상의 체계로 만들어야 한다고 느낀다.

5. 철학자들의 다양한 목표

철학하는 일에 진지하게 종사해 왔던 사람들의 목표는 다양하다. 이들 중 어떤 사람들은 성 아우구스티누스(St. Augustine, 354-430)처럼 종교적 지도자였는데 그들은 어떤 종교적 관점을 설명하고 정당화하려고 했다. 어떤 사람들은 데카르트(Rene Descartes, 1596-1650)처럼 과학자였는데 그들은 과학의 다양한 발견물들과 이론들의 의미와 중요성을 해석하려고 애썼다. 로크나 마르크스와 같은 철학자들은 사회의 정치적 기구에 어떤 변화를 일으키려고 철학을 했다. 이처럼 많은 철학자들이 인류에게 도움을 줄 수 있다고 생각하는 어떤 사상들을 정당화하고 보급하는 데 관심을 가져왔다. 그러나 다른 철학자들은 장엄한 목적을 가지지는 않았지만 자기들이 살았던 세계의 특징들, 그리고 사람들이 품고 있는 믿음들이 무엇인가를 이해하고자 했다.

6. 철학자들은 어떤 사람들인가?

철학자들의 직업은 그들의 목표만큼이나 다양하다. 어떤 철학자들은 교사였고 때때로 철학 강의를 하는 대학 교수이기도 했다. 성 토마스 아퀴나스(St. Thomas Aquinas, 1225-1274)는 중세기에 파리 대학에서 가르쳤고, 존 듀이(John Dewey, 1859-1952)는 20세기에 컬럼비아 대학에서 강의를 했으며, 마르틴 하이데거(Martin Heidegger, 1888-1976)는 프라이부르크 대학에서, 루드비히 비트겐슈타인(Ludwig Wittgenstein, 1889-1951)은 케임브리지 대학에서 강의했다. 종교적 운동의 지도자이면서 종교 조직에서 적극적인 역할을 했던 철학자들도 있다. 성 아우구스티누스는 로마제국이 몰락해 갈 때 히포(Hippo)의 주교였으며 버클리(George Berkeley, 1685?-1753)는 18세기에 아일랜드의 클로인(Cloyne)의 주교였다. 많은 철학자들이 일상적 직업을 가졌었다. 네덜란드의 철학자 스피노자(Baruch Spinoza, 1632-1677)는 렌즈를 연마하는 직업을 가졌고, 로크는 의사였으며, 밀은 잡지 작가이면서 잠깐 동안 국회의원이기도 했다. 유명한 철학자들 중 과학자이거나 수학자였던 철학자들이 상당히 많았다. 어떤 철학자들은 일상적 삶의 흥분과 위기로부터 멀리 벗어난 직업을 가졌고 어떤 철학자들은 계속해서 가장 활동적인 직업을 가졌다.

철학자들은 그들의 목표와 직업에 상관없이 대체로 공통적인 확신을 가졌다. 즉, 우리의 견해를 철저하게 검토하고 분석하는 일과 그 견해에 대한 증거를 제시하는 것이 중요하고도 가치 있는 일이라고 확신했다. 철학자는 특정한 문제에 대해서 특정한 방식으로 사색한다. 그는 우리가 가지고 있는 다양한 기본적 생각과 개념들의 의미, 우리가 갖고 있는 지식의 근거, 견실한 판단에 이르기 위해서 사용해야 할 기준 그리고 우리가 고수해야 할 믿음 등등을 발견하기를 원했다. 그와 같은 문제들을 숙고함으로써 철학자들은 우주, 자연, 그리고 인간을 더 의미심장하게 이해할 수 있다고 느낀다.

많은 사람들은 철학 강의를 통해서 어떤 질문에 대한 정답을 원한다. 그러나 철학자는 많은 경우 어떤 가능한 답을 제시해보기는 하지만 정답을 보장하는 것은 아니다. 보통 사람들 대부분은 '음미되지 않은 삶'을 사는 것을 기꺼이 받아들일지 모르지만 진정한 철학자는 올바른 답을 찾기를 원한다. 즉, 합리적인 사람이 매우 깊은 사색 후에야 얻을 수 있는 답변을 찾기를 원한다. 철학자는 어떤 답이 주어졌다는 사실 혹은 어떤 사회에서 거의 모든 사람들이 그 답변을 받아들였다는 사실만으로는 만족하지 않는다. 철학자는 사람들이 그 답변을 옳다고 느꼈다고 해서 그것들을 무조건 믿지는 않는다. 오히려 이 답변들은 합리적인 사람이 자신의 답으로 택하기 전에도 이미 참이라는 것이 확실해야 한다고 철학자들은 주장한다.

많은 사람들은 철학적 사색을 하려고 노력하기보다는 쉽게 포기한다. 그들은 이성적 인간으로서 갖고 있는 자신의 타당한 능력을 포기한다. 그래서 자신이 믿고 있는 것을 정당화하는 일에는 신경 쓰려 하지 않으며, 자신의 견해를 어느 정도 지속적이고 일관성 있게 만들어보려고 노력하지 않는다. 그러나 철학자는 우리가 깊이 사색해야 할 문제들은 근본적으로 너무 중요하기 때문에 쉽게 그리고 빨리 대답될 성질의 것이 아니라고 주장한다. 음미되지 않은 답변을 얻는 것보다 답변을 얻지 못하는 것이 훨씬 나을 것이며, 잘못된 답변을 얻느니 차라리 답변을 얻지 못하는 것이 더 나을 것이다.

7. 두 가지 예

철학자들이 추구하는 것이 무엇이며 그들이 하는 일이 무엇인가를 좀더 분명히 하기 위해서 서양의 초기 철학 역사에서 두 가지 예를 간단히 살펴보겠다. 우리는 이 예들을 통해서 다양한 근본적인 신념들을 지적으로 깊이 탐구할 것을 요구하는 상황을 엿볼 수 있다. 첫 번째 예는 BCE 6세기에 지금의 터키의 일부인 소아시아에 있는 여러 그리스 식민지 중 하나에서 살았던 초기 그리스 철학자들이며, 두 번째 예는 성경의 욥기이다.

1) 그리스의 철학자들

초기 그리스에 대해서 알 수 있는 내용은 극히 미미하지만 분명한 것은 당시의 대다수 사람들은 호머(Homer, BCE 10세기경의 그리스 시인)의 작품에서 볼 수 있듯이 사건을 신화적으로 설명하는 것을 기꺼이 받아들였다. 자연에서 일어나는 일들은 자연계에 살고 있는 신들과 영들의 활동으로 설명되었다. 신들 사이의 전쟁, 시기, 경쟁 그리고 그들이 인간 세계의 남자와 여자와 맺는 관계를 통해서 세계의 사건들을 설명했다.

철학적 탐구를 처음으로 시작한 사상가들은 기성(旣成)의 믿음과 신념들을 철저하게 검토하고 나서 그것들이 사태를 충분히 설명할 수 없는 것들임을 깨달은 사람들이다. 그들은 사회가 다르면 전설과 신화도 다르다는 것을 깨달았다. 이러한 전설과 신화 대부분이 다른 사회의 것들과 불일치할 뿐 아니라 같은 사회 내에 있는 것들끼리도 서로 모순된다는 것을 알았다. 기성의 믿음과 신념을 통한 설명은 항상 불충분한 증거에 기초해 있었으며 이것을 가지고 세상에 대해서 얻은 모든 정보를 결코 충분히 설명할 수 없었다. 철학자들은 신화를 믿고 있는 사람들에게 그들의 견해를 입증해 보라고 요구함으로써 그리고 더 나은 이론 즉, 분별 있는 사람들을 만족시킬 이론을 찾아보라고 도전함으로써 당대의 사람들을 당황하게 했다. 전통적인 기성의 믿음을 거부하게 되고 더 설득력 있고 더 옹호 받을 수 있는 이론을 추구하게 됨으로써 사려 깊은 사람들은 자연계를 어느 정도 일관되고 합리적으로 설명하려는 시도를 하기 시작했다.

2) 성서의 욥기

우리는 성서에서도, 특히 욥기에서 이와 비슷하게 철학적 탐구가 이루어지는 것을 볼 수 있다. 욥(Job)은 정의로운 자에게 상을 주고 악한 자에게 벌을 주는 정의롭고 선한 하나님이 우주를 지배하고, 이러한 신의 응보가 사람이 살아 있는 동안에도 즉시 이루어진다는 견해를 받아들이는 사람들이 사는 세상에 살았다. 성경에 욥은 "완전하고 청렴하며 하나님을 두려워하며 악을 멀리하는 사람"이라고 묘사되어 있다. 그런데도 불구하고 그는 하나님으로부터 벌을 받는다.

욥과 그의 옆에서 그를 '위로하는 사람들'은 하나님의 선하심과 정의(正義)에 대한 전통적인 믿음과 그들의 눈앞에 벌어지고 있는 일 즉, 욥의 고통 사이에 나타나는 명백한 모순에 대해서 논의한다. '위로자들'은 자신들의 믿음을 비판적 안목을 가지고 검토해 볼 것을 거부한다. 그들은 욥이 악한 사람이었던 것이 틀림없다고 욥을 설득하려고 한다. 그렇지 않았다면 욥은 그와 같은 곤경에 처하지 않았을 것이라고 한다. 한편 욥은 기성의 믿음 체계를 가지고서는 실제로 이 세상에서 벌어지고 있는 일 즉, 신이 지배하고 있다고 생각되는 이 우주에서 악한 사람들이 번창하고 정의로운 사람들이 고통을 당하고 있다는 사실을 충분히 설명할 수 없다는 것을 깨닫는다.

욥기는 세계의 본성에 대해서 전통적으로 고수해 왔던 견해가 결점이 있다는 것을 폭로한다. 그리고는 더 합리적으로 옹호될 수 있는 새로운 이론을 찾아야 한다고 말한다. 몇 가지 가능한 이론이 검토되다가 마침내 유일하게 남는 해결책이 있는데, 그것은 다름 아니라 사람은 이성이라는 수단을 가지고는 어떤 만족스러운 답도 얻을 수 없다는 것이다.

욥기를 쓴 철학적 저자는 일관성 없는 이론이나 정당화할 수 없는 이론에 만족하지 않았기 때문에 하나의 문제를 제기할 수 있었다. '음미되지 않은 삶'을 사는 당시의 사람들은 그 문제를 회피했지만 철학자는 지적으로 만족스러운 믿음을 필요로 했기 때문에 그것을 음미해야만 했다. 비록 그가 전통적인 이론보다 더 나은 이론을 찾지는 못했지만 적어도 그는 자기가 적절치 못하다고 여기는 견해는 받아들이지 않았다.

앞의 두 예에서 우리는 철학적 탐구를 하게끔 하는 정신이 무엇인지를 일부 읽을 수 있었다. 어떠한 견해라도 기꺼이 받아들이는 사람들은 항상 있는 법이다. 그러나 그런 견해 속에 담겨 있는 모순을 보고서 그것을 해결해 보려고 애쓰는 사람들도 있고, 그 견해들을 받아들여야만 하는 이유와 그것들이 참인 이유를 알지 못해서 고민하는 사람들도 있다. 이 사람들이 철학자이다. 이들은 문제를 제기하고 해결책을 찾아보려고 한다. 이들이 그런 일을 하는 방식과 그들이 그렇게 하면서 성취한 것들이 바로 철학의 주제이다.

철학은 사람들로 하여금 자신의 견해, 지식, 믿음의 근본적 기초에 대해서 생각하게 만든다. 철학은 우리가 어떤 것을 받아들이고 그것을 실천에 옮길 때 그것의 이유를 묻는다. 또한 철학은 우리가 가지고 있는 생각과 이상이 얼마나 중요한 것인지를 검토한다. 그래서 철학은 우리의 신념이 이와 같은 검토를 통해서 여전히 똑같은 것으로 남든지 아니면 변하게 되든지 간에 적어도 합리적인 절차를 거쳐서 소유될 것을 희망한다.

철학은 성가시게 붙어 다니는 개인적인 질문으로부터 시작한
다. 우리가 실망과 비극에 빠졌을 때, 삶이 과연 공정한 것인
지, 어릴 때부터 가지고 있던 신념 즉, 결국 "모든 것이 잘될
거야"라는 신념에 대한 궁극적인 이유가 있는지에 대해서 처음
으로 궁금해 하기 시작할 때 우리의 철학적 자각은 시작되는
것이다. 때때로 철학은 우리 자신이 우리의 남은 삶과 또한 다
른 사람의 삶에 영향을 줄 어려운 결정을 하지 않을 수 없다는
것을 깨달았을 때 시작한다. 예를 들면 대학원에 들어갈 것인
가 아니면 취업을 할 것인가 혹은 군에 입대할 것인가, 결혼을
할 것인가 말 것인가, 아이를 가질 것인가 말 것인가 하는 결
정들을 해야 할 때 철학은 시작한다. 우리 모두는 때때로 우리
자신을 정당화할 필요가 있다고 느낀다. 예를 들면 수백만의

사람들이 기아에 허덕이는 세상에서 비교적 사치스럽게 살 때, 대학에 들어가 봐야 별로 얻을 것이 없는 것 같은데 대학에 들어갈 때, 그리고 우리의 행동에서 드러나는 것이 우리가 믿고 있는 것과 전혀 다르게 보일 때 우리는 우리 자신을 정당화할 필요가 있다고 느낀다.

우리가 철학을 하는 것은 사소한 사건에서 시작할 수도 있다. 우리는 친구에게 거짓말을 할 경우가 있으며 이 때 도덕의 중요성에 대해서 생각하기 시작한다. 우리는 순간적인 환상이나 환각에 빠진 경험을 하고 나서 어떤 내가 진짜인가를 도대체 어떻게 알 수 있나 하는 의문과 심지어 우리가 항상 꿈을 꾸고 있는 것은 아닌지 하는 의심에 빠지기도 한다. 우리는 잠시 동안 죽음에 이르는 듯한 경험(예를 들어 비행기가 급강하하는 경험, 차가 충돌해서 큰 사고가 날 뻔한 경험)을 했을 때 인생의 가치와 의미에 대해서 생각하기 시작한다. 그와 같은 순간에 철학이 우리를 사로잡게 되며, 이 때 우리는 일상적 삶의 테두리를 넘어서서 보고 생각하게 된다. 그러므로 철학을 한다는 것은 갑자기 우리에게 중요한 것으로 떠오르는 이러한 극적인 질문들에 대해서 더 깊이 생각하는 것이라고 이야기할 수 있다.

1. 철학적 질문의 성격

철학이라는 것을 간단히 말하면 생에 대해서, 우리가 무엇을 아는가에 대해서, 그리고 우리가 무엇을 해야 하고 무엇을 믿어야 하는가에 대해서 총괄적인 질문을 하는 것이다. 철학은 사물과 사태의 바닥에 도달하는 과정이다. 즉, 대개 우리가 당연하다고 느끼고, 결코 물어볼 생각도 안 하고 아마도 결코 말로 옮겨보지 않았던 관념들에 대해서 근본적인 질문을 하는 것이다. 예를 들면 어떤 행동들은 옳고 어떤 행동들은 그르다고 생각한다. 왜 그런가? 우리는 인간의 생명을 앗아가는 것은 나쁘다는 것을 안다. 왜 그런가? 그것은 항상 그런가? 전쟁 시에는 어떤가? 출산 전에는 어떤가? 절망적인 병에 걸려 있거나 엄청난 고통에 빠져 있는 사람의 생명은 어떤가? 당신이 이런 어려운 문제들에 대해서 어떻게 대답하든 그 답은 이런 문제에 부딪치기 전에는 결코 명백하게 인식하지 않았던 믿음과 신조로 엮어져 있다.

당신은 전에는 결코 논의해 볼 생각도 하지 않았던 질문들에 대해서 처음으로 자신의 주장을 펼치려 할 것이다. 그러나 그렇게 해본 결과가 뭔가 어색하고 서투르며 맘에 안 드는 것은 놀랄 일이 아니다. 이렇게 만드는 것이 전반적인 철학적 질문 뒤에 숨어 있는 목적이다. 즉, 이렇게 됨으로써 우리가 어떻게 생각해야 하며, 우리의 생각을 어떻게 명료화하며, 우리가 믿고 있는 바를 어떻게 주장하는가를 자연스럽게 배우는 것이다. 또한 이러한 믿음과 신조를 우리 스스로 명료화해 보며 그것들을 명백하고도 설득력 있는 방식으로 우리의 생각에 동의하거나 동의하지 않는 사람들에게 제시하는 것이다. 그러므로 철학은 흔히 두 철학자나 철학도들이 서로 언쟁을 벌일 때처럼 논쟁을 통해서 발전한다. 때때로 그 논쟁이 시시해 보이거나 말의 의미를 가지고 싸우는 것처럼 보이기도 한다. 그러나 우리가 찾고자 하는 것이 근본적 의미와 정의(定義)이기 때문에 단어의 의미 — 특별히 '자유', '진리', 그리고 '자아'와 같은 말의 의미 — 에 관한 논쟁조차도 우리의 신조와 믿음을 설명하는 데 있어서 불가결한 것이다.

이러한 사실을 이해하면서 일련의 다소 생소하지만 도전적인 질문들을 살펴보자. 이 질문들은 다양한 철학적 문제들에 대해서 우리의 견해를 생각해 보고 표현하는 데 도움을 줄 것이다. 다음 절에서 나오는 이 질문에 대한 해설을 보기 전에 각 질문에 대해서 당신의 답을 먼저 써보라. 그것은 당신의 철학적 사유에 많은 도움을 줄 것이다.

2. 열린 질문들

(1) 당신이 그것 때문에 죽을 수 있는 것이 있는가? 있다면 그것은 무엇인가?

(2) 당신이 몇 분밖에 더 살 수 없다면 그 남은 몇 분의 시간을 어떻게 쓸 것인가? 아니면 며칠 밖에 더 살 수 없다면? 혹은 앞으로 20년을 더 살 수 있다고 할 경우에는?

(3) 어느 유명한 철학자가 인간의 생명이란 소나 곤충의 생명과 다를 바가 없다고 말했다. 우리는 아무런 궁극적인 목적도 지니고 않고 먹고, 자고, 잠시 숨 붙이고 살다가 자식을 낳는다. 그리고 우리와 같은 다른 사람들도 그렇게 한다. 이 말에 대해서 당신은 뭐라고 답을 할 것인가? 인간의 삶은 소나 곤충에서 찾을 수 없는 그런 목적이 있는가? 그런 목적이 있다면

그것은 어떤 것인가?

(4) 당신은 신의 존재를 믿는가? 어떤 이유로 믿는가? 그 신은 어떤 존재인가? (즉, 도대체 당신은 어떤 존재를 믿고 있는가?) 당신은 신을 믿지 않는 사람들에게 정말로 신이 존재하며 당신의 믿음이 참이라는 것을 어떻게 증명할 것인가?

만일 당신이 신의 존재를 믿지 않는다면 왜 그런가? 당신이 그 존재를 믿지 않는다는 그 신은 어떤 모습의 신이기에 그 신이 존재하지 않는다고 하는가? (당신이 기꺼이 받아들이고자 하는 다른 신의 개념을 가지고 있는가?)

(5) 당신이 앉아 있는 의자의 진짜 모습은 어느 것인가? 의자를 구성하고 있는 분자인가, 아니면 당신의 감각을 통해서 갖는 의자에 대한 인상인가?

(6) 한번 당신이 심리학자의 실험실에 갇혀 있는 동물이라고 가정해 보자. 그런데 이 동물은 현재 당신이 가지고 있는 마음과 같은 마음을 가지고 있고, 생각과 감정의 정신적 능력을 모두 가지고 있다고 해보자. 당신은 그 과학자가 조수에게 다음과 같이 말하는 것을 엿듣는다고 해보자. "걱정 말게. 이 놈은 감정이나 생각이 없으며 그저 본능에 따라서만 행동하는 멍청한 동물이라네." 이 때 당신은 당신이 실제로 생각도, 감정도 있고 마음이라는 것도 가지고 있다는 것을 어떻게 증명할 수 있는가?

한 심리학자(예를 들어 하버드 대학의 스키너(B. F. Skinner))

가 일반적으로 '정신' 같은 것은 없고 사람들은 단지 '행위'(즉, 외부로부터 주어지는 어떤 자극에 따라서 몸을 움직이고 소리를 냄)할 뿐이라고 주장한다고 하자. 당신은 당신이 정말로 정신이라는 것을 가지고 있으며, 그저 자동기계나 로봇이 아니라 생각하고 느끼는 존재라고 어떻게 주장할 것인가?

(7) 당신이 지구는 가만히 있고 태양, 달, 그리고 별들이 지구를 복잡하기는 하지만 예견할 수 있는 복잡한 궤도를 돌고 있다고 믿는 사람들로 가득 찬 사회에 살고 있다고 가정해 보자. 그리고 당신은 그들에게, "당신들은 모두 틀렸소. 지구가 태양을 도는 것이오"라고 이의를 제기한다고 하자. 당신에게 동의하는 사람은 아무도 없다. 실로 다른 사람들은 당신을 제정신이 아니라고 생각한다. 왜냐하면 누구도 지구가 움직이지 않는다고 느끼기 때문이며, 사람들은 태양, 달, 그리고 별이 움직이는 것을 눈으로 똑똑히 보기 때문이다. 자 그러면 누구의 말이 옳은가? 단지 당신만이 진리를 알고 그 밖의 모든 사람들은 틀렸다는 사실이 정말로 가능할까?

(8) 흘러간 유행가 가사 중에 "인생은 그저 꿈일 뿐이다"라는 것이 있다. 당신이 이 순간 책상에 앉아서 이 철학책을 보는 것은 사실은 꿈을 꾸고 있는 것이 아닌지 하는 생각을 할 수 있다. 이것이 사실이 아니라는 것을 당신은 스스로에게 어떻게 입증할 것이며 당신이 꿈을 꾸는 것이 아니라 생시라는 것을 어떻게 입증할 것인가?

(9) 한번 당신이 이야기 속에 등장하는 인물인 것처럼 묘사해 보라. 당신의 동작, 습관, 개인적 특성 그리고 당신의 말이 풍기는 특징과 같은 것을 묘사해 보라. 이렇게 해볼 때 당신은 어떤 종류의 사람으로 나타날까? 당신은 당신이 묘사한 그런 사람이 맘에 드는가? 당신이 당신 자신에 대해서 좋아하는 것과 싫어하는 것은 무엇인가?

(10) 다른 혹성으로부터 온 방문객에게 당신이 어떤 사람이라는 것을 설명해 보라.

(11) 우리가 '행복 상자'라는 기계를 발명했다고 하자. 이 기계에는 전극이 달려 있고 그 안에 있어도 생명을 유지할 수 있는 시스템이 달려 있다. 만일 당신이 이 상자 안으로 들어가면 강렬한 쾌감을 느낄 것이며 이 쾌감은 무한정으로 다양하게 변화하기 때문에 당신은 거기에 식상하지 않게 될 것이다. 당신은 이곳에 들어가 보라는 초청을 받았다. 그리고 그 상자에서 나오기를 원하면 언제든지 나올 수 있다. 그러나 아마도 일단 이 행복 상자에 들어가면 누구도 나오고 싶은 마음이 들지 않을 것이라는 말을 해두지 않을 수 없다. 이 상자에 들어간 지 10시간 정도가 지나면 생명 유지 시스템이 작동하고 그 안에서 일생을 보낼 수 있게 될 것이다. 물론 이 상자 안에는 다른 일을 아무것도 하지 않는다. 그래서 그 안에서 몇 년을 보내면 운동 부족으로 몸이 반쯤 물이 찬 침대처럼 되어 버린다. 그러나 그것으로 말미암아 생기는 불편함은 전혀 없다. 자 이제 당신이 결정해라. 이 행복 상자에 들어가고 싶은가? 들어가

고 싶다면 왜 들어가고 싶고, 그렇지 않다면 왜 들어가고 싶지 않은가?

(12) 선한 사람(악행을 저지르지 않고 자신이 하도록 되어 있는 일을 모두 하는 사람)은 반드시 행복할까? 다른 말로 해서 당신은 인생은 결국 공정하다고 믿는가? 악한 사람은 적어도 결국에 가서는 확실히 고통을 받는가? (그렇지 않다면 우리는 선한 사람이 되려고 그렇게 애쓸 필요가 있는가?)

(13) 당신은 생명을 빼앗는 일은 어떠한 상황하에서도 옳지 못하다고 생각하는가?

(14) 당신은 전적으로 당신 스스로가 결정을 내려본 적이 있는가? 그래서 그것은 어느 누구의 책임으로도 돌아가지 않고 당신이 책임져야 하는 결정을 내린 적이 있는가? (다시 말해서 그 결정은 부모의 양육의 탓도 아니고 친구, 텔레비전, 책 혹은 영화에 영향을 받아서 내린 결정도 아니며, 다른 사람이나 어떤 환경에 의해서 강요되거나 부당하게 영향받아서 내린 결정이 아닌 경우를 말한다.)

(15) 자유는 항상 좋은 것인가?

(16) 당신의 자식을 갖고 싶은가? 왜 그런가?

이런 질문들 중에 어떤 것은 너무 시시하고 어리석게 보이고, 어떤 것들은 심오하게 보인다. 이 질문들이 목표하는 바는 당신 자신과 세상에 대해서 당신이 믿고 있는 바를 명백하게 설명하게 하는 것이다. 그러나 믿음보다 더 중요한 것은 당신이 그 믿음을 갖고 있는 이유이다. 왜냐하면 당신의 철학은 당신의 믿음에 대한 이유를 설명하는 데서 시작되기 때문이다.

이 질문들을 하나씩 살펴보자. 이제 당신은 다른 친구들의 답변뿐 아니라 역사상에 나타났던 일부 유명한 철학자들의 답변들과 당신 것을 비교해 볼 수 있다. (당신의 답변을 친구들의 것과 비교해 보면 어떤 것은 당신에게 떠오르지 않았던 것이며 또 어떤 것은 친구들이 생각하지도 못한 것들이 있을 수 있다.)

3. 열린 답들

(1) 당신이 그것 때문에 죽을 수 있는 것이 있는가?

철학자 소크라테스는 자기에게 내려진 억울한 사형선고를 기꺼이 받아들였다. 왜냐하면 그는 자신이 살고 있는 도시의 법이 자신에게 사형선고를 내렸다 해도 그 법을 존중할 의무가 있다고 생각했기 때문이다. (그는 헴록이라는 독약물을 마시고 한 시간도 채 못 되어서 죽었다.) 그의 친구들은 도망가라고 그를 설득했다. 그 자신도 자신은 부당하게 사형선고를 받았다고 생각했다. 그러나 그는 법과 자신의 명예를 아주 귀중하게 여겼기 때문에 원칙에 대한 자신의 신념을 죽음으로써 보여주었다.

어떤 학생들은 자기 가족의 생명을 구하기 위해서 기꺼이 죽을 것이라고 말할 것이다. (어떤 학생들은 자신의 생명의 위험을 감수하되 다른 사람들의 생명을 구할 가능성이 충분히 있을 때만 그렇게 하겠다고 신중하게 말할 것이다.) 또한 어떤 학생들은 '예수'를 위해서 생명을 바치겠다고 말한다. 그러나 어떤 상황하에서 그런 희생이 요구될지에 대해서는 매우 불분명하다. 미국의 일부 퇴역 군인들은 자유를 위해서 생명을 바칠 것이라고 말했지만, 베트남 전쟁을 치르고 나서는 어떤 전쟁이 자유를 위한 전쟁인가에 대해서 매우 회의적이 되었다. '명예' 자체를 위해서 죽을 것이라고 쓰는 학생들도 있을 것이다. 소크라테스의 동료들 대부분은 수치스러운 존재가 되느니 죽는 것이 더 낫다고 생각했을 것이다. 자신의 목숨을 바쳐서 죽을 만한 것이 없다고 말할 학생도 일부 있을 것 같다. 이 모든 대답은 그들이 가치 있다는 것이 무엇인지 이야기해 주고 그들의 삶에서 가장 중요한 것이 무엇인지를 이야기해 준다.

(2) 당신이 몇 분밖에 더 살 수 없다면 그 남은 몇 분의 시간을 어떻게 쓸 것인가? 아니면 며칠밖에 더 살 수 없다면? 혹은 앞으로 20년을 더 살 수 있다고 할 경우에 그 시간을 어떻게 쓸 것인가?

보통 사람들은 죽음 같은 위기에 봉착하면 어떤 궁극적인 도움의 근원을 찾는다. 죽음은 우리 안에 있는 철학적 본성을 드러내준다. 당신은 그 궁극적인 도움의 근원을 신에게서 찾을 것인가? 그렇다면 왜 그런가? 가장 가까운 친구에게 나머지 시간을 바칠 것인가? 아니면 당신의 가족에게? 당신의 일에? 좌절된 야망을 이루는 데에? 다하지 못한 사업에? 마지막 식사에? 당신이 가장 좋아하는 음악을 마지막으로 들을 것인가? 아니면 세상에 작별 인사 편지를 쓸 것인가?

(3) 인간의 생명은 소나 곤충의 생명에서 발견할 수 없는 어떤 목적을 지니고 있는가?

'인생의 의미'란 질문은 철학의 가장 큰 질문 중의 하나이다. 우리가 생각하기로는 예를 들어, 모기의 생명과 사람의 생명의 의미에는 엄청난 차이가 있다. 그러나 이 차이라는 것이 어떤 것인가? 한 가지 생각해 볼 수 있는 것은 인간만이 신의 피조물 가운데서 특별한 자리와 특별히 해야 할 역할이 있다는 것이다. 그러나 그 역할이 구체적으로 무엇인가? 그리고 어떤 근거로 모기는 그런 것을 가지고 있지 않다고 확신하는가? 우리가 신의 창조물이라도 생명에 의미가 없을 수 있지 않은가?

만일 신이 없어도 생명은 의미를 가질 수 있을까? 때때로 인간의 생명은 소나 곤충과 달리 의식을 가지고 있기 때문에 의미가 있다고 생각한다. 이 말이 뜻하는 바는 무엇인가? 그것이 뭐가 그리 중요한가? 의식이 있다는 것, 심지어 사려가 깊고 철학적이라는 것이 인생에 의미가 있다는 것을 보장해 주는가? 우리가 인생의 '목적'과 '의미'에 대해서 물을 때 우리가 요구하는 바는 무엇인가?

(4) 당신은 신의 존재를 믿는가?

모든 철학적 질문 가운데서 이 질문이 아마도 사람들이 가장 많이 생각해 보는 질문일 것이며, 대부분의 다른 관심사에 비할 때 매우 철학적인 질문이다. 그러나 훨씬 더 어려운 것은 왜 우리가 믿고 있으며 우리가 믿고 있는 것이 무엇인가 하는 문제이다. 많은 사람들은 신을 믿도록 교육받았기 때문에 믿는다고 생각한다. 과연 그것이 믿음을 가진 것에 대한 합법적인 이유가 될 수 있을까? 많은 사람들은 하나님을 믿는 이유가 그렇게 함으로써 더 행복해지고 더 안전해지기 때문이라고 느끼는 것 같다. 그러나 초대 기독교인들은 사실 하나님을 믿는 이유로 혹독한 박해를 받았다. 당신이 하나님을 믿는다는 말은 다른 사람들도 그래야 된다는 것을 의미하는가? 당신은 다른 사람들을 믿도록 설득할 의무가 있는가? 아니면 신에 대한 믿음은 당신 자신의 개인적 관심사일 뿐이고 다른 사람과는 전혀 관련이 없는 일인가? 만일 당신이 신을 믿는다면 세상에 있는 악과 고통에 대해서 어떻게 설명할 것인가? 당신이 신을 믿지 않는데도 여전히 생명은 어떤 궁극적인 의미를 가지고 있는가? 당신이 신을 믿지 않으면서도 우주가 존재하는 어떤 이유를 찾을 수 있는가?

(5) 당신이 앉아 있는 의자의 진짜 모습은 어느 것인가? 의자를 구성하고 있는 것은 분자인가, 아니면 당신의 감각을 통해서 갖는 의자에 대한 인상인가?

우리는 '실체(reality)'라는 것을 가장 참다운 것이고, 가장 명백한 것이며, 우리의 감각에 가장 분명하게 드러나는 것이라고 생각하는 경향이 있다. 그러나 때때로 우리의 감각에 분명한 것이 하나의 환상으로 밝혀지는 경우가 있다. 따라서 명백한 것이 참이 아닌 것으로 드러나기도 한다. 과학자들은 분명히 의자는 딱딱한 사물이라는 우리의 믿음은 사실 정확한 것이 아니라고 말한다. 그들의 설명에 의하면 의자는 눈에 보이지 않는 입자들의 거대한 복합체이다. 즉 원자와 분자들이 다양하게 배열되어 있고 전자들이 엄청난 속도로 회전하고 있으며 거의가 빈 공간으로 구성되어 있다. 한편 철학자나 심리학자들에 의하면 당신의 감각에 정말로 명백하고 분명한 것은 의자 자체가 아니라 지각(知覺)인데 특히 시각과 촉각이다. 우리는 이 지각으로부터 이러한 지각을 일으키는 어떤 것이 있다는 것을 추론한다.

(6) 당신은 당신이 생각과 감정, 즉 마음(mind)을 가졌다는 것을 어떻게 입증할 수 있나?

철학에서 기본적이면서도 계속해서 논의가 되는 문제 중의 하나가 사람이 보여주는 두 측면에 대한 구별이다. 하나는 물질적이고, 만져서 알 수 있으며 물리학, 화학, 생물의 기술을 통해서 설명할 수 있는 몸이고, 또 하나의 측면은 마음과 관련된 것으로서 정신적인 것이다. 문제가 되는 것은 우리의 신체적 특성은 거의 누구에 의해서나 관찰될 수 있지만 우리의 감정과 생각과 같은 정신적 현상과 과정은 그것을 갖고 있는 사람에게만 직접적으로 알려질 수 있다는 것이다. 우리가 관찰할 수 있는 것이라고는 다른 사람의 몸뿐인데 어떻게 다른 사람의 몸만이 아니라 정신까지도 알 수 있는가? 물론 대개 우리는 사람의 눈에 보이는 신체적 움직임(행동, 제스처, 말)은 보이지 않는 정신적 과정의 표현이라고 생각한다. 그러나 당신은 그것을 어떻게 증명할 수 있는가? 당신의 신체적 움직임이 정신적 과정의 표현이라고 믿지 않는 사람들에게 당신이 마음(생각과 감정)을 가지고 있다는 것을 어떻게 증명할 수 있는가? 사람은 마음이라는 것을 전혀 가지고 있지 않다고 주장하는 사람을 어떻게 설득시킬 수 있는가?

(7) 당신만이 지구는 태양 주위를 돈다고 믿는다고 가정해 보자. 당신이 믿고 있는 것이 참인가?

약 500년 전에는 단지 소수의 사람만이 지구는 태양을 돈다고 믿었다. 그 중 가장 유명한 사람이 코페르니쿠스(Copernicus, 1473-1543)였다. 그와 동시대의 사람들은 그를 이단자나 미친 사람으로 여겼다. 오늘날 그의 이론은 모든 과학자들에게 받아들여지고 있다. 그러나 우리가 보통 말하는 방식은 '태양이 뜬다, 혹은 진다'와 같이 아직도 마치 지구가 정지해 있는 것처럼 이야기한다. 실은 오늘날과 같은 과학적 풍토에서도 대부분의 사람들은 우리의 감각에 분명히 비쳐지는 것보다는 코페르니쿠스의 이론을 믿는 이유를 설명해 보라면 하지 못한다. 만일 당신이 지구가 태양 주변을 돈다고 주장하는 사람들로 둘러싸여 있는 사회에 살고 있지 않다면 그렇게 믿는 이유를 댈 수 있을까?

아마도 당신이 고집이 센 사람이라면 계속 그렇게 주장할 것이다. 그러나 당신이 믿고 있는 것이 다른 사람들이 믿는 것이나 대부분의 상식에 반하는데도 여전히 참인가? 그것은 '진리'라는 말이 무엇을 의미하느냐에 달려 있다. 만일 '진리'라는 것이 '사물이 정말로 존재하는 방식'이라면 얼마나 많은 사람들이 그것을 아느냐 혹은 부인하느냐는 문제되지 않는다. 그러나 '진리'의 부분적 의미가 사람들이 믿는 것과 동의하는 것과 관련이 있다고 가정해 보자. 예를 들어 한국어의 어떤 단어의 의미를 오로지 한 사람이 알고 있다고 생각하는 것은 불가능한 이야기이다. 한국어의 어떤 단어가 의미를 갖는 것은 한국어를 말하는 사람들이 그 뜻의 의미에 (어느 정도) 동의하기 때문에 가능한 것이다. '2 + 5 = 7'과 같은 수학적 진리들은 부분적으로 합의에 의존한다. 즉 '2'와 '+'와 같은 어떤 상징들의 의미에 대해서 일반적으로 동의했기 때문에 가능하다. 이것은 세계에 대한 과학적 이론에 대해서도 적용이 되는 이야기인가?

(8) 당신이 이 순간 책상에 앉아서 이 철학책을 보는 것은 사실은 꿈을 꾸고 있는 것이 아닌지 하는 생각을 할 수 있다. 이것이 사실이 아니라는 것을 당신은 스스로에게 어떻게 입증할 것인가? 즉, 당신이 꿈을 꾸는 것이 아니라 생시라는 것을 어떻게 입증할 것인가?

이것은 철학자들이 자신들의 이론의 확실성을 입증하기 위해서 보통 사용해 왔던 오랜 질문 중의 하나이다. 물론 지금 꿈을 꾸고 있다고 실제로 말한 철학자들은 거의 없다. 그러나 이것을 입증하기 위해서 철학자들은 불가피하게 자신들이 생각하는 지식이 무엇이며, 실체가 무엇이며, 어떻게 우리는 실제로 어떤 것을 알 수 있는가에 대해서 매우 분명해야 한다. 만일 당신이 예를 들어 실체는 어떤 특정한 때에 '우리가 경험하는 것'이거나 '우리가 믿는 것'이라고 말한다면 당신이 현재 진짜라고 생각하는 것이 단지 꿈에 지나지 않는 것이 아니라는 것을 입증할 도리가 없다. 혹은 프랑스의 철학자 데카르트가 그의 글 『성찰(*Meditations*)』에서 말했던 대로이다.

밤에 내가 꿈을 꿀 때 내가 어떤 특정한 곳에 와 있다고 느낀 적이 얼마나 많았으며 실제는 침대에서 옷을 벗고 누워 있으면서도 옷을 입고 불가에 앉아 있다고 꿈을 꾼 적이 얼마나 많은가?

이 문제는 당신이 믿고 있는 다른 모든 것에 대해서 어떤 의미를 갖고 있는가?

(9) 당신이 이야기 속에 등장하는 인물인 것처럼 묘사해 보라.

우리 자신을 설명할 수 있는 충분한 개념을 찾는 데서 생기는 문제 중의 하나는 우리가 우리 자신을 파악할 때 우리 자신을 '다른 사람들이 보는 대로'가 아니라 '우리의 안으로부터' 보는 데 거의 모든 시간을 보낸다는 것에 있다. 그러나 '안으로부터' 우리 자신을 보는 것은 우리 자신을 전혀 보지 못할 가능성이 너무 높다. 우리는 처음 만난 사람들에게 강한 인상을 주는 우리의 말과 제스처를 스스로 듣지도 못하고 보지도 못한다. 바로 이러한 이유로 사람들은 영화에 나오는 자기 자신을 보고서 혹은 테이프에 녹음된 자신들의 목소리를 듣고서 놀라는 경우가 종종 있다. 사실 많은 사람들은 자신에 대해서 다른 사람에게는 너무나도 명백한 것으로 드러나는 것인데도 거의 모르는 때가 많다.

위의 질문은 당신이 스스로에게 갖고 있는 인상의 일부를 고치기 위해서이다. 즉 '다른 사람들이 당신을 보는 것처럼' 당신 자신을 보도록 하기 위해서이고 당신에게 있어서 본질적인 것이 무엇인가를 알게 하기 위해서이다. 그러나 당신 자신에게뿐 아니라 다른 사람들에게도 정말로 가치 있는 것이 무엇인가를 묻는 방법이기도 하다. 당신은 무엇을 존중하는가? 당신은 어떤 종류의 사람이 되고 싶은가?

어떤 사람들은 당신이 누구인가를 알기 위해서는 당신이 누구를 존경하는가를 알아보면 된다고 말한다. 당신은 예술가보다 운동선수를 존경하는가? 당신은 부나 권력을 가진 사람들을 존중하는가? 당신은 자신이 옳다고 생각하는 것을 끝까지 주장하다가 순교자가 되는 사람을 존중하는가? 당신은 어떤 사람을 좋아하는 이유가 그와 같은 사람이 되고 싶어서인가? 혹은 어떤 다른 이유가 있는가? 예를 들어 어떤 사람들은 운동선수를 좋아하는 이유가 보고 즐길 수 있기 때문이지만 그들을 흉내내지는 않는다. 어떤 사람들은 예수를 존경하는 이유가 그의 인격 때문이 아니라 그가 하나님의 아들이기 때문이다. 사람들은 왜 이런 일을 할까? 당신이 어떤 사람을 존경하는 것은 당신 자신을 측량하는 잣대를 삼기 위해서인가? 아니면 즐겁기 위해서인가? 당신이 존경받는 사람이 되기 위해서 당신은 어떻게 해야만 하는가?

덕목들의 목록을 작성해 보는 것도 우리가 가치 있게 여기는 것이 무엇이며 어떤 종류의 사람을 이상적이라고 생각하는가를 알아보는 방법 중의 하나이다. 당신이 작성하는 덕의 목록을 순서대로 즉 가장 중요한 덕목을 제일 앞에 놓도록 해보아라. 예를 들어 정직이 사려 깊은 것만큼 중요한가? 돈을 꾸지도 않고 빌려주지도 않는 것이 궁핍한 친구를 도와주는 것만큼 중요한 덕목이 될 수 있는가? 신중한 것이 용감한 것만큼 중요한가? 혹은 예절바른 것이 남을 즐겁게 하거나 도전적인 삶을 사는 것만큼 중요한가?

(10) 다른 혹성으로부터 온 방문객에게 당신이 어떤 사람이라는 것을 설명해 보라.

다른 혹성으로부터 온 방문객에게 "나는 대학에 다니는 학생이다"라고 말하는 것은 분명히 나에 대해서 제대로 설명하는 답이 될 수 없을 것이다. (그 방문객은 사전에서 '대학'과 '학생'이 무슨 뜻인가를 찾아보겠지만 그것이 답이 될 리가 없다.) 당신은 "나는 인간이다"라고 말할 수 있다. 그 답이 그에게 무슨 의미를 전달해 줄까? 당신의 답이 계속해서 이런 식이면 그는 레이저 총 같은 것을 빼내어 당신을 위협할 것이고, 그러면 당신은 서둘러 다시 답을 하려고 할 것이다. 자 뭐라고 답을 해야 할까? 당신은 그저 당신에게만 중요한 것이 아닌, 즉 당신과 당신 같은 사람만이 이해할 수 있는 설명을 해서는 안 될 것이다.

(11) 당신은 행복 상자에 들어가고 싶은가?

이 질문이 말하고자 하는 바는 아주 명백하다. 당신은 무엇을 가치 있게 여기는가? 그것이 쾌락이나 만족이라면 당신은 분명히 그 상자 안으로 들어갈 것이다. (그런데 쾌락과 만족은 '행복'과 같은 것인가?) 한편 당신이 인생은 야망을 성취하고 무언가를 하면서 다른 사람들과 관계를 맺어가는 것이라고 생각한다면 당신은 그 상자 안에 들어갈 리가 없다. 그러나 당신이 친구와 연인을 갖고자 하는 이유가 그저 그들과 즐기기 위해서라면, 그리고 당신이 성공과 성취를 좋아하는 이유가 그것들이 당신에게 쾌락을 주기 때문이라면 그 상자에 안 들어갈 이유가 어디 있는가? 거기서 당신은 순전한 즐거움과 쾌락을 찾을 것이다. 거기서는 다른 사람들과 싸울 필요도 없고 일할 필요도 없으며 땀을 흘릴 필요도 없고 실패할까 봐 염려할 필요도 없다. 결국 그런 것이 당신이 정말로 원하는 것 아닌가?

(12) 선한 사람은 동시에 반드시 행복할까? 인생은 결국 공평한 것인가?

우리는 일반적으로 덕은 보상을 받아야 하며 악은 처벌을 받아야 한다는 믿음을 가지고 있다. 물론 실제에 있어서 이것이 항상 맞는 이야기는 아니다. 정부는 범죄자를 잡아서 처벌하려고 하지만 항상 성공하는 것은 아니다. 때때로 악한 자는 벌을 받고 선한 자는 상을 받지만 불행하게도 늘 그런 것이 아니다. 많은 종교들이 신(혹은 카르마(karma))이 사태를 바로잡아 줄 궁극적인 심판자(혹은 정신의 경지)라고 생각하는 것이 이러한 믿음을 갖는 데 부분적으로 도움이 된다. 그러나 기독교의 신학조차에서도 절대적인 신이 과연 그의 능력을 제대로 발휘하고 있는가에 대한 믿음에 의문이 일어나고 있다. 그러나 궁극적인 보상과 처벌을 보장해 줄 존재가 없다고 선해야 할 이유가 없다든지 악해지지 말아야 할 이유가 없다든지 하는 결론이 자동적으로 도출되는 것은 아니다. 예를 들어 그리스인들은 궁극적인 보상과 처벌을 믿지 않았지만 명예의 중요성을 믿었다. 명예 자체가 보상이었다.

(13) 당신은 어떠한 상황하에서도 생명을 빼앗는 것은 옳지 못하다고 믿는가?

이러한 질문이 즉각적으로 제기되는 두 상황이 있는데, 그것은 낙태와 전쟁의 딜레마이다. 그런데 이 질문이 또한 제기하는 것은 도덕의 성격에 관한 것이다. 도덕적 원칙들은 어떤 상황하에서도 유효한가? 당신이 순진한 어린애 한 명을 희생시켜서 도시 전체를 살려낼 수 있는 기회가 있다고 생각해 보자. 혹은 기독교 성경에서 하나님이 아브라함에게 그랬듯이 당신의 믿음을 입증하기 위해서 당신의 자식을 죽이라고 명령했다고 상상해 보자.

한편 불치의 암으로 엄청나게 고통을 받고 있는 사람의 생명을 연장시키는 것이 과연 올바른 일인가? 생명은 그것만으로 다른 어떤 것보다 가치 있는 것인가? 그리고 우리가 우리와 다른 사회의 문화를 접했을 때 우리의 도덕법을— 비록 그것을 우리 자신에게는 절대적인 것이라고 생각한다 해도— 다른 문화에 속한 사람들에게 부과할 권리가 있다고 보는가? 어떤 한 집단의 식인종들이 다른 사람들을 죽이거나 자기들 중에서 가장 약한 자를 먹는 습관을 오랫동안 지켜왔다고 할 경우에 우리는 그들이 잘못되었다고 말할 권리가 있는가? (아마도 우리는 금방 "그럴 권리가 있다. 왜냐하면 살인은 부도덕한 일이니까"라고 말하기는 힘들 것이다.)

(14) 당신은 '전적으로' 당신 스스로가 결정을 내린 적이 있는가?

대부분의 사람들은 '전적으로'라는 말에 이의를 제기할 것이다. 어떤 이들은 "물론 전적으로 내 스스로는 아니다"라고 답할 것이다. 이들은 모든 결정은 적어도 어느 정도 다른 것의 영향을 받는다는— 가족과 친구로부터, 최근에 읽은 책이나 겉으로 잘 드러나지 않은 어떤 영향으로부터, 어떤 성가신 감정으로부터, 그리고 잊혀졌긴 하지만 그럼에도 불구하고 여전히 영향력을 발휘하는 어린 시절의 공포로부터— 사실에 동의할 것이다. 그러나 보통 여기에서 두 개의 반대된 견해로 갈라진다. 어떤 이들은 모든 것들을 종합해 볼 때 이러한 일단의 영향들이 전적으로 우리의 결정을 좌우한다고 주장한다. 즉 이들의 주장에 의하면 우리의 결정이란 어쩔 수 없이 완전히 **환경**에 **의존**한다는 것이다. 그러므로 이 영향력들을 모두 아는 사람이라면 누구든지 그 결정을 예견할 수 있다고 한다. 한편 어떤 이들은 한 사람에게 끼치는 이 영향력들이 아무리 강력하고 수없이 많다 해도 그는 **항상** 자유롭게 선택할 수 있다고 한다. 우리가 스스로 자유롭게 결정한다는 것을 입증하기 위해서 우리는 별일이 없는 한, 항상 다른 사람들이 예상하는 것과 정반대로 결정할 수 있다는 사실을 지적할 수 있으며 심지어 우리가 선택해야만 한다고 아는 것에 대해서도 오히려 그 반대로 결정할 수 있다는 사실을 보면 알 수 있다.

이 문제는 철학에서 가장 논쟁이 많이 되어 온 것 중의 하나이다. 이것은 보통 **자유의지**(free will)와 **결정론**(determinism)의 문제라고 불린다. 많은 철학자들이 이 문제를 그들의 철학적 세계관에서 가장 중심된 이슈로 택했다. 한편에는 자신들을 **결정론자**(determinist)라고 부르는 철학자들이 있다. 이들은 발생하는 모든 것들이 심지어는 우리가 가장 주의 깊게 생각하고 자유롭게 선택한 행동들조차 전적으로 그것에 앞선 일련의 조건과 영향이 원인이 되어서 일어난다고 즉, 결정된다고 믿는다. '자유 선택'과 같은 것은 없다는 말이다. 왜냐하면 어느 누구도 그렇게 하도록 결정지어지지 않은 것을 결코 '선택'하지 않기 때문이다. 다른 한편 사람은 자신의 행동에 대해서 어쩔 수 없이 그렇게 했더라도 항상 책임을 져야 한다고 믿는 철학자들이 있는데 이들은 스스로를 실존주의자(existentialist)라고 칭한다. 이들의 말에 의하면 공포에 떠는 군인은 어떤 의미에서 그렇게 하기로 스스로 결정했으니 자신의 행위에 대해서 책임을 져야 한다고까지 말한다. 자유의지론적 성향을 띤 다른 철학자들의 주장에 의하면, 자연의 인과적 법칙들에는 '갭(gap)'이 있으므로 아무리 많은 원인이 우리의 결정에 영향을 준다 해도 우리가 자유롭게 선택하고 우리의 선택에 대해서 책임을 져야 할 약간의 여지는 여전히 있다고 한다.

결정론자의 견해에 의하면 우리는 주로 우리의 통제력을 넘어서는 힘의 희생물이라고 한다. 자유의지론자의 견해에 의하면 우리는 항상 우리의 행위에 대해서 책임을 져야 한다고 한다. 우리는 이 두 견해의 논쟁을 통해서 가장 중요한 철학적 차이점들 중의 일부가 드러나는 것을 볼 수 있다.

(15) 자유는 항상 좋은 것인가?

이런 사회가 있다고 가정해 보자. 이 사회에서는 사람들이 독재자의 명령에 따라서 행동하지만 그 명령을 즐거운 마음으로 따르고 사회가 순조롭게 돌아가며 대부분의 현대 사회를 괴롭히는 많은 문제들 즉 범죄, 실업, 그리고 경제적 궁핍과 같은 문제들이 없다. 이 사회에 단 한 가지 문제가 있다면 그것은 누구도 (독재자를 제외하고) 자유롭지 못하다는 것이다. 언론의 자유도 출판의 자유도 없다. 모든 사람들이 같은 종교를 믿고 있으며 기행(奇行)과 유별난 행위나 유별난 믿음에 대한 처벌은 매우 엄격해서 사형도 마다하지 않는다. 당신은 어떻게 그와 같은 사회에 사는 사람들에게 그들은 본질적인 것을 놓치고 있는 것이라고 설득할 수 있는가?

문제는 앞의 질문 (14)에서처럼 우리는 '자유'를 아무 제한도 없이 그리고 그것의 의미를 이해하려고 해보지도 않고 상투적으로 극구 칭찬한다는 것이다. 즉 그것을 설명하라고 요구받는다면 우리는 그저 "자유는 좋은 것이다"라는 말만 되풀이하기 쉽다. 그런데 자유라는 것이 무엇을 위해서 좋다는 것인가? 자유는 행복이나 순조로운 사회를 위해서 꼭 필요한 것은 아니다. 우리는 행복하고 부유한 사회이면서도 우리가 느끼는 자유를 향유하지 못하는 사회를 얼마든지 찾아보거나 상상해 볼 수 있다. 그러나 우리가 의미하는 바의 자유란 어떤 것을 말하는가? 그리고 그 의미는 항상 타당한 것인가? 자유는 행복과 번영을 위한 수단인가? 아니면 자유는 그 자체로서 어떠한 경우에도 옹호되어야만 하는 목적이 될 수 있는가? 그렇다면 왜 그런가? 만일 자유가 때때로 해로운 것이면 (예를 들어 안전벨트를 매지 않을 자유라면) 어떻게 할 것인가? 한 사람의 자유가 다른 사람의 자유를 위협한다면 어떻게 할 것인가? (예를 들어 폭력과 불관용의 나치 옹호자들을 위한 언론의 자유나 심리적으로 불안하고 잠재적 위험을 갖고 있는 정신분열증 환자의 자유는 어떻게 보아야 하는가?)

(16) 당신은 자식을 갖고 싶은가? 갖고 싶다면 왜?

　대부분의 사람들이 자식들을 갖는 이유는 거창한 것도 아니며 또한 전혀 그 이유가 없는 경우도 있다. 사람들은 자식들을 갖지만 그들과 힘든 관계를 맺는 경우가 많다. 그들은 잠시 외롭기 때문에 자식들을 갖는다. 피임도구를 쓰는 것을 잊었거나 출산일을 잘못 계산해서 그렇게 된 경우도 있다. 그러나 자식을 갖는다는 것은 우리 모두가 내릴 수 있는 가장 중요한 결정 중의 하나이다. 그리고 그것은 개인에게 가장 지속적인 결과를 가져오는 결정이다. 그것은 우리가 세상을 다루는 방식이 어떻다는 것을 그대로 드러내주는 결정이다. 우리는 가족의 이름을 빛내기 위해서 자식을 갖기를 원하는가? 왜 그런가? 우리는 집안의 허드렛일을 도와줄 도움의 손길이 더 필요한가? (그렇게 믿지 않는 것이 더 나을 것이다.) 우리는 누군가에 대해서 절대적인 권위를 갖기를 고대하는가? (그 권위는 오래 가지 못할 것이다.) 우리가 죽은 후 권좌를 물려받을 누군가가 필요한가? (이것은 우리들 대부분에게는 적용되지 않는 말일 것이다.) 자식을 갖는 것은 우리에게 불멸의 느낌을 줄 것인가? 아니면 자식을 갖는다는 것은 단순히 호기심의 문제인가? 우리는 자식들을 위해서 그렇게 많은 시간과 정력을 기꺼이 희생할 것인가? 아니면 우리는 그것을 전혀 희생이라고 생각하지 않는가?

제 4 장
철학의 분야

    앞에서 살펴보았듯이 철학에 대한 정의와 본성은 전문가들 사이에서도 의견의 일치를 보기가 어렵다. 그러나 철학이 다루는 분야와 영역에 대해서는 대부분의 철학자들이 같은 생각을 가지고 있다. 여기에서 우리는 철학의 주요 분야에 어떤 것이 있으며 그것들이 어떤 문제를 다루는가를 개략적으로 살펴보려고 한다.

    이곳 4장에서는 철학의 여러 전통적인 영역과 더불어 행동이론(action theory)과 같이 새로이 탐구되는 영역의 일부도 포함시켜 약간의 설명을 하려고 한다. 이 책은 행동이론의 영역을 다루지 않지만 이 이론에 관한 문제들은 많은 다른 철학적 분야에 대해서 중요한 의미를 갖는다. 학생들이 철학에 대해서 점점 흥미를 갖게 되면 이러한 문제들을 탐구하고 싶어질 것이라고 생각하며 여기에 포함되지 않은 문제들도 찾아보기를 바란다.

1. 윤리학

철학의 분야 중에서 가장 잘 알려진 분야는 아마도 윤리학일 것이다. 우리는 도덕의 문제에 접하지 않고서 하루를 넘기는 경우가 거의 없다. 이중(二重) 장부를 쓸까? 낙태는 과연 옳은 일인가? 일반적으로 철학이 추상적인 것을 다루는 반면에 윤리학은 그렇지 않다. 윤리학이 다루는 이슈들은 실제적인 문제들이다. 즉 매일의 생활에서 부딪치는 문제들이다.

윤리라는 용어를 일반인들이나 철학자들이 여러 면에서 같은 의미로 사용하지만 동시에 다른 의미로도 쓴다. 일반인들이 윤리라고 말할 때 그것은 대개 사람들의 어떤 행위들은 허용하고 어떤 행위들은 금지하는 일련의 규칙이나 원리를 말한다. 예를 들어 우리가 '성직자의 윤리'라고 말할 때 대개 그것은 성직자가 자신이 맡고 있는 교구 사람들이나 다른 성직자를 대할 때 그의 행위를 지배하는 규칙들이나 원리를 의미한다. 혹은 만일 '기업윤리'가 필요하다고 말할 때 그것이 의미하는 것은 사업가들이 고객과 피고용자 그리고 경쟁자들을 대할 때 취하는 행위에 관한 규약이다.

철학자들 또한 이런 의미로 윤리라는 말을 쓴다. 예를 들면 어떤 철학자가 '기독교 윤리'라고 말할 때 그가 흔히 의미하는 것은 기독교인들의 행동을 안내하는 원리들, 즉 십계명과 산상수훈에 있는 원리이다. 그러나 철학자들은 또한 더 넓은 의미에서 그 말을 사용한다. 그는 윤리라는 말을 철학의 한 분야를 의미하기 위해서 사용한다. 여기서 윤리는 하나의 이론적인 주제이다. 그것은 주로 그것이 이론화하는 내용에 의해서 다른 분야의 철학과 구별된다. 인식론자들은 지식에 대한 이론을 탐구하고 미학자들은 미에 대해서 연구하는 반면, 도덕철학자들 혹은 윤리학자들은 선한 삶, 궁극적인 가치, 그리고 특정한 행위와 특정한 인생이 지니는 타당성에 관심을 갖는다.

윤리학은 부분적으로 분석적인 활동 즉 메타 윤리적(meta-ethical)인 활동이기도 하다. 메타 윤리는 윤리적 진술, 즉 행동에 대해서 칭찬 혹은 비난하는 진술에 담겨 있는 주요한 특정한 용어들의 의미를 탐구한다. 이러한 용어들 중에는 '선한(good)', '그른(wrong)', '옳은(right)', '책임 있는(responsible)', '당위(ought)' 그리고 '의무(should)'가 있다.

다른 한편 윤리(학)를 규범적 탐구라고 주장하는 철학자들도 많다. 이 철학자들은 윤리적 이론은 어떤 특정한 행동을 추천하고 평가하며 정당화한다고 주장한다. 그들은 인생의 궁극적인 목표와 인생행로를 도덕적으로 가치 있는 것으로 평가한다. 윤리학자들은 단순히 사람들이 어떻게 행동하고 있는가를 묘사하는 것(describing) 이상의 일을 하려고 한다. 그들은 또한 어떤 행동을 해야 한다는 규정을 내리기(prescribing)를 원한다. 즉 그들은 반드시 따라야 하고 칭찬할 수 있는 행동방침을 규정짓는 것에 관심을 가지고 있다.

윤리의 이론적 성격을 언급한다고 해서 윤리가 일상인들이 부딪치는 실천적 어려움과 아무런 상관도 없다는 것을 말하는 것은 아니다. 오히려 그 반대이다. 윤리적 이론을 세우는 것은 거의 언제나 실천적이고 직접적인 문제를 해결하려는 인간의 노력에서 비롯되는 것이다. 사실상 어떤 윤리이론도 최종에 가서는 실천적 문제를 해결할 수 있는 능력의 유무에 따라서 검증된다. 도덕철학자들은 자신을 도덕적 딜레마에 빠져 있는 사람의 입장에 놓고 적절한 행동을 안내해 줄 원리를 찾는다.

현대의 많은 사람들은 보편적이고 절대적인 행동의 원리 같은 것은 불가능하다고 주장한다. 윤리적 규칙은 기껏해야 어떤 특정한 상황이나 특정한 문화에만 적용될 뿐이라고 한다. 윤리에 대한 이런 견해를 도덕적 혹은 윤리적 **상대주의**라고 부른다. 플레처(Joseph Fletcher, 1905-1991)의 『상황 윤리(*Situation Ethics*)』는 이러한 종류의 도덕철학으로서 좋은 예이다. 플레처에 의하면 "모든 것은 상황에 따라서 올바른 것이 되기도 하고 그른 것이 되기도 한다"[1]고 한다.

행동에 대해서 보편적 규칙을 찾아보려는 노력은 또한 상대주의 말고도 다른 방향으로부터도 공격을 받아왔다. 대체로 논리적 실증주의(logical positivism)의 분석철학파에 속하는 일단의 철학자들은 도덕적 원칙에 나타난 진술들은 적어도 직접적인 의미에서 규범적이 아니라고 주장한다. 그 진술들은 오히려 개인적인 시인이나 비난을 표현한 것이다. 말하자면 "살인은 나쁜 짓이다"라고 말하는 것은 단순히 살인에 대한 비난을 표명하는 것뿐이다. 물론 이 진술은 다른 사람들에게도 그렇게 하기를 충고하는 것이 사실이지만 다른 사람들이 그렇게 따라야 할 의무에 놓이게 되는 것은 전혀 아니다. 이러한 형태의

---

1) Joseph Fletcher, *Situation Ethics: The New Morality*(Philadelphia: Westminster Press, 1966), p.124.

윤리이론을 우리는 이모티비즘(emotivism)이라고 한다. 이 이론은 에이어(A. J. Ayer, 1910-1989)와 스티븐슨(C. L. Stevenson, 1908-1979)이 상세히 설명했다.

2. 사회 · 정치철학

사회 · 정치철학은 윤리학과 밀접한 관련이 있다. 윤리학은 개인의 행동과 관련이 있는 반면에 사회 · 정치철학은 개인들이 집단이나 사회와 관계 맺을 때 나타나는 행동에 관심을 둔다.

사회에 대한 철학적 반성은 서로 구별되지만 밀접하게 관련된 두 부류로 나눌 수 있다. 첫 번째 부류는 왜 사회가 현재의 모습을 지니게 되었는가를 고찰한다. 즉, 왜 전쟁, 범죄, 가난이 존재하게 되었는가? 이러한 철학적 반성들을 진행하고 분류해 가다 보면 이것들은 심리학, 인류학, 정치학, 그리고 경제학의 일부라는 것을 발견하게 된다. 두 번째 부류의 철학적 반성은 사회의 목표와 국가가 이러한 목표를 수행해 나가는 데 할 수 있는 역할을 탐구한다. 이 두 번째 탐구를 사회철학 혹은 정치철학이라고 부른다.

우리는 위의 두 부류의 탐구가 논리적으로는 서로 독립해 있지만 실제에 있어서는 따로따로 탐구를 수행하기가 매우 어렵다는 사실에 주목해야 한다. 우리는 사회 · 정치철학에 관계하지 않으면서 사회학자가 될 수 있고, 경제학자나 정치학자가 되지 않으면서도 정치철학을 할 수 있다. 그러나 일반적으로 볼 때 이 두 학문을 그렇게 산뜻하게 분리하기는 어렵다.

사회 · 정치철학은 권위, 권력, 정의 그리고 개인의 권리 같은 개념들을 분석하기도 한다. 분명히 그와 같은 분석은 윤리 이론과 밀접한 관련을 갖고 있다. 그러나 사회·정치철학은 개념 분석 이상의 것에다 관심을 가지고 있다. 그것은 누가 사회를 다스려야 하는가와 같은 문제들을 다룬다. 정치적 의무는 다른 종류의 의무에 필적하는가? 자유와 조직체는 양립할 수 있는가? 민주주의의 의미는 무엇이며 그것은 정당화할 만한 정부 형태인가? 제대로 돌아가는 공동체에서 국가의 위치는 어떤 것이어야 하는가? 이러한 질문들은 비록 이론적이긴 하지만 그 실천적 중요성이 엄청나게 크다.

3. 미 학

미학(aesthetics)은 가치론(axiology)의 본질적인 부분이다. 미학은 어떤 부분에서는 윤리적 혹은 사회·정치적인 이슈도 다룬다. 미, 기호(嗜好), 예술과 같은 관념을 분석하고 우리가 이런 관념들을 어떻게 사용하는가를 알아보는 것은 철학의 한 분야로서의 미학에 있어서 가장 기본적인 과업이다.

철학의 다른 분야와 마찬가지로 여기에도 미적 개념을 단순히 분석하는 것을 넘어서는 문제들이 있다. 예술 양식, 창작가의 의도, 그리고 예술의 기본인 창조력의 본성이 무엇인가에 관한 문제들이 미학의 한 부분이다. 미학에서 더 재미있는 이슈 중의 하나는 예술작품의 비평과 관련이 있다. 무엇이 훌륭한 시를 만들어내는가? 무엇이 아름다운 그림을, 감동적인 교향악을 만들어내는가? 해석과 평가는 어떻게 구별되는가? 안정된 사회에서의 예술의 위치나 부패한 사회를 변화시키는 예술의 역할에 대해서 연구해 온 철학자도 있다. 처음으로 철학을 공부하는 학생들은 많은 경우 이 분야의 철학까지 접근을 못하는 경우가 많다. 그러나 미학은 가장 흥미로운 분야 중 하나이며 문화를 중시하는 현대에는 이 분야에 대한 연구가 더욱 활발해질 것이고 일반인들에게 더욱 가까워질 것이라고 생각한다.

4. 논리학

논리학은 어떤 면에서 볼 때 철학의 가장 기본적인 영역이다. 왜냐하면 철학이란 하나의 합리적인 탐구이기 때문이며 논리학은 합리적 사고와 논증의 법칙을 체계적으로 설명하기 때문이다.

대부분의 사람들은 전제와 결론의 체제를 갖춘 논리적이고 연역적인 논증을 사용하지 않는다. 물론 이 말이 그들의 논증이 그런 식으로 요약될 수 없다는 뜻은 아니다. 사실 일상의 대화에서는 그와 같은 형식화는 필요하지 않다. 그러므로 우리는 형식을 갖추지 않은 논증을 평가할 수 있는 논리적 원리가 필요하다. 대부분의 논리적 과정은 비형식적 오류, 즉 일상 대화에서 벌어지는 논쟁에서 생기는 잘못들을 논의하는 것으로부터 시작된다.

자신의 입장을 옹호하기 위해서 증거에 호소하는 것이 아니라 권위에 호소하는 것, 상대방이 내세우는 정당화나 증거를 공격하는 것이 아니라 상대방 자신을 공격하는 것 — 이런 것을 대인(對人) 논증(*argumentum ad hominem*)이라 한다 — 이 우리가 가장 흔하게 볼 수 있는 오류에 속한다. 예를 들어 지구가 회전한다든지 산타클로스가 존재한다는 나의 믿음을 옹호하기 위해서 나의 아버지의 증언에 호소하는 것은 권위에 호소하는 예이다. 그 '권위'가 당면한 문제를 평가할 자격이 없을 때 그와 같은 호소는 실효성이 없는 것이 된다. 즉 나의 아버지는 천문학자가 아니며 산타클로스를 본 적이 없다.

대인 논증 오류는 법정에서도 흔히 볼 수 있는 것이다. 어떤 증인이 피고가 A씨라는 사람을 죽이는 것을 목격했다는 증언을 한다고 상상해 보자. 그 증인은 잔학했던 장면을 반복해서 자세히 설명한다. 그리고 피고 측 변호사가 일어나서 반대 심문을 한다. 그 변호사는 증언의 구체적인 부분을 묻거나 반대 증거를 제시하지 않고 그 증인이 상습적인 거짓말쟁이이며 A씨의 부인과 정사를 나누었다는 점을 지적하면서 그의 증언이 거짓임이 분명하다고 말한다. 분명히 피고 측 변호사가 제시한 것이 사실이라면 그 사건과 어떤 관련이 있을 수 있다. 그러나 그것이 결코 증인의 증언이 거짓이라는 것을 입증하지는 못한다. 그것은 증언에 대한 공격이 아니라 증인에 대한 즉, 사람에 대한 공격이다. 그 변호사의 변론을 통해서 증인의 증언은 의심받을 수 있을지 몰라도 결코 거짓이라는 것이 입증되는 것은 아니다.

그러나 논리학은 형식을 갖춘 논증과 가장 깊은 관련을 맺고 있다. 형식을 갖춘 논증에는 두 종류가 있다. 하나는 귀납적 논증이고 다른 하나는 연역적 논증이다. 대전제, 소전제, 결론으로 구성되어 있는 연역적 삼단논법에서 논증의 타당성을 위한 규칙들을 체계적으로 맨 처음 설명한 사람은 아리스토텔레스이다. 근래에 아리스토텔레스 식의 논리학은 수정이 가해졌고 기호로써 형식화되었다. 이 기호논리학은 현대 논리학 책을 읽을 때 느낄 수 있듯이 흡사 수학처럼 보인다. 이 기호논리학을 만들어낸 사람들은 프레게(Gottlob Frege, 1848-1925), 러셀, 그리고 화이트헤드(Alfred North Whitehead, 1861-1947)이다. 한편 귀납법은 영국의 베이컨과 존 스튜어트 밀의 글과 사상으로부터 그 추진력을 얻었다.

여러 면에서 볼 때 20세기는 적어도 영미 계통의 철학에서는 논리학의 세기였다. 그것은 수많은 논리학의 발달을 보면 알 수 있다. 새로운 논리학들이 제기한 문제와 이슈의 형태는 과거의 철학사에서 이미 논의되었던 것이지만 20세기의 철학자들은 논리를 공식화함으로써 더 주의 깊고 객관적인 분석을 가능하게 하는 도구를 발견했다. 이에 속하는 논리학으로서 언급할 만한 가치가 있는 것이 세 개가 있다.

첫 번째 것으로서 **양상 논리학**(modal logic)이 있다. 양상 논리학은 세 가지 주요한 철학적 양상 즉, 불가능성, 우연성, 그리고 필연성을 다룬다. 어떤 철학자들은 이 세 양상들을 가능한 세계의 관점에서 해석한다. '불가능성'은 어떤 진술이 가능한 모든 세계에서 거짓임을 의미한다. '필연성'은 어떤 진술이 가능한 모든 세계에서 참임을 의미한다. '우연성'이란 어떤 명제가 적어도 가능한 하나의 세계에서 참임을 의미한다.

두 번째 것으로서 **의무 논리학**(deontic logics)과 **믿음 논리학**(doxastic logic)이다. 의무 논리학은 윤리학과 관련되어 있다. 그것은 도덕적 상황에서 특히 도덕적 명령에서 사용하는 '~해야 한다(ought, 당위)'는 말의 기능을 형식적 구조 안에 넣어보려는 시도이다. 믿음 논리학은 '나는 ~라고 생각한다(I think)',

'나는 ~라고 믿는다(I believe)', 혹은 '그 사람은 ~라고 생각한다(He thinks)', '그 사람은 ~라고 믿는다(He believes)'와 같은 진술들을 취급한다. 명제 태도라고도 불리는 이러한 진술들이 그것의 진리치에 영향을 미친다는 것을 입증하는 것은 어려운 일이 아니다. 예를 들어 "이효석이 『메밀꽃 필 무렵』을 썼다"는 진술은 참이지만, "철수는 이효석이 『메밀꽃 필 무렵』을 썼다고 믿는다"는 진술은 거짓일 수도 있다. 믿음 논리학은 이러한 차이에 대해서 관심을 가지고 있으며 이러한 차이가 끌고 오는 논리적 결과에 대해서 관심을 갖는다.

마지막 세 번째 것으로서 **논리철학**이라고 불리는 것이 있다. 이것에 대한 관심은 20세기에 들어서 생기기 시작했다. 이와 관련해서 두 가지가 널리 논의되고 있다. 하나는 부정적 실체로 시작하는 진술문이 도대체 가능하냐이다. (예를 들어, 사람이 살지 않는 별은 존재하지 않는다(No inhabited stars exist).) 또 하나는 논리적 고유명사(소크라테스, 데카르트, 혹은 칸트)와 현재의 프랑스 왕과 같은 한정 기술구(definite description) 사이의 차이점에 대한 논의이다. 이러한 문제는 보통 사람들에게 중요하게 보이지 않을지 모르지만 논리학자들이 형식적 언어로 번역하고 어떤 도출을 끌어내려고 할 때는 중요한 것이 된다.

5. 종교철학

종교철학이 제시하는 특징적 문제들은 살아 있는 종교들을 지성을 갖고 면밀히 조사할 때 생기는 것들이다. 종교철학자를 종교사가(宗敎史家), 비교종교학자 그리고 신학자와 구별할 필요가 있다. 종교사가는 종교의 기원과 발달을 추적하려고 애쓴다. 만일 어떤 종교가 일식에 대한 공포로부터 발생했다면 종교사가는 이것을 자료로 입증할 것이고 이 공포가 전 믿음의 체계에 끼친 영향을 조사할 것이다. 그는 그 집단의 종교적인 역사를 도표로 보여주면서 그 종교를 믿었던 자들은 본래 10개의 신을 믿고 있었는데 시간이 지나감에 따라 종교의식이 하나의 최고의 신을 중심으로 이루어지게 되었다고 설명할 것이다.

비교종교학자는 종교들 사이의 유사점에 관심을 갖는다. 그는 거의 모든 종교들이 최고의 힘과 원리 혹은 최고의 존재에 대한 믿음을 가지고 있다는 것은 우리가 주목할 가치가 있는 사실이라고 말한다. 종교사가와 비교종교학자로부터 얻은 정보는 종교철학자의 탐구에 종종 중요한 역할을 한다. 종교철학자의 과업은 보통 그들의 탐구가 끝난 곳에서부터 시작한다. 종교철학자는 그들이 얻은 정보를 분석하고 평가하는 데 관심을 갖는다. 그렇게 함으로써 그 정보가 어떤 의미를 담고 있는지, 그리고 그것의 사실 여부를 알아본다.

종교철학자의 일은 또한 신학자의 일과도 다르다. 신학자는 자신의 분야에 관계가 있는 철학적 문제에만 관심을 두고 경전이 갖고 있는 역사적인 문제, 그리고 본문과 주석에 대한 문제들을 다룬다. 신학자가 종교의 일반적 성격과 종교적 지식을 다룰 때에는 신학자와 종교철학자의 관심사가 일치한다. 그러나 신학자가 경전 본문의 해석이나 교리를 구성하는 작업을 할 때 두 사람은 다른 일을 하기 시작한다.

종교철학자는 주로 어떤 종류의 문제를 다루는가? 종교철학에서 첫 번째로 취급되는 문제는 대개 종교 자체가 지닌 본성에 관한 것이다. 모든 종교에서 발견할 수 있는, 그리고 종교를 종교이게끔 하는 특징이나 믿음의 핵심이라고 할 수 있는 것이 있는지 하는 물음이 그것이다. 종교철학자들이 비판적으로 평가하는 두 번째 주제는 신의 존재를 위한 논증이다. 18세기에 임마누엘 칸트(Immanuel Kant, 1724-1804)는 신의 존재 증명을 위한 합리적인 논증은 오로지 세 개뿐이라고 이야기했다. 존재론적 논증, 우주론적 논증, 목적론적 논증이 바로 그것이다. 칸트 뒤의 종교철학자들은 네 번째 논증 즉 도덕적 논증을 덧붙였다. 재미있는 사실은 '무신론학자'라고 알려진 일단의 종교철학자들이 몇 개의 무신론적 증명을 내놓았다. 이것은 신이 존재하지 않는다는 것을 입증하려는 논증이다.

종교철학자가 다루는 세 번째 주제는 신의 속성에 관한 것이다. 예를 들어 신의 끝없는 자비와 정의(正義)는 양립할 수 있는가? 신의 전지(全知)함이 자유의지를 가진 인간의 행동과 양립할 수 있는가? 신이 영원하다는 것은 그가 시간 밖에 존재한다는 것을 의미하는가, 아니면 시간 안에서 영원히 존재한다는 말인가? 그리고 신의 전능(全能)함은 그가 스스로도 감당하기 어려운 과업을 만들어낼 수 있다는 것을 말하는가? 예를 들어 그는 스스로 들어올릴 수 없는 돌을 창조할 수 있는가? 이러한 것들은 종교철학에서 가장 재미있는 문제들 가운데 일부일 뿐이며, 더 다루어야 할 흥미롭고 진지한 문제들은 많이 있다.

종교철학이 어느 정도 관심을 가지고 있는 네 번째 영역은 종교적 언어이다. 실로 이 주제는 항상 논쟁거리였지만 1930년대부터 일부 철학자들은 신에 대한 종교적 언어와 대화는 의미가 없는 것이라고 주장해 왔다. 사실 신에 대한 진술은 참이라고도 거짓이라고도 할 수 없다. 왜냐하면 그 진술은 경험적 세계에서 진위를 파악할 수 있는 어떠한 의미도 가지고 있지 않기 때문이다.

마지막으로 종교철학자에게 늘 붙어 다니는 문제는 악의 문제이다. 이 문제는 순전히 개념적인 수준에서 고려할 수 있는 것이지만 우리들 대부분은 이 문제를 실존적으로 즉, 우리의 경험을 통해서 부딪치고 있다. 이 문제가 갖는 어려움은 신이 존재하며, 그 신은 전능하고, 완전히 지혜롭다는 기독교 성서의 가르침에서 비롯된다. 그런데 세상에는 동시에 악, 심지어는 엄청난 악이 존재한다. 종교철학자는 묻는다. 악의 존재는 신과 세상에 대한 성서적 견해와 조화될 수 있는가? 아니면 우리는 두 요소 중 하나를 부인해야만 하는가? 이 문제는 결국 신이 이 세상에 악을 허용하는 이유에 대한 설명으로 이어지게 된다. 결국 이러한 설명은 신이 행하는 방식을 인간에게 정당화하는 것이며 이것을 일컬어 학자들은 신정론(神正論, theodicy) 혹은 호신론(護神論)이라고 한다.

6. 철학사(哲學史)

우리는 종종 어떤 사상을 형성하게 한 영향이나 그 사상이 사회와 역사의 과정에 끼친 영향, 혹은 그 사상을 쓴 사람과는 무관하게 철학을 공부할 수 있다. 이 때 우리는 한 사상가가 의미하는 것이 무엇인지를 설명하거나 그의 말이 참인지 아닌지를 가리는 것과 같은 두 가지 일을 한다. 그러나 철학사는 어떤 철학을 낳게 된 사상적 배경을 파악하려는 시도이고, 이러한 철학이 다시 사회와 제도에 어떤 영향을 끼쳤는가를 관찰하는 시도이며, 철학 뒤에 있는 사람들에 대해서 배우려는 시도이다. 더욱이 철학사가(哲學史家)들은 예를 들어 합리론과 경험론 같은 사상학파의 형성과 발달 과정도 밝히려고 한다.

예를 들면 철학자 데카르트는 철학사의 한 부분이다. 우리는 데카르트가 말한 것과 그것이 사실인지의 여부를 알고 싶어할 뿐 아니라 그 자신에 관한 것과 그를 뒤이은 데카르트 학파의 사상을 알고 싶어한다. 데카르트 시대는 이성을 높이고 경험을 깎아내리던 때였던가? 데카르트의 수학적 지식은 그의 철학적 사상에 영향을 주었는가? 주었다면 어떻게? 데카르트가 열 살에 입학했던 라 플레슈(La Fleche)에 있는 예수회 학교에서 그가 받은 교육은 그의 철학적 발전에서 중요한 역할을 했는가? 데카르트는 그 후의 합리론자인 스피노자, 라이프니츠, 칸트에게 어떤 면에서 영향을 주었는가? 데카르트의 사상은 현대 철학의 발달에 중요한 요인으로 작용했는가? 이 모든 것들이 철학사가들이 답해야 할 문제들이다.

7. 역사철학

'역사철학(philosophy of history)'과 '철학사(history of philosophy)'는 글자의 앞뒤를 단순히 바꾸어놓은 것 같지만 그것들이 하는 일은 전혀 다르다. 역사철학은 역사라는 학문에 대한 비판적 반성이다. 그리고 역사철학은 분석(analytic)과 사변적(speculative) 요소를 모두 가지고 있다. 역사철학자는 먼저 역사(history)와 연대기(chronicle)와 같은 말을 구별해야 한다. 그렇게 한 후에 그는 역사철학의 중심이자 중요한 부분인 역사적 방법에 관심을 기울여야 한다.

역사가는 자기 분야에 대한 독특한 방법을 가지고 있는가, 혹은 과학적 방법을 사용하는가? 역사를 설명하는 일의 목표는 미래의 예측인가, 아니면 단순히 역사의 이해인가? 역사를 쓴다는 것은 역사가가 자료를 선택한다는 것과 밀접한 관련이 있다고 볼 때 역사적 증거자료는 객관적인 것으로 여겨야 하는가? 역사적 진술은 비록 과학적 진술과 다른 주제를 다루지만 똑같은 성격을 갖고 있는가, 아니면 그 자체로서 독특한 것인가? 역사는 초(超)역사적이 될 수 있는가? 19세기의 개신교 신학의 발달을 공부해 본 사람이라면 누구든지 이러한 문제들이 기독교인들에게는 엄청나게 중요하다는 것을 깨닫게 된다. 기독교는 역사에 깊이 뿌리를 둔 종교이다. 그래서 기독교인들은 이러한 논의에 깊은 관심을 보이고 있다.

또한 역사와 관련해서 매우 사변적인 문제가 있다. 역사의 자료들을 통합할 수 있는 개념들이 있는가? 역사는 직선적인가, 아니면 순환적인가? '보편적 역사'와 같은 것이 있는가? 독일의 철학자 헤겔(G. W. F. Hegel, 1770-1831)은 그의 난해한 사상에서 이러한 문제들을 매우 심오하게 다루고 있다.

8. 과학철학

과학이 과학철학에 대해서 갖는 관계는 흡사 역사철학이 역사에 대해서 갖는 관계와 같다. 과학 자체는 관찰에 의한 것이고 또한 실험적인 것이다. 예를 들어 생물학자는 생명, 인간 등등의 구조와 기능에 대해서 관찰한다. 과학자는 어떤 관찰에 기초해서 자신의 결론을 지지하기 위한 실험을 수행할 수 있다. 그러므로 생물학은 때때로 일차적 학문(first-order disci-pline)이라고 불린다. 한편 과학철학은 관찰과 실험에 관심을 두는 것이 아니라, 과학의 주된 개념과 과학적 방법의 비판적 검토와 평가에 관심을 둔다. 이러한 이유 때문에 과학철학을 이차적 학문(second-order discipline)이라고 부르는 사람들도 있다.

과학철학이 다루는 문제 중에는 다음과 같은 것이 있다. 과학이론은 어떻게 구축되어야 하며 어떻게 평가되어야 하는가? 과학이론을 위해서 어떤 정당화와 평가 기준이 필요한가? 과학적 설명의 구조는 어떤 특징을 가지고 있는가? 과학을 가능하게 하는 귀납법은 성공적으로 옹호될 수 있는가?

9. 모든 학문의 비판적인 기능으로서의 철학

지금까지 살펴본 종교철학, 역사철학, 그리고 과학철학들은 우리에게 철학적 탐구라는 것이 어떤 것인지를 가르쳐준다. 이와 같이 어떤 학문에 대해서도 그것이 사용하는 주된 용어들과 방법론을 비판적으로 살펴보는 것은 가능할 뿐 아니라 바람직한 것이기도 하다. 이러한 이유로 위의 철학 외에도 법철학, 수학철학, 교육철학, 심지어 체육철학 등 거의 모든 학문에 대한 철학이 있다.

10. 인식론

인식론 즉 지식의 기원과 본성에 대한 탐구도 철학의 주된 분야 중의 하나이다. 우리가 무엇을 안다고 할 때, 그것을 어떻게 알 수 있는가? 무엇을 안다고 하는 주장은 언제 정당화될 수 있는가? 어떤 것에 대한 의심할 수 없이 확실한 지식은 가능한가? 우리의 감각적 인식은 물리적 세계에 대해서 믿을 만한 정보를 제공하는가? 우리는 물리적 세계를 직접적으로 인식하는가? 대상에 대한 우리의 인식은 그 대상 자체와 일치하는가?

심리학이나 자연과학이 내놓은 어떤 결과들이 인식론 철학자들에게 관련이 있을 수 있지만 인식론이 다루는 문제는 그것들과 다르다.

11. 형이상학

철학을 처음 배우는 사람들에게 형이상학(形而上學, meta-physics)은 언뜻 보기에 모든 철학 분야 중에서 가장 신비롭고 어렵게 느껴진다. 이름 자체가 벌써 추상적이고 어려울 것이라는 인상을 준다. 보통 우리는 형이상학이라는 말을 공상적이고 잘 이해가 안 가는 이론을 일컬을 때 쓰기 때문에 형이상학이 다루는 주제는 순전히 사변적인 것으로서 실천적 중요성이라고는 거의 없을 것이라는 생각이 든다.

형이상학으로 번역된 그리스어 '메타피지카(*metaphysica*)'가 생긴 유래는 매우 단순하다. 그것의 의미는 'physics의 뒤에'

즉 '물리학의 뒤에'라는 의미이다. 이 용어는 BCE 1세기에 도입된 말로서 로데스의 안드로니쿠스(Andronicus of Rhodes)[2]가 아리스토텔레스의 저작들을 편찬하면서 아무런 이름이 붙지 않은 저서를 발견하는데, 마침 이 저서가 물리학(physics)이라는 저술 뒤에 나오기 때문에 그리스어의 '～후에'라는 뜻을 가진 메타(meta)라는 접두어를 붙여서 만든 이름이다. 한자어 형이상학(形而上學)의 어원은 역경(易經), 계사(繫辭)편의 "형이상자(形而上者)를 도(道)라 하고 형이하자(形而下者)를 기(器)라 한다"에서 나왔는데 메타피지카를 이렇게 번역한 것이다.

영어의 물리학을 뜻하는 'physics'는 본래 그리스어 '피지스(physis)'에서 유래하는데, 그것의 의미는 '자연'이다. 플라톤 이전 시대에 그리스 철학자들은 『자연에 관하여(*About Nature*)』라고 제목이 붙은 글들을 썼다. 이 글들 안에는 오늘날 우리가 자연과학이라고 분류할 수 있는 것들이 많이 들어 있다. 그러나 거기에는 또한 눈에 보이는 세상의 모든 현상을 설명해 줄 수 있고 그것의 원인이 되는 궁극적 요소에 대한 사변들도 들어 있다. 예를 들어 **실재(實在)**[3]의 궁극적 요소들은 물, 공기, 불, 흙으로 변환될 수 있다는 주장들이 들어있다. 그리스 초기 철학자들에 의하면 이 네 가지의 요소가 결합하고 상호작용함으로써 모든 실재가 생기게 된다고 한다. 그리스인들은 오늘날

---

2) 로데스의 안드로니쿠스(Andronicus of Rhodes)는 약 BCE 60년에 로마에 살았던 그리스 철학자였다. 그는 아리스토텔레스의 작품들을 모아서 편집했다.
3) 실재(實在, reality)는 철학에서 보통 가상이라는 것의 반대어로서, 인간의 인식이나 경험과는 상관없이 독립하여 존재하는 것을 이르는 말이다.

우리가 자연과학이라고 부르는 것과 사변적인 것을 구별하지 않았다. 오늘날 우리는 형이상학이라는 말을 과학적 설명을 넘어서 있는 실재를 설명하기 위해서 사용하는 것으로 국한한다.

형이상학을 인식론과 비교해 볼 때 강조점에 있어서 미묘하면서도 중요한 변화가 있다. 인식론은 인식하는 주체의 능력과 한계를 다루지만 형이상학은 인식되는 대상의 존재와 본성을 취급한다. 한편 인식론은 지식의 가능성과 조건을 다루지만 형이상학은 인식되는 대상들 즉, 실재가 갖는 특성들과 그것들 간의 관계를 취급한다.

전통적 형이상학의 문제들 중 몇 가지 예를 보면 다음과 같다. 실재를 형성하는 궁극적이고 객관적인 구성요소들이 무엇인가? 우주와 시간의 본성이 무엇인가? 모든 사건들은 반드시 원인이 있는가? **보편자**(普遍者, universals)와 같은 것이 있는가? 만일 있다면 그것은 어떤 것인가? 항상 변하지 않는 어떤 **실체**(實體, substance)가 있는가?

20세기 초에 논리적 실증주의자라 불리는 일단의 철학자들은 전통적으로 형이상학의 일부에 속하는 많은 것들은 가짜 과학이었다고 주장했다. 그들은 형이상학은 없어져야 할 것이라고 말했다. 왜냐하면 그들은 형이상학을 말도 안 되는 일종의 난센스이고 의미를 지닐 수 없는 것이라고 생각했기 때문이다. 이러한 공격에도 불구하고 오늘날 형이상학에 대한 관심이 다시 일어나고 있다. 오늘날 일어나는 형이상학적 문제 중 많은 것들이 인간의 본성과 삶에 밀접하게 관련되어 있다. 예를 들어 인간은 자유의지를 가지고 있는가? 우리의 의도는 우리가 무엇을 결정할 때 어떤 영향을 끼치는가?

12. 심리철학

형이상학은 1930년대부터 1950년대를 걸치면서 많은 변화와 발전을 겪었다. 이후 현대 철학자들의 관심을 끌고 있는 형이상학적 문제들은 새로운 것은 아니나 철학적 논의에서 훨씬 두드러진 위치를 차지하게 되었다. 이러한 변화 가운데서 심리철학(philosophy of mind)이 더욱 중요성을 띠게 되었다. 철학 가운데서 이 분야는 전통적으로 형이상학에 속한 것이었으며 아직도 때때로 그렇게 생각되고 있다. 그러나 인간의 뇌와 물리학에 대한 지식이 증가함에 따라 심리철학은 더 많은 관심을 받게 되었다. 심리철학이 다루는 주요한 문제들 중 일부는 다음과 같은 것들이다. 우리가 정신적인 것(mental)이라고 부를 수 있는 실재에 해당하는 것이 사실상 있는 것인가? 만일 그렇다면 정신을 다른 것과 구별해 줄 수 있는 표징은 무엇인가? 만일 정신이라는 실재가 없다면 우리의 의식은 단순히 뇌의 작용과 관련이 있을 뿐인가? 우리는 우리의 마음과 같은 기능을 하는 인공지능을 만들어낼 수 있을까?

13. 행동이론

철학에서 가장 새롭게 관심을 이끄는 주제 중의 하나가 행동이론이다. 이 행동이론이 현대 철학 가운데 출현해서 두드러진 위치를 차지하게 된 것은 다른 분야의 철학과 밀접한 관련을 맺고 있기 때문이다. 심리철학, 언어철학, 윤리학 등 다른 많은 분야가 한결같이 행동이론 가운데 중요한 문제들을 논하지 않고서는 가능하지 않다. 심리철학의 문제를 밝히기 위해서 먼저 정신적 상태와 행동의 관계를 이해할 필요가 있다. 다양한 종류의 언어 행동들(speech acts)을 구별하는 일과 그것들 사이의 관계를 설명하는 것은 언어를 탐구하는 데 있어서 매우 중요한 일이다. 그러나 행동의 연구와 분석으로부터 가장 많은 혜택을 보는 분야는 윤리학일 것이다. 윤리학에서 책임과 관련된 문제들은 능력과 무능력에 대한 논의와 고의적인 행동과 고의가 아닌 행동 사이의 차이를 분석하는 일을 빼놓게 되면 제대로 탐구할 수가 없다. 예를 들어 공리주의(올바른 행동은 최대 다수의 사람들에게 최대의 쾌락과 최소의 고통을 만들어내는 행동이다)와 같은 윤리이론은 행동, 행동이 빚은 결과, 환경, 그리고 동기 사이의 관계를 이해하지 않고서는 제대로 평가될 수 없다. 행동이론에서 다루어지는 문제들은 대단히 매력적이다. 행동이라는 것이 무엇인가? 그리고 그 행동은 행위자와 어떤 관련이 있는가? 행동과 욕구의 관계는 어떤 것인가? 이런 문제들은 이것들이 다른 분야의 철학적 탐구에 대해서 갖고 있는 중요성을 차치하더라도 그 자체로서 매우 흥미를 끄는 문제들이다. 그러므로 이 책에서 행동이론을 직접 다루지는 않지만 나중에라도 독자들이 이 문제에 관심을 가지고 공부하면 매우 유익할 것이다.

14. 결 론

우리는 이 장에서 주요한 철학의 분야들이 어떤 것인가를 아주 간단하게 살펴보았다. 가장 두드러지게 보이는 분야들은 윤리학, 종교철학, 과학철학, 논리학, 인식론, 그리고 형이상학이다. 윤리학은 의무의 성격에 관해서 그리고 올바른 행동을 지배하는 규칙들에 대해서 연구한다. 종교철학과 과학철학은 종교와 과학의 개념과 방법론들을 비판적으로 평가한다. 한편 논리학은 우리가 논의할 때 사용해야 할 바른 규칙들을 다룬다. 지식론은 인식론에 대한 또 다른 이름이기도 하며, 형이상학은 실재 혹은 존재에 대한 학문이다.

철학적 탐구를 구성하는 질문들과 문제들은 광범위한 영역을 차지하고 있다. 개별 과학들(예를 들어 생물학 혹은 심리학)이 밝혀낸 결과가 철학과 관련이 있지만 철학과 개별 과학은 적어도 논리적으로는 서로 떨어져 있다.

제 2 부

철학의 12가지 물음

제 1 장

행복을 얻느냐, 의무를 지키느냐?

1. 서론: 행복주의와 의무주의

윤리적 결과주의(ethical consequentialism)는 행동의 옳고 그름은 행동의 결과만을 보고 판단해야 한다는 이론이다. 공리주의(功利主義, utilitarianism)는 바로 이런 결과주의의 대표적인 이론이다. 가장 유명한 공리주의 철학자는 제레미 벤담(Jeremy Bentham, 1748-1832)과 제임스 밀(James Mill, 1773-1836) 그리고 존 스튜어트 밀이다.

공리주의적 철학은 "거짓말하지 마라", "정의를 사랑하라" 혹은 "약속을 지켜라"와 같은 어떤 특별한 도덕적 원칙의 필요를 인정하지 않는다. 그 대신에 공리주의는 올바른 행동은 항상 가능한 한 많은 사람을 가능한 한 행복하게 만드는(소위 최대 다수의 최대 행복의 원리) 결과를 가져오는 행동이라고 주장한다. 이 세상에서 유일하게 절대적이고 본래적으로 가치 있는 것은 행복과 쾌락이며 이 외의 모든 것들은 행복을 가져오는 한에서만 가치 있게 된다.

공리주의와 첨예하게 대조를 이루는 윤리이론들은 동기, 의무, 권리, 그리고 원리의 중요성을 강조한다. 우리는 이러한 윤리이론들을 보통 의무론적(deontological) 윤리론이라 부른다. 공리주의를 반대한 철학자 중에 가장 유명한 철학자는 아마도 칸트일 것이다. 칸트의 주장에 의하면 행복과 쾌락을 추구하는 것은 그것이 우리 자신의 것이든 남의 것이든 소용이 없는 것이라고 한다. 왜냐하면 그것은 거의 틀림없이 실패할 것이 뻔하기 때문이다. 더욱이 칸트는 행복은 본래적으로 가치 있는 것이 아니라고 말한다. 만일 행복이 본래적으로 가치 있는 것이라면 다시 말해서 그 자체로서 가치 있는 것이라면 우리가 악한 사람이 세상에서 출세하고 행복하게 사는 이야기를 들을 때 기분 나빠할 필요가 없을 것이다. 그러나 실제에 있어서 어떤 악한 사람이 행복하고 잘산다는 생각을 하게 되면 대부분의 사람들은 화가 난다. 칸트의 주장에 의하면 우주에서 유일하게 절대적으로 가치 있는 것은 선의지(善意志, good will)뿐이다. 선의지란 올바른 것을 하고자 하는 욕구와 결심을 말한다. 선의지를 갖고 있는 사람들 즉, 무엇보다도 먼저 항상 올바른 것을 행하고자 하는 사람들은 어떤 행동의 원리를 따를 것이다. 칸트에 의하면 이 원리들은 이성적인 어떤 것이다. 따라서 모든 이성적 존재들이 그 원리들을 따를 수 있고 또 따라야만 한다. 물론 실제에 있어서 모든 사람들이 따르는 것은 아니지만 그래야 한다.

칸트의 **격률**(格率, Maxim, 주관적인 실천 원칙)에는 다음과
같은 것들이 있다.

진실해라.
정직하라.
거짓 약속을 하지 마라.
관대하고 자비롭게 행동하라.
너의 재능을 낭비하지 마라.
살인자들과 징벌받아 마땅한 사람들은 기꺼이 처벌되어야 한다.
동물들에게 친절하게 대하라.
자살하지 마라.

칸트의 주장에 의하면 이성적 존재는 도덕규칙들은 예외가
없다는 것을 이해한다고 한다. 그 규칙들은 두 가지 면에서 예
외가 없다. 첫째, 선해지기를 원하는 사람들만이 아니라 모든
사람들은 예외 없이 진실해야 하고 정직해야 하고 등등 그 외
에 반드시 해야 할 것들이 있다. 모든 사람들은 이 사실을 인
식하지 못하더라도 이러한 의무를 가지고 있다. 둘째, 우리는
예외 없이 언제나 진실해야 하고 언제나 정직해야 한다. 환경
이 바뀐다고 해서 이 규칙들이 바뀌지 않는다. 거짓말을 함으
로써 상당한 이익이 오는 경우가 있다 해도 거짓말을 해서는
안 된다.

결과를 중시하는 윤리이론과 의무를 중시하는 윤리이론 중에
어느 것이 우리의 인생에 궁극적으로 가치 있을까? 먼저 도덕

적 결정을 내리기가 매우 어려운 교묘한 상황에 대해 이 두 이론이 어떻게 적용되는가를 살펴보기로 한다. 공리주의와 의무론적 윤리론은 때때로 결국에 가서는 같은 행동을 추천한다(물론 이유는 다르지만). 그러나 서로 모순되는 충고를 주는 일도 또한 벌어진다. 두 이론을 살펴보면서 그 차이점이 어떤 것인가를 알아보자.

2. 임종의 자리에서 한 약속

이승재라는 사람이 지금 황무지 섬에서 죽어가고 있으며 제대로 유언장을 만들 수가 없는 가상 상황을 생각해 보자. 다행히도 그의 조카딸 이미정이 곁에 같이 있어서 그는 그녀에게 다시 집에 돌아가게 되면 곧 그의 유산을 잘 보살펴달라고 부탁했다. 이미정은 삼촌의 유언을 잘 지키겠다고 약속했다. 그 유언은 전 재산 5억을 지방 미술관에 기증하라는 것이었다.

그러나 이미정이 집에 다시 돌아왔을 때 자신이 삼촌 이승재의 유일한 친척이기 때문에 그녀 자신이 그의 유산 상속자라는 사실을 알게 되었다. 이 때 그녀는 자기가 한 약속을 지켜야 하는가, 아니면 그 돈을 어딘가 딴 데 써야 할까? 그녀는 이 돈을 자기 자신을 위해 쓰고 싶지만 이기적이라는 말을 듣고 싶지 않아서, 경영이 잘 안 되는 미술관에 쓰는 것보다 돈이 없어서 막 문을 닫으려는 어린이 병원에 기증하는 것이 좋겠다는 생각이 들었다고 하자. 어려운 사람을 위해서 쓰겠다는 마음이 들었을 때도 그녀는 자신의 약속을 지켜야 하는가?

이 때 의무론자는 그렇다고 말할 것이다. 약속을 깨는 것은 나쁜 행동원리이고 약속을 지키는 것이 좋은 행동원리이기 때문이다. 만일 미술관에 돈을 기증하겠다는 삼촌의 생각이 맘에 들지 않았더라면 그 조카딸은 애초부터 약속을 하지 말았어야 했다. 그러나 이미 약속을 했기 때문에 그녀는 그것을 지킬 의무가 있다.

또한 살아 있는 사람보다 죽어가는 사람에게 한 약속을 깨는 것은 훨씬 더 나쁘다. 죽어가는 사람은 극히 연약한 상태에 놓여 있기 때문에 옆에 살아 있는 사람을 믿을 수밖에 없으며 유언을 받은 사람이 나중에 어떻게 하는지를 점검해 볼 수 없다. 그러므로 죽어가는 사람을 속이는 것은 야비하고도 나쁜 짓이다.

한편 공리주의자는 다음과 같이 말할 것이다. 그 약속을 지켜야 하느냐 말아야 하느냐의 여부는 미술관에 유산을 기증하는 것과 어린이 병원에 기증하는 것의 결과가 낳을 각각의 행복의 양에 달려 있다. 만일 미술관에 기증하는 것이 어린이 병원에 기증하는 것보다 더 많은 행복을 낳는다면 이미정은 자신의 약속을 지켜야 한다. 그러나 만일 병원에 기증하는 것이 더 많은 행복을 낳는다면 그녀는 약속을 깨야만 한다.

그녀가 처음부터 아예 약속을 하지 말았어야 했다는 생각은 공리주의적 기준에 의하면 전혀 의미가 없는 말이다. 왜냐하면 그런 약속을 함으로써 그녀는 죽기 전 마지막 몇 분 동안에 삼촌을 행복하게 했을 것이기 때문이다. 만일 그녀가 약속을 거부했다면 삼촌은 아마도 침통한 마지막 순간을 보냈을 것이다. 공리주의에 의하면 우주에서 유일하게 절대적으로 가치 있는 것은 행복이기 때문에, 이미정이 그 황무지 섬에서 택해야 할 올바른 행동은 비록 나중에 약속을 깨더라도, 심지어 약속을 깨겠다고 마음을 먹었다 해도 약속을 하는 것이다.

죽어가는 사람에게 한 약속을 깨는 것을 특별히 야비하다고 하는데 그렇게 생각할 필요가 있는가? 죽어가는 사람은 약속을 깨는 것을 결코 알 수가 없다. 그러므로 삼촌 이승재가 그것 때문에 불행해지는 것도 아니다.

3. 마더 테레사의 헌신적인 봉사

인도의 캘커타에서 마더 테레사(Mother Teresa)와 그녀를 도와서 같이 있었던 사람들이 했던 일의 대부분은 가난해서 아무도 돌보는 사람 없이 죽어가는 사람들을 돌보는 것이었다.

공리주의자에게는 이 일이 완전히 시간 낭비처럼 보일지도 모른다. 왜냐하면 가난하고 돌보는 사람 없이 죽어가는 사람들은 공리주의의 잣대로 보면 별 볼일 없는 사람들이다. 그들이 필요로 하는 것은 공리적 관점에서 보면 매우 저급한 것이다.

물론 테레사와 그의 동료들이 하는 일을 통해서 어느 정도의 행복이 산출될 수는 있다. 그들은 아마도 그 일을 함으로써 행복을 느낄 것이며 죽어가는 사람들도 어느 정도 행복하거나 비록 짧은 시간 동안이겠지만 그런 도움을 받지 않았을 경우보다 더 편할 것이다.

그런데 문제는 공리주의적 계산에 의하면 이 행복은 단기간으로 그친다는 것이다. 결론적으로 볼 때 마더 테레사는 자신의 노력을 살아 있는 사람들을 돌보는 데 쏟았더라면 더 나았을 것이다. 아마도 그녀는 보통 병원에서 일자리를 가졌으면 좋왔을 것이다. 살아 있는 사람들을 돌보아주었더라면 단기적으로 뿐 아니라 비교적 장기적으로도 많은 차이가 있었을 것이다.

그러나 이 경우에 우리들 대부분은 공리주의자건 아니건 마음속에서 의무론에 대한 어떤 공감대가 형성되는 것을 느낄 것이다. 우리는 분명히 마더 테레사와 그녀의 동료와 같은 사람들은 매우 선한 사람들이라고 느낀다. 그리고 그와 같은 일은 매우 숭고한 일이라고 느낀다. 누가 그것이 잘못된 일이라고 말하겠는가? 마더 테레사와 그녀의 동료가 있기 때문에 세상은 더 선한 곳이 되지 않는가? 만일 마더 테레사가 한 일이 숭고하고 가치 있는 것이라면 그 가치가 어디에 있는가? 그 가치가 공리(功利, utility)에 있을 리는 없다. 그 일이 지닌 공리는 다른 의료적 봉사에 비교해 볼 때 수치가 매우 낮을 것이다.

아마도 그 가치는 돌보는 사람의 동기에 있든지, 돌보는 사람의 도덕적 혹은 종교적 원리에 있을 것이다. 아니면 그 가치는 자기희생에 있을 것이다. 아마도 그 가치란 인간이 아무리 가난하고 별 볼일 없는 인간이라 해도 그 인간에 대한 존경, 인간이 갖고 있는 존엄과 신성함에 대한 믿음에 있다. 그리고 이런 것들이 일을 숭고하게 만든다. 인간으로서의 우리 자신은 인간의 존엄성에 대한 가치를 믿는다. 그러므로 누가 그것이 합리적이지 못하다고 이야기할 수 있겠는가? 공리주의자들은 우주에서 유일하게 절대적인 가치는 행복이라고 주장한다. 그러나 어느 누가 오로지 하나의 절대적인 가치만이 있다고 말할 수 있는가? 인간의 존엄성이 절대적 가치가 아니라고 누가 말할 수 있겠는가?

4. 밀고자

경찰이 한 악명 높은 마약 밀매 갱단을 수년 동안 추적해 왔으나 아직 어떤 확실한 정보도 입수하지 못했다고 가정해 보자. 그런데 어느 날 갱단 중의 한 명이 경찰에 출두해서 갱단을 일망타진할 수 있는 정보를 제공하겠다고 제안했다. 그러나 그가 이렇게 행동한 배후의 동기는 자기가 한 일에 대한 자책감에 있지 않고 갱단의 동료들과 불화한 후에 생긴 반감에 있었다. 그는 경찰에 밀고하는 대가로 자기는 기소에서 면해 달라고 요구했다. 자, 이 때 경찰은 어떻게 해야만 하는가?

이에 대한 공리주의자의 답은 기소하지 않는 것이다. 실제로 우리는 이러한 답을 택하는 경우가 종종 있다. 우리는 공동체에 전반적 이익을 가져다주는 것이 어떤 다른 고려사항보다 앞선다고 판단한다.

한편 의무론자들은 특별히 칸트주의자라면 그 밀고자는 과거의 범죄 때문에 처벌받아야 한다고 주장할 것이다. 정의(正義)는 비슷한 범죄에 대해서 비슷한 처벌을 할 것을 요구한다. 특히 진정한 참회가 없다면 더욱 그렇다. 의무론자들은 "하늘이 무너져도 정의는 이루어져야 한다"고 주장한다.

하지만 이 경우에 칸트의 원리를 따르게 되면 마약 밀매단을 체포할 수 없게 된다. 그리고 체포하지 못한 결과는 매우 심각한 지경에 이를 수도 있다. 이와 같은 경우에 밀고한 한 사람을 봐주는 것이 가장 좋은 방법이 되지 않을까?

5. 무고한 자의 권리

다음과 같은 경우를 가정해 보자. 승객들로 가득 찬 한 비행기가 테러범들에게 납치되었다. 만일 자기들에게 한 시민을 넘겨주면 승객들 모두를 풀어주겠다고 한다. 그런데 이 시민은 테러범들의 목표에 반대하는 단체에 소속되어 있으며 테러범들이 알기를 이 시민은 반테러 활동을 하고 있다는 것이다. 만일 그를 자기들에게 넘겨주면 승객들은 모두 풀어주지만 그를 죽일 것이라고 한다. 만일 당국이 자신들에게 협조하지 않으면 비행기를 폭파시키겠다고 위협한다.

당국은 그 시민이 아무 죄도 없다는 것을 알고 있으며 더욱이 그는 어떠한 반테러 활동을 한 적도 없다는 것을 알고 있다. 그러나 테러범들과 시시비비를 가릴 시간이 없다. 그리고 이 무고한 시민을 넘겨주지 않으면 의심할 바 없이 테러범들은 곧 행동 개시할 것이다. 당국은 이 무고한 생명과 승객들의 생명을 바꾸어야 하는가?

만일 당국이 공리주의자라면 확실히 그렇게 결정할 가능성이 크다. 그것은 승객들의 생명을 살리는 유용성과 테러를 고무시키는 비효용성을 비교해서 어떤 것이 더 큰 유용성을 가져다주는가에 달려 있다.

그러나 당국이 의무론자라면 그와 같은 행동 즉, 무고한 사람을 테러범들에게 넘겨주어서 죽이게끔 하는 행동은 도덕적으로 도저히 용납할 수 없는 행위이다. 당국은 인권의 원리, 이 경우에는 무고한 사람은 해를 당하지 않을 권리를 주장할 것이다. 따라서 그들은 그러한 권리를 침해하는 일에 연루되는 일을 거부할 것이다. 만일 이 시민과 마찬가지로 똑같이 무고한 승객들의 권리를 테러범들이 침해한다면 그것은 그들의 범죄이지 당국의 책임이 아니다. 한마디로 말해서 의무론자들의 견해는 무고한 자의 권리를 침해하는 것은 항상 도덕적 범죄가 된다는 것이다.

6. 의무론에 대한 반론

의무론자들에게 행동의 결과를 전혀 고려하지 않게 되면 끔찍한 결과를 초래할 수도 있다고 이의를 제기하는 사람들이 많이 있다. 그러나 그러한 반대는 결과라는 것이 인간의 행동에서 매우 중요하다는 것을 전제하고 하는 이야기이다. 그래서 의무론자들은 결과라는 것이 인간의 행동에서 전혀 그렇게 중요한 것이 아니라고 대답할 것이 뻔하다.

의무론에 대해서 더욱 설득력 있는 반론이 있다. 우리는 거짓말을 해서 안 되며 또한 결코 무고한 사람들을 해쳐서도 안된다고 말하기는 쉽다. 그러나 만일 이 두 도덕법칙이 서로 갈등을 일으킨다든지, 어떤 다른 도덕법칙과 모순이 될 경우에는 어떻게 할 것인가? 흔히 영화에서 볼 수 있듯이 만일 군사 독재 시절에 데모에 참여한 한 학생이 당신 집 다락방에 숨어 있는데 경찰이 와서 그가 어디 있냐고 물어본다면 당신은 어떻게 할 것인가? 당신은 사실대로 말해서 무고한 한 청년을 감옥으로 보낼 것인가? 아니면 거짓말을 함으로써 무고한 한 청년을 독재의 폭력으로부터 벗어나게 할 것인가? 어느 편을 택하든 당신은 다른 쪽의 윤리규칙을 지키기 위해서 한 쪽의 규칙을 깨야 할 것이다. 다른 말로 해서 한 번에 두 개의 규칙을 모두 지키는 것이 항상 가능한 것은 아니다. 이러한 모순은 공리주의와 비교해 볼 때 의무론적 윤리론이 갖고 있는 심각한 약점처럼 보인다.

도덕규칙 간에 모순이 벌어지는 경우를 다시 생각해 보자. 보통 사람들은 도덕규칙들의 실행 순위를 상대적 중요성에 따라서 정하는 경향이 있다. 우리들은 보통 무고한 사람들을 위험으로부터 구하는 것이 절대로 지켜야 한다는 진실과 갈등을 일으킬 때 위험으로부터 사람을 구하는 것이 우선한다고 생각한다.

도덕규칙은 그것의 중요성에 따라서 순위가 정해져야 한다는 생각에 우리 모두 동의한다고 가정해 보자. 하나의 규칙을 다른 규칙보다 더 중요하게끔 만드는 것이 무엇인가? 하나의 규칙이 다른 규칙보다 더 많은 행복을 산출한다는 사실이 그렇게 만드는가? 만일 그 순위가 유용성과 행복의 원리에 근거한다면 결국 공리주의가 참된 이론이 된다는 것을 말한다.

7. 공리주의에 대한 몇 가지 반론

그러나 공리주의 역시 많은 결점을 갖고 있다. 전형적인 반론에 의하면 우리가 공리주의를 따르게 되면 돼지가 되고 만다는 것이다.

행복과 쾌락만이 우주에서 유일하게 절대적 가치를 지녔다는 주장을 곰곰이 생각해 보자. 이 주장이 맞는다면 우리가 해야 할 일이라고는 가능한 한 이 절대적으로 가치 있는 것을 되도록 많이 산출하고 얻는 일이다. 그러나 어떤 행복과 쾌락은 다른 것들보다 획득하기 훨씬 더 어렵다. 예를 들어 고단수의 바둑 선수가 됨으로써 혹은 위대한 무용수가 됨으로써 얻는 행복은 단지 소수에게만 주어질 것이다. 가장 확실하고 흔한 쾌락과 행복은 매우 단순하고 육체적인 것일 것이다. 즉, 마실 것과 먹을 것들, 섹스, 따뜻함과 양식, 아늑함, 한가로이 노는 것, 도박, 보통 사람들이 쉽게 이해하는 게임 등등. 우리는 이 모든 것들이 그 나름대로 좋은 것이라고 생각하더라도 이것들 중 어느 것도 숭고하거나 고귀하다고 말하기는 어려울 것이다. 흔히 공리주의는 불행한 철학자가 되는 것보다 행복한 돼지가 되는 것이 더 낫다고 말한다고들 한다. 그러나 그런 생각은 어떤 사람들에게는 성미에 맞지 않는 주장이다.

다음으로 공리주의자들에 대한 비판은 행동의 결과에 대한 예측 불가능성에 대한 것이다. 공리주의자들은 행동의 결과를 가지고 행복의 양을 계산한다. 그러므로 예상되는 결과를 확실하게 측정할 수 있어야 한다. 그런데 공리주의자들은 원칙적으로 앞으로 벌어질 상황 중에서 어떤 상황이 모두를 위해서 최대의 행복을 산출할지를 항상 미리 알 수 있으며, 그 상황이 어떤 행동을 낳을지를 아는 것이 항상 가능하다고 미리 가정하고 있다. 그러나 이러한 가정은 맞지 않다. 왜냐하면 카오스 이론(chaos theory)에서 알 수 있듯이 미래를 예측하는 것이 늘 가능한 일은 아니기 때문이다. 그뿐만 아니라 어디까지를 행동의 결과로 보느냐에 따라서 행복의 양과 고통의 양을 측정한 결과치는 달라질 수 있다. 왜냐하면 어떤 행동의 결과는 또 다른 행동의 원인이 될 수 있기 때문이다. 즉 모든 결과는 그것으로 끝나는 것이 아니라 동시에 다른 결과를 낳은 원인이 될 수 있기 때문이다. 우리는 이것을 새옹지마(塞翁之馬)의 이야기에서 잘 볼 수 있다.

로버트 노직(Robert Nozick, 1938-2002)은 또 다른 반공리주의적 논변을 제시한다. 그는 공리주의에 의하면 우리가 실제보다 공상(空想)을 선호해야 한다고 주장한다. 노직은 그러나 실제상 인간은 유쾌한 공상보다 이상적이 아닌 실제(實際)적인 것을 선호한다고 말한다.

누군가가 실제 생활을 흉내 낸 기계를 하나 발명했다고 가정해 보자. 당신이 이 기계 위에 누워 있으면 그것이 당신의 뇌를 자극하게 되고, 그러면 당신은 모든 종류의 행복하고도 즐거운 사건들을 경험하는 공상에 빠지게 된다. 그러나 당신은 다만 그 모든 것을 상상 속에서만 즐기는 것이다. 그러나 노직은 우리는 본능적으로 공상적 쾌락과 같은 것을 거부하기 때문에 그와 같은 기계 위에 올라가서 눕는 것을 거부한다고 생각한다. 우리는 어떤 공상이 아무리 큰 즐거움을 준다 해도 순전히 공상에 근거한 삶보다는 즐거움과 고통이 뒤섞인 진짜 삶을 택할 것이다. 또한 우리가 선택하지 않은 기계적 수단에 의해서 제공되는 행복보다는 우리 스스로가 행복을 추구하는 모험을 더 좋아할 것이다.

공리주의가 겪게 되는 또 다른 어려움은 우리의 도덕적 노력의 초점을 행복을 쉽게 경험하는 사람들에게다 맞추어야 하고 돕기 어려운 사람들은 무시해야 하는 것처럼 보이는 데 있다. 간단한 예를 하나 들어보자. 김갑동은 재미있는 농담을 잘해서 사람들을 즐겁게 하는 훌륭한 능력이 있다고 가정해 보자. 그는 철수네 가족에게도 순이네 가족에게도 농담을 건넨다. 철수네 가족들과 순이네 가족들은 모두 마음껏 웃는다. 그런데 철수네 가족은 농담을 들은 후에 약간만 더 행복해진다고 말하는데 순이네 가족은 백 배나 더 행복해진다고 말한다. 이것은 순이네 가족은 조그만 일에도 강렬한 행복을 느끼는 특별한 사람들이기 때문이다. 이 경우에 만일 김갑동이 공리주의자라면 그는 그의 모든 노력을 순이네 가족에 쏟아야 할 것이다.

이러한 선택은 실제 생활에서 얼마든지 일어날 수 있는 일이다. 물론 실제에 있어서 순이네 가족 같은 사람들은 없다. 그럼에도 불구하고 자신들의 삶에 어려움을 겪는 사람들보다 늘 즐거워하는 사람들을 행복하게 만들기가 훨씬 더 쉬운 것이 현실이다.

우리가 낸 세금을 가지고 우리를 위해서 그것을 쓰는 사람들, 예를 들어 주택공사의 공무원들이 내려야 할 결정을 생각해 보자. 주택공사는 지금 있는 일부의 주택을 훨씬 더 좋게 짓는 데 돈을 쓰느냐(그래서 소수의 거주자들에게 많은 행복을 준다), 아니면 많은 주택들을 약간씩 더 낫게 짓는 데 돈을 써야 하느냐(그래서 여러 사람들에게 약간씩의 행복이 돌아가게 한다)를 결정지어야 한다고 생각해 보자. 만일 첫 번째 지역에 사는 사람들이 순이처럼 조그만 일에도 행복을 느끼는 사람들이라면 혹은 선천적으로 보통 사람들보다 아주 경쾌한 사람들이라면 그리고 주택공사가 공리주의적 입장을 택한다면 틀림없이 이들에게 돈을 써야 할 것이다. 그러나 정의(正義)의 원리에 의하면 그와 정반대의 정책을 택할 것이다. 특히 후자의 사람들이 그 사회의 기준에서 볼 때 매우 못사는 사람들이라면 더욱 그렇다.

무어(G. E. Moore, 1873-1958)는 이 문제에 대해서 다음과 같은 답을 제시한다. 불행을 막는 것이 적극적인 행복을 만드는 것보다 더 중요하다. 엄격히 말해서 이 문제에 대한 답은 합리적 논거가 있을 수 없다. 그나마 정확하다고 볼 수 있는 것은 상식적인 직관뿐이다.

8. 결 론

궁극적으로 의무론적 이론도 결과주의적 이론도 보통 사람들이 갖고 있는 상식적 직관과 완전히 일치할 수는 없다. 의무론적 이론을 주장한다든지 결과론적 이론을 주장한다든지 하는 것은 아마도 일원론적 이론을 찾고 있기 때문일 것이다. 아마도 우리에게 필요한 것은 **다원론적 이론**일 것 같다. 왜 단순한 관념, 예를 들어 유일한 절대적 가치는 행복이라는 식의 관념이 올바른 것인가? 단순한 관념이 복잡한 관념보다 언제나 더 낫다고 생각할 이유가 있는가? 일원론이 다원론보다 더 참에 가까울까? 실제의 생활에서 사람들은 행동의 원리를 따르지만 동시에 행동의 결과도 고려한다. 아마도 그것이 계속해서 행동에 옮길 수 있는 가장 좋은 방법이거나 유일하게 가능한 방법이다. 또한 다원론이 아마도 어려운 문제들을 해결하는 데, 앞에서 예를 든 임종의 자리에서 한 약속의 경우와 같은 문제들을 해결하는 데 도움을 줄 것이다.

그러나 우리가 아무리 올바른 일을 하고 싶어하더라도 우리는 항상 어려운 선택에 부딪칠 것이다. 실제의 경우에 있어서

대체적으로 어떻게 하는 것이 올바른가는 아주 명백하다. 만일 누군가가 나쁜 일을 하면 그것에 대한 이유도 아주 명백하다. 이기심이나 인간의 나약함 등 때문에 바르지 못한 결정을 하는 경우가 많다. 그러나 어떤 문제들은 올바른 답이 없을 수 있다. 어떤 어려운 결정들은 그것에 대한 찬반의 논거가 똑같은 비중을 차지하기 때문이다. 아마도 인간의 삶은 바로 그와 같지 않을까? 다행히도 늘 그런 것은 아니지만.

제 2 장
사람은 이기적인가, 이타적인가?

    우리는 우리의 삶에서 사람들이 도덕적 혹은 윤리적 행동을 해야 한다고 주장한다. 그런데 도덕적 행동이란 자신의 이익을 앞세우기보다는 다른 사람들의 이익을 배려하는 것을 말한다고 볼 수 있다. 도덕적 명령들은 일반적으로 자신의 이익이 아니라 타인의 이익을 위해서 행동하라는 이타주의를 따르도록 요구한다. 그래서 일반적으로 사람들은 이기주의자는 비난하고 이타주의자는 칭찬한다. 그러나 심지어는 학자들 사이에서도 어떤 행위가 윤리적 행위냐에 대해서는 의견이 일치하지 않고 있다. 서양의 사상사에서 매우 일찍이 인간의 본성은 다른 사람들의 이익을 추구하도록 되어 있지 않다는 견해가 나온 이래로 이기주의는 정기적으로 거듭 주장되어 온 이론이다. 어떤 학자들은 적절한 도덕적 행위는 '자기이익을 챙기는 것'에 있을 뿐이라고까지 주장한다. 이기주의에는 심리적 이기주의와 윤리적 이기주의가 있다. 흔히 이것들을 혼동하기 쉽다. 이것들의 차이점을 알아보겠다. 그러나 심리적 이기주의나 윤리적 이기주의는 둘 다 절대주의적 이론의 예를 보여주고 있다. 왜냐하면 이 둘은 단 하나의 원리만이 윤리적 행위의 규준이라고 주장하기 때문이다.

1. 심리적 이기주의

1) 심리적 이기주의란?

심리적 이기주의자들은 인간의 본성은 항상 자신의 이익을 위해서 행동한다고 주장한다. 이 이론에 의하면 심지어 우리가 보기에 분명히 이타적이라고 보는 행동조차도 깊이 분석해 보면 이기적이라고 한다. 우리가 우리의 마음을 충분한 시간을 두고 살펴보면 모든 인간의 행위 뒤에 이기심이 숨어 있다는 것을 알 수 있다는 것이다. 이것은 마치 동물에 있어서 본능과 같은 것으로서 어찌 달리 행동할 수가 없는 것이다. 우리가 늙은 사람들을 돕는 것은 우리가 기분 좋게 느끼기 때문에 하는 것이다. 우리가 거리의 거지에게 돈을 주는 것은 다른 사람들에게 칭찬을 받기 위해서이고, 우리가 길에서 헤매는 개를 치지 않기 위해서 차를 세우는 것은 개가 치었을 때 내장이 터지면서 죽는 것을 보는 것이 내게 끔찍한 일이 되기 때문이다. 마더 테레사와 비이기적인 사람들이 다른 사람들을 돕기 위해서 생애를 바치는 것은 천국에 가고 싶어서 하는 것이든지, 과거의 잘못을 속죄받기 위해서든지, 아니면 자기들 마음속으로 즐거움이나 편안함을 얻기 위해서 그런 것이다. 심리적 이기주의자들 눈에는 어떠한 일도 결국은 자기 자신을 위해서 그렇게 하는 것이다.

이러한 이론이 냉소적으로 들리긴 하지만 현대의 많은 사람들에게 확고하게 자리 잡고 있다고 보지 않을 수 없다. 이 이론은 우리에게 호소력을 지니고 있다. 그러나 무엇이 그렇게 호소력을 지니게 하는가? 그것은 이 이론이 인류 역사상에 영웅이나 비이기적인 사람들이 받아온 칭찬이 과장되었다는 것을 폭로해 주는 역할을 하기 때문이라고 볼 수 있다. 오늘날 우리는 우리 자신에 대해서 정직하다고 생각하기를 좋아하며 우리의 진짜 모습보다 더 낫다는 착각이나 다른 사람들이 우리보다 낮다는 착각에 빠지고 싶어하지 않는다. 그렇게 볼 때 이 이론이 인기가 있는 한 가지 이유는 그것이 우리 자신에 대해서 솔직하게 이야기해 준다고 생각하기 때문이다. 현대 사람들이 냉소주의에 매료를 느끼는 성향은 분명히 정직이라는 것과 밀접한 관련을 지니고 있다.

이 심리적 이기주의는 **인간성에 대한 이론**이지 윤리이론이 아니다. 즉 심리적 이기주의 자체는 있는 사실을 그대로 묘사하는 것이지, 이렇게 행동하는 것이 좋은 방식인지 아닌지에 대해서 말하는 것이 아니다. 어떤 사람을 심리적 이기주의자라고 칭하는 것은 그가 이기적인 사람이라는 것을 말하는 것이 아니고 그는 모든 사람들이 자신만을 보살피려고 한다는 이론을 주장하는 사람이라는 것을 말하는 것이다. 그러므로 어떤 사람이 친절하고 남을 배려하지만 여전히 심리적 이기주의자가 될 수 있는 것은 완전히 가능한 일이다.

심리적 이기주의자들의 주장에 의하면 첫째, 우리가 어떤 것을 행하는 이유는 우리가 정말로 그렇게 하고 싶어하기 때문이다. 그러므로 우리는 소위 선행이라는 것에 대해서 칭찬할 필요가 없다. 둘째, 우리가 선행을 하기를 원하는 이유는 그것을 함으로써 오는 좋은 감정 때문이다. 그러므로 선행을 하는 것은 사실은 자기에게 좋게 하려고 하는 것이다.

2) 비 판

(1) 좋은 이론이 아니다.

심리적 이기주의에는 뭔가 기만적인 것이 들어 있다. 일단 세상을 심리적 이기주의자의 눈으로 보면 다른 방식으로 세상을 보기가 어렵게 된다. 실제로 우리가 아무리 심리적 이기주의와는 상반되는 것으로 보이는 예를 제시해도 심리적 이기주의자는 이미 오직 하나뿐인 답을 가지고 있다. 이것은 몇 가지 요인 때문에 그렇다. 첫째로, 심리적 이기주의는 항상 이기적 동기를 찾으려고 하며 어떤 다른 것도 인정하기를 거부한다. 우리가 하는 일에 대해서 생각해 볼 수 있는 어떤 비이기적 동기에 대해서도 이 이론에 의하면 그 뒤에는 항상 또 다른 숨은 동기가 있다는 것이다. 이 이론에 의하면 애초부터 이기적 동기 말고는 다른 동기가 있을 수 있다는 것은 생각할 수 없다고 못을 박아놓는다. 바로 이것이 심리적 이기주의가 갖고 있는 결점이다. 좋은 이론은 나쁘다고 입증될 수 없는 이론이 아니라 그 이론에 대한 반증을 제시할 수 있는 가능성을 열어주는 이론이다.

(2) 어떤 행동은 자기보존을 위해서 하는 것이 아니다.

생물학적 관점에서 볼 때 심리적 이기주의자들은 강력한 논거를 가지고 있다. 즉 생존 본능이 그것이다. 인간을 포함해서 모든 동물들은 자기보존을 위해서 어떤 식이든지 본능을 가지고 있는 것은 맞는 이야기라고 볼 수 있다. 그러나 우리는 자문해 볼 필요가 있다. 과연 이러한 본능이 인간뿐 아니라 동물들이 맺는 모든 관계에서 가장 강력한 본능인가? 우리는 동물들이 다른 동물들을 위해서 예를 들어 자기 새끼를 위해서 자신을 희생하는 경우를 볼 수 있다. 물론 이 경우에 그 동물들에게는 TV에 알려지고 싶은 욕망이나 천국에 가고 싶은 욕망처럼 밑에 숨어 있는 어떤 동기도 없다. 또한 그들은 그와 같은 행동을 하지 않았다고 해서 죄의식으로 괴로워하지도 않을 것이다. 그러므로 어떤 행동들은 적어도 자신을 보존하려는 이유로 하는 것이 아닐 수 있다.

(3) 자기를 위하는 행동이 곧 이기적인 행동이 되는 것은 아니다.

우리는 이기적이라는 것과 자기이익이라는 말을 동기와 관련시켜서 말할 때, 이 둘을 구별할 필요가 있다. 우리는 보통 다음의 경우를 이기적이라고 부른다. 즉, 다른 사람을 속여서 그 대가로 자신의 이익을 취하는 경우, 자기와 타인 모두가 원하는 어떤 것에 대하여 자신이 가질 수 있는 정당한 몫 이상을 가지려고 다른 사람의 정당한 몫을 빼앗는 경우, 혹은 자기 행동에 의해서 타인이 해, 상처, 고통을 받는 것에 무관심하고 즉, 인정사정 보지 않고 무조건 자기의 개인적 목적을 성취하려는 경우를 보통 이기적이라고 부른다.

이와 대조적으로 자기이익 때문에 행위하는 것이 반드시 타인의 희생을 대가로 하거나, 해를 주거나, 공정하지 않은 행위를 하는 것이 아닌 경우가 있다. 그러므로 환자가 의사에게 가는 것은 자기이익을 위한 행동이지만 그것이 타인에게 해를 주지 않는 한 이기적인 행동은 아니다. 심리적 이기주의는 이 두 말을 구별하지 않는 경우가 있다. 그러나 우리가 윤리적 사고를 할 때 이기적으로 행동하는 것은 항상 나쁘지만 자기이익을 위해서 행동하는 것은 도덕적으로 중립적이며 또 때로는 옳기까지 하다는 것을 아는 것은 중요하다. 예를 들어 자기의 심리적 또는 지적 재능(그 재능을 도덕적으로 악한 목적에 사용하지 않는다고 가정할 때)을 발달시키려고 하는 사람에 대하여 비록 그의 동기가 오직 자기 자신의 전체적인 행복만을 증진시키는 것이라고 하더라도 우리는 그것을 도덕적으로 옳다고 생각할 수 있다.

(4) 인간은 이타적인 행동도 한다.

인간의 행위는 실로 종종 이기적이긴 하지만 또한 비이기적이기도 하며 역사적으로 볼 때 자기희생적인 경우도 있다. 영웅과 성인들의 희생적인 행동들은 많이 볼 수 있는 것은 아니지만 인간의 모든 행위가 모두 이기적은 아니라는 것을 말해준다. 대부분의 사람들에게서는 이기적 요소와 이타적 요소가 혼합되어서 상황에 따라서 그것이 나타나는 것으로 볼 수 있다. 그러나 냉소주의적 자아이론 주창자들은 이를 부인한다. 이들의 독단적 주장은 이러한 증거들을 무시한다.

(5) 일상적 언어의 사용에 어긋난다.

인간은 본질적으로 자기본위적이고 비사회적이며 경쟁적이고 공격적이라는 관념은 위대한 철학자인 토머스 홉스(Thomas Hobbes, 1588-1679)에 의해서 적극적으로 지지받았다. 그의 책 『리바이어던(*Leviathan*)』에서 홉스는 사람들은 이기적 이유로 다른 사람들과 협력할 뿐이라고 주장한다. 홉스의 이 해석은 영국과 미국의 도덕철학자와 정치철학자들에게 상당한 영향을 끼쳐왔다. 그러나 홉스가 정말로 사람들이 순전히 이기적이라고 믿었다고 보기는 어렵다.

존 오브리(John Aubrey)는 홉스에 대한 다음과 같은 일화를 들려준다. 홉스의 한 친구가 홉스가 거지에게 자선을 베푸는 것을 보고 왜 그렇게 하냐고 물었다. 오브리에 의하면 홉스가 설명하기를 그와 같이 명백한 비이기적 행동을 한 것은 그 자선이 거지의 고통을 덜어줄 뿐 아니라 거지의 비참함을 보고서 느끼는 홉스 자신의 고통도 덜어주기 때문이라고 했다고 한다. 다른 말로 해서 홉스가 자선을 베푸는 데는 이기적인 이유 즉, 자기 자신의 고통을 덜려는 이기적 이유가 있다고 주장했다.

이런 홉스의 설명에 의해서 정말로 그의 이타적인 행위가 이기주의로 바뀔 수 있을지는 의문이다. 그가 거지를 보고 고통을 느끼는 가운데서 자선을 베풀었다는 것 자체로서 이미 그의 이타심을 보여주는 것이 아닌가? 홉스는 돈을 되돌려 받으려고 거지에게 주었다고도, 사람들에게 감동을 주기 위해서 거지에게 돈을 주었다고도 말하지 않았다. 혹은 어떤 힘센 사람이 돈을 주라고 강요해서 했다고도 말하지 않았으며 또한 인간이나 사람의 처벌을 두려워해서 돈을 주었다고도 말하지 않았다. 강요나 처벌이 두려워 그렇게 했다면 이기적인 이유로 한 것이라고 볼 수 있다. 그러나 그는 자기 자신의 (그리고 거지의) 고통을 덜기 위해서 자선했다고 말했다.

그것이 과연 이기주의인가? 아니다. 그것은 확실히 이타주의이다. 다른 사람의 고통을 보고서 느끼는 고통은 분명히 뛰어난 이타적인 감정이다. 만일 이것을 부인한다면 단어의 의미를 달리 해석하기 때문이라고밖에 볼 수 없다. 왜냐하면 그것은 다른 사람의 고통을 보고서 느끼는 고통을 이타주의라고 말하기를 부인할 때 가능한 말이기 때문이다.

우리 자신의 이익을 위해서 다른 사람들을 돕기 원하든 다른 사람들에게 해를 끼치기를 원하든, 우리가 다른 사람을 돕거나 해치고자 하는 욕구를 모두 이기적인 욕구라고 가정해 보자. 그렇다면 우리는 다른 사람들을 돕는 것이 다른 사람에게 해를 끼치는 것보다 덜 이기적인 것이라고 생각할 수 있는데, 이 말은 자신을 위해서 하는 행위와 다른 사람을 위해서 하는 행위를 더 이기적(more selfish)이라는 말과 덜 이기적(less selfish)이라는 말로 구별하는 것이다. 그러나 사실 이 말은 이기적인 행동과 비이기적인 행동을 다른 말로 바꾸어서 구별하는 것뿐이다. 심리적 이기주의는 '덜 이기적인' 행동에 대해서 이미 우리가 완벽하게 제대로 이해하고 있는 개념을, 즉 비이기적(un-selfish)이라는 개념을 우리가 이미 가지고 있다는 사실을 무시하고 있다. 상식을 깨면서까지 언어의 뜻을 바꾸려 한다고 해서 (비이기적이라는 말이 없다고 주장하면서 덜 이기적인이라는 용어를 쓰려고 함으로써) 심리적 이기주의가 정확성을 띠는 것은 아니다.

112

'이기적(selfish)'이라는 말의 상관어구(correlative)는 '비이기적(unselfish)'이다. 이것은 마치 '밝은'의 상관어구가 '어두운'이고, '더운'의 상관어구가 '추운'이고, '길다'의 상관어구가 '짧다'인 것과 마찬가지이다. 우리가 어떤 용어를 이해하는 것은 그 반대 용어를 이해하기 때문인 것은 언어학적 사실뿐 아니라 심리적 사실이기도 하다. 만일 모든 것이 어둡다면 우리는 '밝다'의 의미를 이해할 수 없을 것을 것이고 또한 '어둡다'의 의미도 이해할 수 없을 것이다. 왜냐하면 어떤 것을 정의내릴 수 있는 것은 그것과 대조되는 것에 의해서 가능하기 때문이고 따라서 대조되는 것이 없다면 그것에 대한 이해가 있을 수 없다. 다른 말로 해서 상관어구가 없는 개념은 의미가 없게 된다. 만일 모든 행동이 이기적이라면 '이기적'이란 말은 상관어구가 없는 것이고 따라서 "모든 행동은 이기적이다"라는 진술은 아무런 의미도 지니지 않게 된다. 사실 만일 심리적 이기주의가 맞다 해도 우리는 그런 진술을 전혀 할 수 없다. 왜냐하면 어떠한 비이기적인 행동도 우리는 생각할 수 없기 때문이다. 그러므로 심리적 이기주의는 상식에도 어긋나며 인간의 행위 전체를 완전히 이해할 수가 없게 할 뿐 아니라 언어의 규칙에도 어긋난다.

2. 윤리적 이기주의

1) 윤리적 이기주의란?

미국 남부 캘리포니아의 한 고속도로에서 차가 고장이 나서 쩔쩔매는 사람을 보고 지나가던 어떤 착한 사람이 그를 도와주려고 차를 멈추었다. 그러자 길에 있던 사람은 그 착한 사람에게 총을 쏘아서 죽이고 그의 차를 갖고 도망을 쳤다. 곧 경찰이 추격을 했고 그 강도는 휘발유가 떨어지게 되자 경찰과 총격전을 벌였으며 마침내 경찰은 그를 죽였다. 물론 이렇게 해서 그 착한 사람의 생명이 다시 돌아온 것은 아니었다.

대부분의 사람들은 그 착한 사람이 한 일을 칭찬해도, 그리고 그와 같은 선행을 따라할 사람이 심히 적은 것을 안타까워해도, 윤리적 이기주의자는 그 착한 사람은 실제상 바른 행동을 한 것이 아니라고 말할 것이다. 윤리적 이기주의는 오로지 한 가지 규칙만을 신봉한다. 즉 너 자신의 이익에만 관심을 가져라. 당신은 고속도로에 있는 사람을 위한답시고 차를 멈출 필요도 없고 그럴 자격도 없다. 실로 윤리적 이기주의자는 말하기를 만일 그렇게 차를 멈춘다면 네 시간과 삶을 허비하는 것이라고 한다.

이러한 이론을 우리는 윤리적 이기주의라고 부른다. 왜냐하면 그것은 하나의 윤리이론 즉, **우리가 어떻게 행동해야만 하는가**에 관한 **규범적** 이론이기 때문이다. (이것은 우리가 실제적으로 어떻게 행동하는가를 이야기하는 심리적 이기주의와는 다르다.) 윤리적 이기주의는 우리가 이기적이 되어야만 한다고 주장한다. 혹은 좀더 부드럽게 표현하자면 우리는 **자기본위적인**(self-interested) 사람이 되어야만 한다. 이 이론을 '윤리적'이란 명칭을 붙인 것은 점잖게 이기적이 되는 방법이 있을 수 있다는 것을 말하려고 하는 것이 아니다. 이 때 '윤리적'이란 말은 윤리적 이기주의는 이기주의를 하나의 도덕규칙으로 옹호하는 이론이라는 뜻이다.

윤리적 이기주의자들은 그 이론이 다른 사람을 개의치 않고 당신이 원하는 것을 하라고 말해 주느냐, 아니면 다른 사람을 개의치 않고 당신에게 이익이 되는 것을 하라고 말해 주느냐에 따라서 전혀 다른 입장으로 분리된다. 아마도 후자의 것 즉, 당신에게 이익이 되는 것을 하라고 말하는 윤리적 이기주의가 일반 상식에 더 호소력이 있을 것 같다. 왜냐하면 눈앞에서 금방 얻을 수 있는 만족감은 좀처럼 당신을 행복하게 하거나 오래 살게 하지 못할 것이기 때문이다. 물론 사람들이 자기 자신의 이익에만 관심을 가지라는 말은 다른 사람을 필요할 때마다 괴롭히고 남의 아픈 데를 찌르고 일부러 다른 사람들의 이익을 무시하라는 말은 아니다. 이 말은 단지 자신에게 장기적으로 이익이 되는 것을 하라는 것이다. 예를 들어 운동을 한다든지, 건강에 좋은 음식을 먹는다든지, 반복해서 논쟁을 벌이는 것을 피한다든지, 과식을 삼간다든지 하는 것 등이다. 심지어는 세금을 내는 것도 이러한 목록에 집어넣을 수 있다. 윤리적 이기주의가 말하는 바는 다른 사람들의 이익은 전혀 관심거리가 아니라는 것이다. 만일 다른 사람을 도와주는 것이 내게 이익을 가져다준다면 어떻게 해서든지 남을 도와주어야 한다. 그러나 그것은 결국 당신이 이익의 주된 수혜자가 될 경우에만 그렇다. 당신의 아이들이 학교에서 성적을 잘 받도록 도와주는 것은 좋은 일이다. 왜냐하면 당신이 그 아이들을 사랑하기 때문이고 이 사랑이란 당신에게 만족스러운 감정이기 때문이다. 그러나 당신이 이웃집의 아이들을 좋아하지 않는다면 혹은 당신의 행동을 통해서 만족감을 얻을 수 없다면 그 아이들을 도와줄 이유가 전혀 없다.

2) 비 판

(1) 윤리적 이기주의는 자기모순적이다.

만일 당신은 당신 자신의 이익에만 관심을 갖고, 당신의 동료는 그의 이익에만 관심을 갖고 있다고 하자. 이 때 당신의 이익을 챙기는 것이 동료의 핸드폰을 훔치는 일이라면 당신과 동료는 서로 행동이 엇갈릴 것이다. 즉, 당신의 의무는 동료로부터 핸드폰을 훔치는 것이고 그의 의무는 그의 핸드폰을 지키는 일일 것이다. 그러나 어떤 도덕이론이라는 것을 따랐을 경우에 한 사람이 그것을 의무로서 지킬 때, 그것이 다른 사람의 의무와 갈등을 일으키게 되면 그것을 하나의 도덕이론으로 인정할 수가 없다. 따라서 일관성을 잃게 되는 윤리적 이기주의는 하나의 도덕이론이 될 수 없다.

그러나 이러한 논거를 설득력 있는 것이라고 볼 윤리적 이기주의자는 극히 드물 것이다. 왜냐하면 윤리적 이기주의자들은 서로 다른 의무 개념을 인정하는 도덕이론을 가질 수 없다는 사실에 동의하지 않을 것이기 때문이다. 이들은 윤리적 이기주의는 각 사람이 단지 자신에게 최고로 이익이 되는 일을 할 때에도 모든 사람에게 이익이 된다고 주장한다. 때때로 윤리적 이기주의는 주장하기를 우리는 우리 자신의 이익만을 챙기고 다른 사람의 일에 간섭하지 말아야 한다고 한다. 왜냐하면 다른 사람들의 일에 간섭하는 것은 프라이버시의 침해이기 때문이다. 그들은 우리의 자애(慈愛)를 좋아하지 않을 것이며 우리가 우월하다고 느끼는 것을 싫어할 것이기 때문이다. 그리고 실제로 우리는 무엇이 그들에게 가장 좋은 것일지 모르기 때문이다. 그러므로 우리는 다른 사람들의 일에 관심을 갖지 말아야 한다. 왜냐하면 그것이 모든 사람들에게 가장 좋은 일이기 때문이다. 이러한 관점으로부터 생긴 정치적 이론을 **방임주의**(laissez-faire), 혹은 **불간섭주의**(hands-off)라고 한다. 그러나 정치이론가들은 방임주의는 결코 이기주의적 이론은 아니라는 사실을 지적한다. 왜냐하면 **모든 사람**의 최고의 이익을 목적하기 때문이다. 이는 우리가 윤리적 이기주의를 택해야 한다는 생각과 정확하게 반대가 되는 것이다. 왜냐하면 그것은 모든 사람에게 이익이 되는 것이기 때문이다. 우리가 우리 자신의 이익만을 챙기면 우리 모두가 행복하게 되는 것이 사실이 될 수 있다. 그러나 이러한 생각의 수혜자는 누구인가? '내'가 아니고 '모두'이다. 그렇다면 사실 윤리적 이기주의는 더 이상 이기주의 이론이 아니고 다른 무엇이 되어 버리지 않지 않는가?

(2) 윤리적 이기주의는 실제 삶에 적용할 수 없다.

당신은 당신 자신의 이익만을 챙기고 다른 사람들도 마찬가지로 자신들의 이익을 챙긴다고 하자. 이렇게 되면 얼마 안 있어 당신의 도덕규칙이 당신 자신에게 이익이 되지 않을 것이라는 것을 깨달을 것이다. 왜냐하면 당신이 손을 뻗치는 곳에 다른 사람들도 자신들의 이익을 위해서 손을 뻗칠 것이고 그렇게 되면 당신은 치열한 경쟁을 하지 않을 수 없기 때문이다. 이때 당신은 약삭빠르게 다른 사람들에게 관심을 두는 척하고 서로 돌봐주는 덕목을 계속 찬양하면서 몰래 들키지 않고 자신의 이익을 챙길 것이다. 즉 이 경우에 내가 이익을 보기 위해서는 모든 사람들이 자신들의 이익만을 챙기는 것을 옹호해서는 안 되고 모든 사람들이 서로 서로 돌봐주어야 한다는 주장을 옹호해야 한다. 그리고 당신은 이 규칙을 가능할 때마다 깨려는 당신의 의도를 숨겨야 한다. 이쯤 되면 이것은 하나의 도덕적 이론이 될 수 없는 것이다. 왜냐하면 우선 그것은 모순을 지니고 있기 때문이다. 즉, 다른 말로 해서 이렇게 하게 되면 당신은 부정직해지지 않을 수 없다는 것이다. 오늘날의 도덕이론은 모든 사람들에게 적용될 수 있어야 한다. 우리는 내가 어떤 일을 하는 것이 내가 하기 때문에 괜찮고 당신이 하면 바로 당신이 한다는 이유로 괜찮지 않다고 주장하는 이론을 지지할 수 없다. 이런 식의 논리는 단순히 내가 한다는 사실 때문에 내가 특권을 가져야 한다고 가정하는 것이다.

3. 이타주의: 이상과 현실

오늘날 점점 더 많은 사람들이 다른 사람을 믿어서는 안 되며 우리 자신의 이익에만 힘을 써야 한다고 말한다. 심리적 그리고 윤리적 이기주의가 현대의 문화에 널리 침투해 있다. 이러한 경향을 생각해 볼 때 이기주의는 구태여 이론적으로 주장하지 않아도 많은 사람들이 인정하는 것 같다.

그러나 이런 사실로부터 눈을 다른 곳으로 돌려보자. 자비와 이타주의는 그저 무기력한 사람이나 호인에게나 필요한 것이 아니다. 우리 모두 때때로 자비를 필요로 한다. 만일 우리 부모님의 이타적 마음이 없었다면 우리들 중 그 누구도 지금 이렇게 생존해 있을 수가 없을 것이다. 진정으로 위대한 사람들은 그들의 인간적 한계를 알 것이고 사회가 그들의 위대함을 방해한 것이 아니라 도와주었다는 것을 잘 알 것이다.

그런데 윤리적 이기주의에 대한 한 대안으로서 이타주의는 만일 우리가 그것을 이상적인 의미 즉, 규범적인 의미로 본다면 다시 말해서 모든 사람들은 다른 사람들을 위해서 자신의 이익을 포기해야 한다는 의미로 해석한다면 사람들이 좀처럼 선호할 것 같지가 않다. 한 번밖에 살지 못할 짧은 인생인데 부랑자나 흡혈귀 같은 사람들을 위해서 우리의 생을 피곤하게 살 필요가 있단 말인가? 그래서 단지 소수의 철학자들과 종교들만이 그와 같은 이타주의를 주장해 왔다.

과연 자신의 이익을 위해서 행동하는 것이 잘못된 것이라고 볼 수 있는가? 이상적 이타주의자는 그렇다고 말할 것이다. 그리고 그것이 사실이라면 이타주의는 결코 많은 사람들이 수용할 수 있는 도덕이론이 될 수 없을 것이다. 왜냐하면 그런 도덕이론은 오로지 성인들에게만 가능할 것이기 때문이다. 오스트레일리아 철학자 피터 싱어(Peter Singer, 1946-)에 따르면 이타주의를 다른 방식으로 볼 수 있다고 하는데, 우리가 보기에 그것은 훨씬 더 현실적이고 합리적인 방식이다.

싱어는 『늘어나는 범위(*The Expanding Circle*)』(1981)에서 이기주의는 사실상 이타주의보다 훨씬 더 비용과 희생이 많이 요구되는 주장이라고 한다. 싱어는 '죄수의 딜레마'로 알려진 전통적인 예를 새롭게 해석한다. 싱어는 두 명의 원시인이 날카로운 송곳니를 가진 사나운 고양이로부터 공격을 당하는 예를 든다. 이들은 분명히 둘 다 도망가고 싶은 마음이 있으면서도 또한 서로를 돌보아주려는 마음도 있다고 가정해 보자. 만일 둘 다 도망가면 한 명은 고양이에게 잡혀서 먹힐 것이다.

만일 한 명은 도망가고 한 명이 남아서 고양이와 싸운다면 도망간 자는 살아남지만 싸우는 자는 죽을 것이다. 만일 둘 다 남아서 싸운다면 그 고양이를 싸워서 격퇴시킬 가능성이 있다. 그러므로 둘이 남아서 싸우는 것이 실제로 그들에게 이익이 될 것이다. 그리고 만일 그들이 서로를 돌보아준다면 더욱 더 그럴 것이다. 싱어가 주장하는 요점은 진화의 역사는 그렇게 하는 것이 더 좋다는 것을 입증해 주었다는 것이다. 왜냐하면 당신을 남겨두고 도망감으로써 당신이 잡아먹히게 남겨두는 파트너보다 같이 싸울 수 있는 파트너를 당신은 더 좋다고 볼 것이기 때문이다. 그래서 그런 파트너가 미래의 파트너로 선택될 것이다. 만일 당신이 이기주의자인데 어쩌다가 이타주의자에 의해서 파트너로 뽑힌다면 당신은 그러한 상황으로부터 이득을 볼 것이다. (그 이타주의자는 틀림없이 남을 것이고 당신은 도망칠 수가 있기 때문이다.) 그러나 이런 방식은 단지 몇 번 정도나 통할 것이다. 얼마가 지나면 그 이타주의자는 당신이 어떤 사람이라는 것을 알아챌 것이다. 그러므로 결국 너무 자기 이익만 챙기지 않는 것이 당신 자신에게 이익이 될 것이다.

이런 견해가 자신만을 돌보라는 윤리적 이기주의자의 신조를 다르게 각색한 것에 불과한 것인가? 그렇지 않다. 그 이유는 이렇다. 이 견해는 다른 사람들의 이익도 또한 고려하기 때문이다. 이 견해는 당신 자신의 이익에 관심을 두는 것은 그것이 어떤 다른 사람의 이익을 희생하면서까지 하는 일이 아닌 한, 하나도 잘못된 일이 아니라고 주장한다. 다른 말로 해서 이 견해가 내놓은 해결책은 나 자신 아니면 다른 사람 둘 중의 하나가 아니라 나와 다른 사람을 더불어서 생각하는 것이다.

4. 결 론

심리적 이기주의는 치명적으로 흠이 있는 이론이다. 왜냐하면 그것은 우리의 행동 가운데서 단 한 번의 비이기적인 행동이 나타나도 반박받을 수 있기 때문이다. 공의로운 마음을 가진 사람들이 자신의 피나 골수를 기증하는 행위는 심리적 이기주의를 반박할 수 있는 충분한 예이다. 이기주의가 힘을 받는 것은 쾌락, 만족, 인간적 성취 그리고 행복과 같은 개념과 관련이 있기 때문이다. 물론 대부분의 사람들은 어떤 것이 자신들을 행복하게 만들 것이라는 주장에 영향을 받는 것이 확실하다. 그러나 사람들이 자신의 행복을 결정적인 요소로서 받아들이지 않는 근거 중의 하나는 다른 사람들의 행복에 대한 고려 때문이다. 그러므로 인간 행동의 동기가 다양하고 풍부하다는 사실 때문에 이타주의의 가능성을 포함해서 광범위한 가능성에 기초한 윤리적 선택이 충분히 가능하다.

제 3 장
우리에게 자유의지는 있는가?

1. 서론: 결정론과 자유의지

자유의지의 문제는 도덕철학에만 관련된 문제가 아니고 원인과 결과에 관한 문제(인과율론 혹은 결정론)와 종교철학의 이슈들과도 상관이 있다. 의지의 자유는 보통 선택의 자유를 의미한다. 한편 우리는 자유의지를 부정하는 것을 **결정론(deter-minism)**이라고 하는데 이것은 어떠한 사람도 자기 자신의 행동을 스스로 조절할 수 없다는 이론이다.

결정론자들에 의하면 사람들이 행하는 모든 것은 사람들이 전혀 통제할 수 없는 요인들에 의해서 결정된다고 한다. 인간의 행동은 자유 선택에 의해서 이루어지는 것이 아니라 개인들의 유전적 청사진, 본능, 어린 시절의 경험, 혹은 사회적 조건

화로부터 이루어진다고 한다. 냉혹한 인과법칙에 의하면 미래는 어떤 의미에서 이미 그려져 있으며 따라서 변경될 수 없다.

우리가 선택을 할 수 있다고 느끼는 것은 흔한 경험에서 비롯된다. 다른 한편 우리는 자연 전체에서 원인과 결과의 영역을 경험한다. 그리고 우리 자신도 자연의 한 부분이라는 것을 안다.

자유의지의 문제는 도덕적 책임의 문제와 관련이 있기 때문에 많은 사람들은 살아가면서, 예를 들면 "범죄자들은 그들의 행위를 피할 수 없었을까?"라는 질문을 받았을 경우에 자유의지에 대해서 생각해 보지 않을 수 없다. 왜냐하면 우리가 자유롭게 행동할 수 있을 때만이 진지한 도덕이 가능할 것같이 보이기 때문이다. 만일 우리가 자유롭지 못하다면 우리는 우리의 행동에 대해서 책임을 질 수 없고, 우리의 행동에 대한 칭찬도 비난도 받을 수 없다.

어떤 철학자들은 우리가 자유의지를 가지고 있다고 주장하는데 그렇게 주장하는 이유 중 하나가 자유의지를 부인하게 되면 우리의 도덕에 유해한 결과를 가져오기 때문이라고 한다.

2. 인과율과 우연

논의를 위해서 인간의 행동이 인과율의 지배를 받지 않는다고 가정해 보자. 그러한 가정은 인간의 행동은 제멋대로 이루어진다는 것을 의미하는 것이 아닌가? 왜냐하면 인과율이 없다는 말은 동시에 우연이나 임의성과 같은 것만이 있다는 말이기 때문이다. 자신의 행동이 제멋대로 이루어지는 사람은 자신의 행동이 인과율에 의해서 결정되는 사람보다 더 자유로운가? 그럴 것 같지 않다.

인간의 의지는 자유롭다는 주장을 옹호하기 위해서 단지 결정론을 거부하는 것만으로는 충분하지 않다. 왜냐하면 자유의지는 단순히 인과율이 없다는 것과 똑같은 것도 아니고 우연이나 제멋대로 하는 것과 같은 것도 아니기 때문이다.

여기에 해결되어야 할 딜레마가 있다. 만일 어떤 사람의 행동이 인과관계를 떠나서 우연으로만 된 결과라면 그는 자유롭다고 볼 수 없다. 제멋대로 행동하는 사람은 자유로운 것이 아니라 제정신이 아닌 것이다. 어떤 경우에도 선택된 행동은 제멋대로 된 것이 아니다. 만일 내가 서울을 가기로 선택했을 경우에 거기에 간 것이 순전히 우연에 의해서 이루어졌다고 말할 수 없다.

한편 인간의 행동이 모두 다 인과율에 의해서 이루진다면 그것 또한 인간이 자유롭다고 말할 수 없다. 왜냐하면 인간의 모든 행동이 인과율에 의해서 이루어진다면 인간의 선택 행위 또한 반드시 인과율에 의해서 이루어져야 하기 때문이다. 즉 선택하는 일이 인과율의 영역을 벗어날 수 없기 때문이다. 인과율에 의하면 인간의 선택은 본능이나 사회적 조건화에 의해서 이루어진다고 볼 수 있다.

그러므로 우연을 주장할 경우에도 인과율을 주장할 경우에도 자유의지와 같은 것은 없다고 말하게 된다. 만일 두 개의 모순되거나 반대되는 명제(인과율과 우연)가 모두 같은 결론에 이르게 되면(여기서는 자유의지는 없다는 결론), 우리의 추론이 뭔가 잘못되었다고 생각해 볼 수 있다.

3. 자유의지와 결정론은 양립할 수 있는가?

흄(David Hume, 1711-1776)은 앞의 딜레마를 자유의지와 인과율은 엄격히 말해서 반대되는 것이 아니라고 주장함으로써 해결해 보려고 했다. 그는 말하기를 자유의지는 인과율과 양립할 수 있으며 더 나아가서 자유의지는 인과율에 의존한다고 했다. 만일 세계가 인과율에 의해서 지배받지 않는다면 우리는 우리가 무엇을 결정한 다음에 무슨 일이 일어날지를 알 수가 없으며 그렇게 되면 우리의 선택은 아무런 의미가 없게 될 것이다. 선택 그 자체가 원인이 되어서 어떤 결과가 따라오게 마련이다. 그러나 인과율이 없는 세계에서의 선택은 아무런 결과를 가져올 수 없다.

어깨에 붙어 있는 팔뼈의 운동을 유비로 삼아보자. 류머티즘 같은 병이 없다면 우리의 팔뼈는 어깨에 붙어 있는 한 자유롭게 움직일 수 있다. 누군가가 불평하기를 "팔뼈가 어깨에 매달려 있기 때문에 전혀 자유롭게 움직일 수 없다"고 하자. 과연 그 말은 맞는 말인가? 그렇지 않다. 왜냐하면 그 말 속에는 '우리의 팔이 어깨로부터 떨어져 있을 때만' 팔의 운동이 완전히 자유롭다는 의미가 담겨 있기 때문이다. 그러나 그 말은 사실이 아니다. 혼자서 공중에서 떠도는 팔은 전혀 운동력을 지니지 못하기 때문이다.

그렇다면 인과율에 의해서 자유의지가 가능하게 된다고 해야 할까? 그렇다고 볼 수 있다. 우리의 선택은 인과율에 의해서 가능하게 된다고 볼 수 있다. 문제는 일단 우리가 인과율을 인정하게 되면 선택 자체가 인과의 지배를 받는다고 말해야 한다. 그러므로 우리가 얻는 결론은 자유로운 선택에 관한 것이 아니라 선택 자체가 된다.

자유의지와 결정론의 양립이 문제가 되는 이유 중의 하나는 자유의지, 자유(liberty), 결정론과 같은 용어들이 달리 이해될 수 있기 때문이다.

4. 원하는 것과 선택하는 것

여태까지 살펴본 바에 의하면 자유의지는 제멋대로 행동하는 것을 의미하는 것으로 볼 수 없다. 그러므로 자유의지가 있다는 말은 음식, 담배, 복수, 그 밖의 이와 비슷한 어느 것이든지 우리가 원하는 것을 가질 수 있는 힘을 가지고 있다는 것을 의미할 뿐이라고 볼 수 있다. 자유를 이렇게 해석할 때 자유는 결정론과 양립할 수 있을 것이다. 우리가 빵을 원할 경우에 우리는 바깥으로 나가서 그것을 사먹을 힘이 있고 실제로 그렇게 한다. 이 때 우리가 빵을 원하게 된 것이 1차적으로 배고픔, 신경증세적 갈증, 중독증 등등 그 무엇이 되었든 그것은 중요한 것이 아니고 빵을 실제로 사먹을 수 있는 힘이 있다는 것이 자유의지가 있다는 것을 말한다. 이런 설명에 따르게 되면 마약 중독자가 마약을 먹을 때도 자유롭게 행동한다고 말하는 것이 당연하다.

이와 같은 주장을 반박하기 위해서 어떤 철학자들은 이차욕망(second-order) 이론을 만들어냈다. 이에 의하면 우리가 실제로 마음속에 가지고 있는 욕구의 대상들을 가지고자 원할 때만이 우리는 자유롭게 행동한다는 식으로 의지의 자유를 규정짓는 것이다. 그러므로 마약중독자들이 마약을 욕구했고 그래서 그것을 얻었을지라도 그들이 반드시 자유롭게 행동했다고 말할 수 없다. 왜냐하면 아마도 그들의 깊은 마음속으로는 마약에 대한 욕구를 갖기를 원치 않기 때문이다. 마약중독자들이 마약을 원하는 것은 보통 사람들이 빵과 같이 몸에 해롭지 않은 것을 원하는 것과는 다르다. 그러므로 이들은 마약중독자들은 자유롭지 못하다고 이야기한다. 결국 그들은 중독으로 인해 실제로 마약을 그만두려고 해도 그만둘 수 없다. 만일 그들이 마약 먹기를 원하지 않더라도 이미 그들은 중독증으로부터 벗어나지 못한다.

이 예가 보여주는 것은 자유의지를 갖는다는 것은 단순히 자신의 욕망, 심지어 이차적 욕망을 충족시킬 힘을 가지고 있다는 것 이상으로 그 무엇이 있다는 것이다.

5. 소극적 결정론과 적극적 결정론

결정론은 소극적 결정론, 적극적 결정론 그리고 엄격한 결정론, 느슨한 결정론으로 나누어 이야기할 수 있다.

심지어 가장 강경하게 자유의지를 옹호하는 자들도 우리의 선택과 행동 가운데 많은 것들이 소극적 의미에서 인과적으로 결정된다는 사실에 동의해야 할 것이다. 예를 들어 이론적으로 가능한 어떤 선택들은 소극적 의미에서 결정론적이다. 즉, 우리가 물고기가 아니라 사람이라는 사실에 의하여 어떤 선택들은 배제된다. 우리가 물고기가 아니라는 사실 때문에 우리는 당연히 선택에 있어서 어느 정도 제한을 받는다. 우리는 아가미를 가지고 있지 않기 때문에 (특별한 장비 없이) 물속에서 살려고 결정할 수 없다. 그러나 우리는 보통 이 소극적 의미에서 우리의 행동을 인과적으로 결정짓는 것들을 하나의 구속으로 즉 자유를 감소시키는 것으로 느끼지 않는다. 우리가 달로 뛰어내릴 수 없다는 사실이 우리에게 선택의 자유가 없다는 것을 의미하지 않는다. 우리는 불가능한 것에 대해서는 선택할 수 없다. 그러므로 불가능한 것에 대해서 자유로운 선택이라든지 부자유한 선택이라든지 하는 문제는 일어나지 않는다.

인간의 행위는 종종 매우 일반적인 방식이긴 하지만 더 적극적으로 결정지어져 있다. 우리는 단지 인간이라는 사실 때문에 일반적으로 인간적인 방식으로 행동한다. 그래서 우리가 할 수 있는 많은 행동은 인간이라는 틀 안에서 이루어진다. 흄은 모든 나라와 모든 세대의 모든 사람들의 행동에 일치하는 것이 있으며 따라서 인간의 본성은 그 원칙과 작용에 있어서 늘 같다고 말한다. 우리는 이 말을 다음과 같이 좀더 현대식으로 풀어서 말할 수 있다. 즉, 같은 원인에서 같은 결과가 나오며 따라서 인간은 공통적으로 갖고 있는 생물학적 설계에 의해서 일반적 방식으로 행위가 결정된다.

인간이 공통적으로 생물학적으로 프로그램화되었다는 사실은 인간이 여러 다른 방식으로 자유롭게 행동할 수 있다는 사실과 양립할 수 있다. 우리의 일상적 관찰에 의하면 사람들이 공통되는 생물학적 프로그램을 가진다 해도 자신들의 능력과 성향을 매우 다른 방식으로 개발하는 일(혹은 무시하는 일)이 전혀 문제되지 않는다는 것을 알 수 있다. 이런 식으로 해서 세상에 다른 종류의 사람들이 즉 김일성과 김구 선생이, 그리고 히틀

러와 슈바이처같이 매우 다른 종류의 사람들이 살아왔고 또 지금도 살고 있다.

6. 엄격한 결정론과 느슨한 결정론

넓게 말해서 두 종류의 엄격한 결정론이 있다. 하나는 종교적 결정론이고 다른 하나는 과학적 결정론이다.

엄격한 캘빈주의의 가르침에 의하면 신의 전능성은 인간의 자유의지와 양립할 수 없다. 신은 모든 것을 알기 때문에 여태까지 일어난 그리고 앞으로 일어날 인간의 모든 행동에 대해서 알고 있음에 틀림없다. 캘빈주의자들은 이러한 논리로부터 추론하기를 인간의 행동은 모두 미리 정해져 있으며 어떤 인간적인 노력에 의해서도 변경되거나 피할 수 없다고 한다. 신은 또한 인간의 어떤 행동이 좋은 것이고 어떤 행동이 나쁜 것인지 알고 있기 때문에 미리 어떤 사람이 천국에 갈지 지옥에 갈지를 알고 있다.

과학적 결정론은 18세기의 수학자 라플라스(Pierre Simon LaPlace, 1749-1827)의 작품에 그 예가 잘 나타나 있다. 라플라스는 물리적 세계에 있는 모든 것들은 역학으로 설명될 수 있다고 믿었던 것으로 전해지고 있다. 비록 오늘날 사람들에게 호소력을 갖는 과학은 수학과 역학이 아니지만 결정론적 과학에 대한 위대한 신앙은 금세기까지 집요하게 영향력을 발휘하고 있다. 오늘날 결정론적 신념을 가진 사람들 중 일부는 태아에 주어진 유전적인 청사진이 장래의 삶의 모든 행동을 결정짓는다고 믿는다. 또 다른 사람들은 우리의 행동과 우리의 성격은 어린 시절의 경험과 사건에 의해서 결정지어진다고 주장한다. 우리의 신경증도 결정지어져 있을 뿐 아니라 그것을 극복할 수 있는 능력도 결정지어져 있다. 어떤 사상가들은 이 두 견해를 결합한다. 미국의 심리학자 스키너(B. F. Skinner, 1904-1990)는 인간의 모든 행위는 유전적 청사진의 결과든지 그것을 강화시킨 경험의 결과라고 주장한다. 다른 많은 결정론자들과 마찬가지로 스키너는 자유의지에 대한 믿음은 이성에 근거한 것이 아니라 원시적 미신이라고 주장한다.

현대의 자유의지 옹호론자들은 신에 대한 불가지론자란 이유 때문에 혹은 캘빈과는 다른 종교적 신념을 갖고 있기 때문에 캘빈주의적 예정론이 주장하는 종교적 결정론을 거부한다. 이 경우에도 예정론이 참임을 입증해야 하는 자들 즉, 증명의 부담을 져야 할 자들은 캘빈주의자들이다.

과학적 결정론에 관해서 이야기할 때 증명의 부담은 어디에 있는가? 그것도 결정론에 있다. 스키너의 입장을 따라서 자유의지론을 미신이라고 비난하는 것으로는 충분하지 않다. 엄격한 결정론자들은 증거를 제시할 필요가 있다. 그들은 모든 행동들이 엄격하게 인과적으로 엄격하게 결정지어지는지, 그리고 결정지어진다고 할 때 어떻게 결정지어지는지에 대해서 증명할 필요가 있다. 과학적 결정론자들이 과학의 가치가 갖는 일반적 호소력을 가지고 그것을 증명하기에는 충분하지 못하다. 왜냐하면 과학적 설명이 갖고 있는 특징은 지난 세기 동안에 상당한 변화를 겪었기 때문이다. 구식의 천문학과 같은 자연과학의 방법론에 기초한 결정론은 그것이 라플라스에게 영향력을 지녔던 것보다 오늘날 영향력이 덜하다. 오늘날 모든 과학자들이 과학이 우주 안의 모든 것들이 필연적으로 어떠하다고 설명하는 엄격하고도 영원한 법칙을 발견할 것이라고 믿지는 않는다. 인간을 이해하려고 하는 사람들은 물리학, 역학 혹은 화학의 개념에 초점을 맞추기보다 생명과학의 해석적 개념에 초점을 맞춘다. 그래서 종종 사람들이 말하기를 우리는 전체 생물학적 복합체와 상호 작용하는 시스템을 참조해서 얻은 엉성한 설명을 만족스럽지는 못하지만 그런대로 받아들여야 할지 모르겠다고 한다. 우리는 모든 개개의 행동들을 설명하는 간단한 기계론적인 법칙을 발견할 희망을 가질 수는 없다. 왜냐하면 아마도 그런 법칙은 있을 수 없기 때문이다.

인과율 자체는 매우 '엄격한' 법칙이 아닌 것으로 볼 수 있다. 원인에 의해서 비롯되는 모든 것들이 엄격하게 결정론적인 것은 아니다. 원인에 의해서 결과지어지는 것들 중 많은 것이 개연적이고 확실하지 않다. 그러므로 우리는 "엄격하게 결정론적인 것이 아니다"라는 말을 "아무렇게나 된다"는 것과 똑같은 말로 받아들일 필요도 없고, 반대로 어떤 사건이 아무렇게나 된 것이 아니라고 해서 반드시 완전히 결정론적으로 되었다고 말할 필요도 없다.

7. 결 론

자유의지론이나 결정론은 모두 인간의 행위의 설명과 관련되어 있다. 그러므로 어느 이론이 맞느냐를 결정하려고 할 때 우리는 어느 것이 인간의 행위를 더 잘 설명할 수 있는 힘을 가졌느냐를 묻는 것이 좋다. 어느 개념이 즉, 자유의지의 개념과 결정론의 개념 중 어느 것이 우리의 경험적 사실과 잘 들어맞는가?

만일 사람들이 자유롭지 않다면 그들의 행동에 대해서 책임을 지지 않게 될 것이다. 그러나 만일 누구도 책임지지 않는다면 이 세상에는 감사하는 마음이나 분노의 감정 같은 것이 있을 자리가 없게 된다. 예를 들어 박테리아와 같은 선택의 힘을 갖지 못한 존재에게 화를 낸다면 어리석은 일이다. 더욱이 용서하는 일 또한 의미 없는 일이 될 것이다. 만일 나를 해치려는 사람의 결정이 자신이 통제할 수 없는 것에 의해서 비롯되었다면 즉, 그는 엄격하게 결정론적으로 이루어진 우주에서 단지 하나의 도구에 불과하다면, 어떻게 내가 용서한다는 것이 가능한 일인가? 차라리 나를 계단에서 넘어지게 한 만유인력의 힘을 용서하는 것이 더 나을 것이다.

분노, 감사, 용서, 칭찬, 비난 등등과 같은 우리의 반응은 우리 자신과 다른 사람들이 우리의 행동에 대해서 혹은 우리의 모든 행동에 대해서는 아니라도 적어도 그 행동 중 많은 것에 대해서 책임이 있다는 가정하에서만 의미가 있다. (이것이 칸트가 이성의 이데아로서 자유의 이데아를 설명할 때 의미하는 것의 일부일 것이다.)

우리 자신의 행동들이 모두 완전히 결정론적으로 이루어진다는 가정은 인간의 직관과는 맞지 않는다. 일상적 생활에서 우리는 선택 자체에 대한 관념만이 아니라 분노, 감사, 용서, 칭찬, 비난, 사랑, 증오 등등과 같은 관념을 포함하는 복잡한 설명 체계를 갖고 있다. 이러한 관념들은 우리 자신과 다른 사람들을 설명할 때 너무 중요한 것들이어서 전적인 결정론을 옹호하는 것은 우리의 일상생활과는 너무 거리가 멀다.

예를 들어보자. 철학자 메리 밋글리(Mary Midgeley)는 (한 텔레비전 방송에서) 영국의 사상 최악의 살인범 중의 한 사람인 데니스 닐센(Denis Nilsen)의 일기에 대해서 설명했다. 감정을 박탈당한 닐센의 어린 시절은 범죄자가 될 수밖에 없는 심리학자의 인과적 설명과 아주 일치했다. 그러나 그의 일기에 대해서 밋글리가 이해한 바에 의하면 닐센은 자기 자신에게 선택의 자유가 전혀 없었다고 생각하지 않았다. 그는 다른 사람들과 마찬가지로 양심을 가지고 있었던 것 같다. 그는 그의 일기에서 자신이 선한 측면과 악한 측면을 다 가지고 있다고 말했다. 그는 살인의 여부를 결정할 때 자기 자신과 싸움을 했다. 결국 악한 쪽이 이겼지만 다른 쪽이 이길 수도 있었을 것이다.

밋글리는 사람의 어떤 특정한 배경들 때문에 어떤 사람은 쉽게 악한 쪽으로 빠지게 된다는 사실을 인정한다. 그러나 그녀가 말하는 요지는 실제적 증거에 의하면 악행을 저지르는 자들은 자유의지를 전혀 갖고 있지 않은 단순한 자동기계가 아니라는 것이다. 닐센은 자신을 자동기계라고 느끼지 않았다. 그는 자신이 선택을 하지 못한다고 느끼지 않았다. 그는 이렇게 할까 저렇게 할까 고민하다가 결국 살인하기로 자유롭게 결정했다.

어떤 이들은 밋글리가 닐센의 일기에서 자기가 보고 싶은 것만을 보았다고 생각할지 모른다. 그러나 인간의 행위에 대한 그녀의 설명은 심리학적인 진실성을 명백히 보여주고 있다. 그러나 엄격한 결정론자의 설명은 그렇지 못하다. 우리 모두는 그녀가 말하는 양심의 전투를 경험한다. 각 사람들은 자신에 대해서 생각할 때 자기가 엄격하게 결정론적으로 영향을 받는다고 생각하지 않는다. 사람들은 자신에게 벌어진 나쁜 일에 대해서 아무리 운명의 탓을 한다 해도 여전히 적어도 어떤 일들은 자신이 선택한 것이라고 믿고 있다. 우리의 모든 일상 대화와 대부분의 우리 행위들은 우리가 자유롭게 행동할 수 있다고 믿을 수밖에 없다는 사실을 입증한다. 닐센 또한 그가 경험했던 어린 시절에 의해서 자신이 영향을 받는다 해도 자신이 자유롭게 결정했다고 믿었다.

우리가 인과율의 영향을 받지 않고 결정을 내릴 수 있다는 생각이 꼭 일관성이 없는 것은 아니다. 만일 우리가 그 생각을 우리의 선택이 아무렇게나 된다는 말이 아니고 우리의 선택이 우리의 통제를 벗어나 있는 요인들에 의해서 완전히 그리고 엄격하게 결정되는 것은 아니라고 해석한다면 그 생각은 일관성이 없는 생각이라고 말할 수 없다. 우리들 자신이 우리가 하는 선택의 원인이다. 우리의 선택은 우리가 원인이 되어서 이루어진다.

자유의지가 행사되는 것은 진정한 의미에서의 두 갈림길에 있는 행동 중에서 진정한 의미의 선택이 요구될 때 가능한 것이다. 선택되어야 하는 대안들이 진짜 선택의 기로에 있는 것이어야 한다. 예를 들어 우리는 있지도 않은 아가미를 통해서 숨을 쉬겠다고 자유롭게 결정한다고 말할 수 없다. 인간들이 진정으로 선택할 수 있는 것이란 적어도 최소한 인간들에게 가능한 것이어야 한다. 바로 이 범위에서 인간은 놀라운 창조력을 지니고 있다.

선택을 진정한 것으로 만드는 것은 무엇인가? 진정한 의미의 선택은 그 선택을 하는 사람에게서 나오는 것이며 그에 의해서 비롯되는 것이다. 여기서 우리는 인간은 생명이 없는 존재가 아니라 역동적인 존재라는 사실을 기억해야 한다. 이것이 인간이 인과적 힘을 지니게 되는 하나의 조건이다. 물론 진정한 선택은 더 일반적인 인과율의 틀 안에서 이루어져야 한다. 그렇지 않다면 그 선택은 아무런 결과를 가져오지 못할 것이다. 또한 진정한 선택은 인격체가 자신의 선택과 책임으로 받아들이는 선택이다.

우리의 자유의지는 제멋대로 된 우주를 상정하지 않는다. 그렇다고 모든 선택은 외부 환경에 의해서 강요된다고 생각하지 않는다. 우리는 자유를 이해하는 데 제 3의 길을 선택했다. 그것은 복잡하고 역동적인 유기체들(예를 들어 인간들)이 진정한 선택의 대안들을 가지고 선택할 때 그들이 만들어내는 결과의 창조적인 원인자로서 행동하는 것을 말한다. 이러한 사실로부터 즉, 복잡한 역동적인 존재라는 사실로부터 그리고 창조적 원인자라는 사실로부터, 우리는 책임, 비난, 칭찬, 감사, 분노, 그리고 용서와 같은 관념을 설명할 수 있다.

제 4 장
자유란 무엇인가?

자유는 현대 민주주의 국가의 근본적 이상(理想) 중의 하나
이다. 그런데 이 자유란 어떤 것인가? 1941년 1월 6일에 미국
의 제32대 대통령 루스벨트(Franklin Delano Roosevelt, 1882-
1945)는 미국 국회에 보낸 메시지에서 그가 '네 가지 자유'라
고 부른 것에 대해서 다음과 같이 언급했다.

> 우리는 네 가지 본질적인 인간의 자유 위에 세워진 세계를
> 고대한다. 첫째는 언론과 표현의 자유 — 세계 어디서든. 둘째는
> 모든 사람들이 자기 나름대로의 방식대로 신을 섬기는 자유 —
> 세계 어디서든. 셋째는 궁핍으로부터의 자유 — 세계 어디서든.
> 넷째는 공포로부터의 자유 — 세계 어디서든.

1. '적극적' 자유와 '소극적' 자유

몇몇 철학자들은 적극적(positive) 자유 즉, '무엇을 할 자유' 와 소극적(negative) 자유 즉, '무엇으로부터의 자유'를 구별해 왔다. 루스벨트의 메시지는 두 개의 '적극적' 자유 즉 언론과 신앙의 자유를 언급하고 있으며, 두 개의 '소극적' 자유 즉 공 포와 궁핍으로부터의 자유를 언급하고 있다.

그러나 철학적 관점에서 볼 때 '무엇을 할 자유'와 '무엇으로 부터의 자유'의 차이는 별로 중요한 것 같지 않다. 왜냐하면 '무엇을 할 자유'와 '무엇으로부터의 자유'는 종종 동전의 양면 으로 볼 수 있기 때문이다. 사회적 혹은 정치적 맥락에서 볼 때, '검열로부터의 자유'는 '자신이 선택하는 것을 말하고 쓸 자유'와 똑같은 의미이고 '종교적 억압으로부터의 자유'는 '자 기가 선택한 대로 신앙을 가질 자유 아니면 전혀 신앙을 갖지 않을 자유'와 같은 의미이다.

간단히 말해서 '무엇을 할 자유'와 '무엇으로부터의 자유'의 주된 차이는 단지 어구상의 차이일 뿐이다. 그러므로 우리는 '적극적' 자유와 '소극적' 자유의 구별을 무시할 것이다.

2. 정치적 자유

모든 자유가 다 정치적 자유는 아니다. 루스벨트가 말한 '공 포로부터의 자유'를 예로 들어보자. 루스벨트가 말한 공포는 전제적 정치 정권으로부터 생기는 공포에 대한 것이지만 사람 들은 이러한 공포만이 아니라 다른 공포도 가지고 있다. 사람들은 질병의 공포, 외로움의 공포, 실패의 공포, 정신적 장애에 대한 공포, 신경쇠약의 공포, 심지어는 얼굴에 여드름이 많이 나는 공포로부터도 자유로워지기를 바라고 있다. 이와 같은 이유로 어떤 정치철학자들은 정치적 자유와 별로 관계없는 심리학에 대한 문제에 깊이 빠져드는 경우도 있다. 이들은 예를 들어 만일 어떤 사람이 X라는 것을 행할 때 심리적 억압을 받는다면 그가 자유롭게 X를 하고 있다고 볼 수 있는가에 대해서 논한다. 물론 이러한 문제 제기가 우리의 흥미를 끌기도 한다. 그러나 이것은 우리가 논의하려는 정치적 자유와는 다소 거리감이 있다.

우리가 논의하려는 자유는 명백히 정치적인 자유이다. 즉, 개인과 국가 사이의 관계에서 생기는 자유이다. 정치적 자유는 매우 큰 주제이다. 그래서 우리는 단지 세 개의 기본적 질문에 국한해서 논의할 것이다.

첫 번째, 어떤 종류의 정치적 자유가 있는가?

두 번째, 다른 종류의 정치적 자유들끼리 서로 연관성이 있는가? 다른 말로 해서 어떤 사회가 한 종류의 자유를 가지고 있다면 그것이 또한 다른 종류의 자유를 갖는 것도 보장해 주는가, 그렇지 않은가?

세 번째, 어떤 종류의 자유가 가장 중요한가?

정치적 자유에는 네 종류가 있다. 즉, (식민지주의에 반대되는) 국가적 자유, (독재에 반대되는) 대의정체(代議政體)의 정치적 자유, 경제적 자유, 그리고 개인의 자유가 있다. 이 중 앞의 세 자유는 집단적 성격을 띠고 있다.

3. 국가적 자유

긴 역사를 통해서 볼 때 많은 사람들에게 자유란 시민의 권리나 민주주의 혹은 대의정체를 의미하는 것이 아니었다. 그것은 국가의 자유(national liberty) 즉, 외국의 대군주(大君主)의 지배로부터의 자유를 의미했다.

왜 모든 국가가 외국의 지배를 싫어하는가? 그 이유 중의 하나는 식민지 독재는 많은 경우에 국내의 독재보다 훨씬 나쁜 것이기 때문이다. 많은 정부들과 대부분의 전제정치가 시민들로부터 경제적 착취를 하는 경우가 있지만 식민지 정부는 어떠한 형태의 통치보다도 더 많은 착취를 한다는 것은 매우 명백한 사실이다. 왜냐하면 보통 다른 나라를 식민지화하는 주된 이유가 경제적 착취에 있기 때문이다.

식민지주의(colonialism)는 식민지 사회를 계급사회로 만들어서 식민지 본토인들을 하위 계층에 속하게 하며 심지어는 식민지의 해변, 강, 그리고 대지와 같은 자연조차도 마음대로 사용하지 못하게 하기도 한다. 또한 식민지 통치는 언어, 종교, 그리고 문화의 관점에서 볼 때도 일반적으로 국내의 전제정치보다 더 나쁘다. 식민지주의는 종종 국내의 문화와 종교, 그리고 심지어 언어까지도 파괴하기 때문이다.

이와 같이 일반적으로 식민지주의가 국내의 전제주의보다 더 나쁜 것이지만 오히려 전제주의가 더 악랄한 경우도 있다. 식민지 전제정치의 최악의 범죄는 무엇보다도 인종학살과 고문이다. 그러나 지구의 여러 곳에서 국내의 압제자들이 식민지의 어느 전제군주 못지않게 나쁜 짓을 해온 경우가 있다. 예를 들어, 로마의 황제 칼리굴라(Caligula, 12-41)와 캄보디아의 폴 포트(Pol Pot, 1928?-1998)는 대부분의 식민지 지배자들이 식민지 국민들에게 저질렀던 범행보다 더 악질의 범행을 자기 국민들에게 저질렀다. 영국의 조지 3세(George III, 1738-1820)가 미국의 정착민들에게 저질렀던 어리석었던 행위는 폴 포트와 같은 독재자들이 저질렀던 행위에 비하면 아무것도 아니다.

4. 대의정체로서의 정치적 자유

사람들은 자유를 추구하기 위해서 군주나 독재자의 절대권력에 대해서 종종 말로써, 때로는 무력으로써 싸워왔다. 군주나 독재자의 권력은 피지배자들이 어떤 형태의 대표성을 획득하게 될 때 제한된다. 그러므로 다른 조건이 같을 경우에 국민들의 대표권이 증가하게 되면 동시에 지배자의 권력은 그만큼 줄어들게 된다. 바로 이 때문에 정치적 대표권이 자유와 관련을 짓게 된다.

모든 정부는 국민들에게 적든 많든 어떤 제한을 가하게 된다. 다른 조건이 같다면 사람들은 일반적으로 제한보다는 자유를 더 좋아할 것이다. 그런데 어떠한 종류의 정부가 가장 많은 자유를 허용할까? 아마도 스스로를 통치하는 사람들은 자신들이 가능한 한 많은 자유를 허용할 것이다. 적어도 시민의 평화와 같은 다른 선(善)과 양립할 수 있는 정도의 자유를 허용할 것이다.

그런데 스스로를 통치하는 것, 즉 자치(self-government)란 정확하게 어떤 것을 말하는가? 의회정부(parliamentary government)로써 자치는 충분히 이루어질 수 있는가? 그렇지 않다. 그것의 성공 여부는 의회를 누가 차지하느냐에 달려 있다. 그렇다면 대의정부(representative government)로써 충분한가? 이것 역시 그렇지 않다. 이것의 성공 여부는 대의정부가 모든 국민을 대표했는지 혹은 단지 국민들 중 일부만을 대표했는지에 주로 달려 있다. 이것은 또한 정당들이 있는지 없는지에 따라, 선거제도가 공정한지 그렇지 않은지에 따라 성공 여부가 결정된다. 그리고 선거구를 자기 당에 유리하게 고치는 것이 쉬운지 어려운지에 따라, 반대로 선거제도가 날림으로 만들어졌는지 아닌지에 따라 대의정부의 성공 여부가 달려 있다. 또한 선거제도 자체가 순수한 것인지, 아니면 군대나 외국으로부터 들어온 공산당이나 혹은 자본주의 투자자들의 이익과 같은 어떤 다른 이익을 위한 겉치레일 뿐인지에 따라 성공 여부가 달려 있다.

그렇다면 민주주의는 어떤가? 대규모의 사회에서는 모든 사람들이 모든 정치적 이슈에 대해서 투표를 하는 직접 민주주의는 거의 불가능하다. 자치를 통해서 구현하려는 자유에 대한 이상(理想)은 오늘날과 같은 대규모의 민족국가에서는 직접 민주주의의 형태를 취할 수가 없다. 이 이상에 가장 근접할 수 있는 정부 형태는 정기적인 선거를 거치는 대의정치일 수밖에 없는데, 이 대의정치에서는 모든 성인들이 한 표를 행사하며 누구도 한 표 이상을 가질 수 없으며, 정당의 활동과 혹은 정당에 속하지 않은 정치인들의 활동이 모두 합법적이며 투표제도가 날림으로 만들어져 있지 않아야 한다.

민주주의의 근원지라고 알려져 있는 도시국가 아테네에서는 진짜로 시민들에 의한 직접 통치의 형태를 가졌다. 그러나 시민으로 여겨지는 사람들이란 오로지 노예가 아닌 자유를 누릴 수 있는 성인 남자였으며 그 경제는 노예경제에 기초한 것이었다. 이렇게 볼 때 아테네의 민주주의는 진정한 의미의 민주주의라고 볼 수 없으며 일종의 선거를 거치지 않은 대의정치로서 남자 성인으로서 자유를 누리는 시민들이 국민을 대표한 민주주의라고 볼 수 있다. 이 성인 남자 자유민들은 자신들을 위한 법률만이 아니라 그 밖의 아테네 도시에 있는 모든 사람들을 위한 법률을 만들었다.

5. 경제적 자유

경제적 자유는 대체적으로 사유재산을 소유할 수 있으며, 물건을 사고팔며, 자신의 노동을 팔 수 있는 자유를 말한다. 그러나 정부라는 것이 있고 나서야 사유재산, 판매 계약 그리고 고용 계약 같은 것이 가능한 것이다. 경제적 자유가 있느냐 없느냐 하는 것은 정부의 존재를 전제로 하고서 이야기하는 것이기 때문에 결국 경제적 자유란 본질적으로 정치적인 것이라고 볼 수 있다.

미국의 철학자 아인 랜드(Ayn Rand, 1905-1982)와 로버트 노직은 경제적 자유에 대해서 언급한 학자들인데, 이들은 경제적 자유를 절대적으로 중요한 것으로 보며 이것을 자본주의와 동일한 것으로 보고 있다. 이들은 경제적 자유를 본질적인 의미에서도 그리고 다른 모든 종류의 자유의 바탕이 된다는 의미에서도 가장 중요한 자유라고 믿는다. 랜드와 노직은 공산주의 국가에 언론의 자유와 종교의 자유 등이 없는 근본적 이유가 바로 공산주의는 경제적 자유를 제한하는 데 있다고 본다.

6. 어느 한 집단적 자유는 동시에 다른 자유를 보장하는가?

이에 대한 대답은 불행하게도 그렇지 않다는 것이 맞을 것 같다. 자유를 얻기 위한 투쟁은 어떤 한 종류의 자유가 언제 성취되었냐 하는 문제가 아니기 때문이다.

우선 국가의 자유(national liberation)를 예로 들어보자. 역사적 경험에 의하면 어떤 국가가 국가의 자유 즉, 국가의 해방을 얻기 위한 투쟁에서 성공한 후에 여러 형태의 정부가 들어설 수 있다는 것을 볼 수 있다. 만일 신생 국가가 민주적으로 선출된 정부를 갖게 된다면 그것은 참으로 운이 좋은 경우이다. 그러나 군사 독재 정권이나 일당 독재 정권이 들어설 가능성도 얼마든지 있는 것이다. 국가가 자유를 획득하는 것은 자치를 이룩하기 위해서 정치적 자유를 가지기 위한 필요조건이 되는 것은 말할 필요도 없다. 그러나 국가의 자유가 곧 정치적 자유의 충분조건은 아니다.

대의정체로서의 자유를 생각해 보자. 이러한 자유를 옹호하는 유명한 사람들 중 일부, 예를 들어 미국 건국의 아버지라고 불리는 사람들은 이러한 자유가 주는 이익을 자신들이 속한 인종과 성(性)에 국한시켰다. 그래서 소위 민주주의 국가에서도 같은 국가의 시민으로 있으면서도 시민으로서의 완전한 권리를 모두가 누린 것은 아니다. 자유에 대해서 이렇게 제한을 가하는 것은 그 이유가 뻔하다. 이기적인 이유 외에 어떠한 객관적

이유도 없다. 지구상에서 가장 유명한 미국의 민주주의는 그것이 수립된 지 90년이 되어서야 노예제도를 철폐했다. 그리고 그 후 100년이 훨씬 넘어서야 여성들에게 투표권을 주었다. 미국 남부의 여러 주에서 흑인 투표권자들을 암살한 일, 영국에서 여성 참정권론자들을 거칠게 다룬 일, 감옥에 가둔 일 등은 위대한 민주주의 국가에서도 자치정부가 모두를 위한 것은 아니라는 사실을 입증한다.

순수한 다수의 통치조차도 언론의 자유와 같은 개인적 자유를 보장할 수 없다. 다수의 통치는 소수의 의견에 관용을 보여주지 못하는 경우가 너무 자주 있다. 그리고 민주주의 국가에서도 다수의 의견에 공개적으로 반대하는 것은 위험한 일로 여겨졌던 때가 있었다. 소수에 대한 관용을 베풀었던 오랜 전통이 있지 않고서는 다수의 불관용으로부터 소수의 자유를 보호하는 일은 힘든 일이다.

대의정부는 랜드와 노직이 바람직하다고 생각하는 완전한 경제적 자유를 보장하는가? 그렇지 않다. 대의정부와 완전한 의회 민주주의를 갖고 있는 몇몇 나라들은, 예를 들어 스칸디나비아 국가들은 자본주의와 사회주의가 혼합된 경제를 운용하고 있다.

그러면 경제적 자유는 즉, 자본주의는 정치적 자유를 보장한다고 볼 수 있는가? 상당한 정도의 경제적 자유를 누리는 국가들은 또한 다른 자유들도 누리는 경우가 흔하다. 이것은 물론 그들에게 큰 이익이 된다. 그러나 경제적 자유가 언론의 자유와 종교의 자유를 보장할 수 없는 것은 말할 것도 없이 정치적 자유(대의정부)를 적극적으로 보장하는 것도 아니다. 랜드와 노직은 경제적 자유가 다른 종류의 자유를 만들어내고 지지한다고 생각했다. 그러나 그들은 미국을 제외한 다른 나라들의 경우를 살펴보지 않고 하나의 경우 즉, 미국의 경우를 일반화시키는 과오를 범했다. 그들은 모든 자본주의 국가들이 모두가 다 민주주의가 아니라는 사실을 간과했다. 남미의 대부분의 나라와 1960-70년대의 한국의 경제는 자본주의 노선을 따랐다. 그리고 자본주의는 이슬람 국가에서도 가능한 일이다. 그러나 대부분의 이슬람 독립 국가들은 완전한 종교의 자유를 허용하지 않고 있으며 이 국가들 중에서 완전히 발전된 대의정부를 가진 국가는 거의 없다고 말할 수 있다.

이렇게 볼 때 다양한 종류의 집단적 자유들이 서로 다른 집단적 자유를 보장하지도 않으며 개인의 자유를 보장하는 것도 아닌 것으로 볼 수 있다. 국가적 자유가 곧 국민의 정치적 자유를 보장하는 것은 아니다. 정치적 자유는 너무나도 자주 제한적 조건을 가지고 있으며 다수의 불관용을 강화하는 경향이 있다. 경제적 자유는 정치적 독재와 양립이 가능하기 때문에 언론의 자유와 종교의 자유를 심각하게 제한하기도 한다.

국가적 자유, 대의정체로서의 정치적 자유와 경제적 자유는 집단적 자유이다. 이것들은 나라와 사회와 집단들을 위해서 필요하며 이러한 집단들의 존재를 전제로 한다. 이제 다른 종류의 이상(理想) 즉, 개인의 자유에 대해서 살펴보기로 하자. 이 개인의 자유는 앞에서 논의한 자유들보다도 역사상 나중에 나타나게 된다. 그리고 이것은 권리의 개념과 밀접하게 관련이 되어 있다.

7. 개인의 자유와 자연권

존 로크(John Locke, 1632-1704)는 그의 책 『시민 정부에 대한 두 논문(*Two Treatises on Civil Government*)』의 두 번째 논문에서 '자연권(natural rights)'의 이론을 제시한다. 그의 주장에 의하면 세 종류의 자연권이 있는데 그것은 생명에 대한 권리, 자유에 대한 권리, 재산에 대한 권리를 말한다. 토머스 제퍼슨(Thomas Jefferson, 1743-1826)은 로크가 주장한 세 번째 자연권 즉, 재산권을 행복 추구권으로 바꾸었다.

로크의 정부론과 미국의 독립선언문은 미국의 철학자들에게 강력한 영향을 끼쳤고 이들 중 많은 철학자들이 권리에 대한 개념은 윤리학에 있어서 근본적 개념이 된다고 주장했다. 그런데 이 인간의 자연권 이론이 윤리적, 정치적 사유에 단기적으로 그리고 장기적으로 중요한 영향을 끼쳐왔지만 그것은 또한 몇 가지 약점을 지니고 있다는 것을 우리는 인정하지 않을 수 없다.

그 중 한 가지 단점은 자연권 이론이 매우 애매하다는 것이다. 어떻게 해서 권리라는 것이 자연적일 수 있는가? 예를 들어 본능이 자연적이라고 말할 수 있는 것과 같은 방식으로 '자연적'이라는 말은 분명 아닐 것이다. 보통 이 '자연적(natural)'이라는 말의 의미는 제대로 설명이 이루어지지 않은 채로 사용되고 있다.

또한 사람이 자유에 대한 자연권을 가지고 있다고 주장한다고 해서 그것이 우리에게 그 권리에는 어떤 종류가 있다고 말해 주는 것도 아니며 어떻게 그 권리를 보호해야 하는가를 말해 주는 것도 아니다. 예를 들어 자연권 이론에 의하면 유죄 선고를 받은 범죄자가 자유에 대한 권리를 갖고 있다고 주장해야 하는가? 만일 그렇다면 모든 범죄자들에게 자유의 면죄부를 주는 것은 그들의 자유에 대한 자연권을 보호하는 하나의 좋은 방법이라고 보아야 하는가?

세 번째 단점으로, 18세기와 19세기의 역사에서 보면 자연권에 대한 화려한 수사학적 주장을 하면서도 동시에 여전히 노예 제도가 존재했으며 투표권과 교육에 대한 권리와 같은 정치적, 사회적 권리에 심한 제한을 가하는 일이 행해졌다.

자연권 이론은 비교적 오랜 기간 동안 실천적 영향을 끼쳐왔음에도 불구하고 그것에만 의존할 정도로 충분히 정확성을 갖고 있는 이론이 아니다. 우리는 자유에 대한 다른 주장들을 살펴볼 필요가 있다.

8. 개인의 자유와 시민의 권리

개인의 자유란 다른 사람들로부터 간섭을 받지 않을 자유, 특히 정부로부터 부당한 간섭을 받지 않을 자유를 말한다. 개인의 자유는 하나의 이상(理想)으로서 개인 삶의 어떤 영역들은 어떠한 정부에 의해서도 결코 간섭받을 수 없다는 것을 가정하고 있다. 이러한 영역이 어떤 것인지를 우리는 자유 그 자체에서 추론할 수 있다. 본질적인 개인의 자유에는 일반적으로 언론과 표현의 자유, 정보의 자유, 종교의 자유, 그리고 결혼할 수도 있고 하지 않을 수도 있는 자유가 있다고 볼 수 있다. 그러므로 이 '자유'의 영역은 개인의 사적 생활과 사유(思惟)와 이성의 생활 영역을 말한다. 개인의 자유 지지자들은 이러한 자유는 법으로 보호될 필요가 있으며 사회에서 소수에 속하는 사람들에게도 적용되어야 한다고 주장한다.

서양의 많은 철학자들과 사상가들은 개인의 자유에 대한 이상을 여러 방식으로 옹호해 왔다. 예를 들어 벵자맹 콩스탕(Benjamin Constant, 1767-1830)은 종교의 자유, 재산의 자유 그리고 견해(opinion)의 자유가 성숙한 사회를 위한 기본적 자유라고 주장했으며, 어떤 철학자들은 언론의 자유와 출판의 자유를 주장했다. 또한 다른 이들은 교육의 자유를 주장했다. 왜냐하면 교육의 자유가 없이는 사상과 견해의 자유를 구가하기가 쉽지 않기 때문이다.

개인의 자유에 대해서 글을 쓴 작가들은 상당히 많지만 이들 중에서도 『실낙원(*Paradise Lost*)』을 쓴 존 밀턴(John Milton, 1608-1674), 『상식(*Common Sense*)』의 저자이며 미국의 혁명가인 토머스 페인(Thomas Paine, 1737-1809), 『여성의 권리 옹호(*A Vindication of the Right of Woman*)』를 쓴 페미니스트 메리 울스턴크래프트(Mary Wollstonecraft, 1759-1797), 토머스 제퍼슨, 존 스튜어트 밀, 그리고 프랭클린 루스벨트는 우리의 주목을 받을 만한 사람들이다.

밀턴의 주장은 진리와 지식은 최고의 가치를 지닌 것이라는 사상에 근거하고 있다. 그에 의하면 종교적 자유는 종교적 지식을 갖기 위한 필요조건이며 실로 표현의 자유가 없으면 어떠한 지식도 있을 수 없다고 한다. 그는 말하기를 배우고자 하는 열의가 풍부한 곳에서는 필연적으로 많은 논쟁과 많은 글과 많은 견해가 있는 법이라고 했다. 왜냐하면 훌륭한 사람들의 견해는 완성된 것이 아니라 만들어지는 지식이기 때문이다. 그는 또한 진리란 공정한 싸움에서는 항상 거짓을 이긴다고 주장했다. 밀턴은 또한 개인에게는 사상의 자유가 다른 어떤 자유보다도 더 귀중한 것이라고 주장했다. 그래서 그는 "나에게 어떤 다른 자유보다도 알 자유와 표현할 자유 그리고 양심에 따라 자유롭게 주장할 자유를 달라"고 말했다.

밀턴으로부터 200년 후 1859년에 존 스튜어트 밀은 그의 유명한 『자유론(*On Liberty*)』에서 매우 흡사한 주장을 했다. 그의 주장에 의하면 사람이란 언제나 과오를 범할 가능성을 가지고 있는 법인데, 논의할 수 있는 자유를 제한한다면 사람들은 진리를 발견할 수 없다는 것이다. 따라서 공개적으로 사상을 논의할 때만이 진리에 이를 수 있으며 새로운 지식을 얻을 수 있다. 밀은 또한 사상과 표현의 자유를 옹호했다. 왜냐하면 그것은 개인에게 매우 중요한 가치를 지니고 있는 것이기 때문이다. 그는 사상의 자유를 제한하는 것은 인간에게 가장 본질적이며 가장 귀중한 것을 제한하는 것이라고 주장했다. 사상의 자유 없이는 사람들은 능력을 충분히 발휘할 수 없게 되고 품위가 떨어지게 된다. 자유 없이 문명은 진보할 수 없으며 개인의 자유가 없는 사회는 그저 그런 사람만으로 가득 차게 되고 전반적으로 인간의 능력은 움츠러들게 된다.

9. 자유의 비교

우리는 자유들 가운데서 어떤 자유가 가장 중요한 자유인가를 결정할 수 있을까? 그렇게 할 수 없을 것 같다. 한 사회의 특성은 그 사회의 자유에 의해서뿐만 아니라 수없이 많은 다른 요인들에 의해서도 결정된다. 그러므로 어떤 자유가 가장 중요한가는 특정한 사회에 대한 경험적 관찰과 역사의 연구에 의해서 거기에 맞는 답변을 얻을 수 있으며 다른 사회에 대해서는 또 거기에 맞는 답변을 얻을 수 있을 것이다. 그러나 어떠한 사회든 적어도 사상과 표현의 자유가 없이는 어떤 자유가 가장 중요한 자유인가에 대해서 답변을 할 수도 없는 것은 물론 그러한 질문조차도 할 수 없을 것이다.

제 5 장

평등이란 무엇인가?

평등이라는 것은 옹호할 만한 가치가 있는 이상(理想)인가? 우리는 이 질문에 답하기 전에 우리가 논의하려고 하는 평등은 어떤 종류의 평등인가를 분명히 해두는 것이 좋겠다.

1. 평등의 개념에 대한 혼란

평등에 대한 화려한 말들은 우리에게 혼돈을 일으키는 경향이 있음을 우리는 인정하지 않을 수 없다. 예를 들어 "인간은 평등하다"는 주장은 때때로 모든 사람들은 어떤 경우에도 평등하다는 것을 전제로 시작하며 따라서 모든 사람들은 평등해야만(ought) 한다는 결론을 유도한다. 이러한 추론에는 분명히 '평등'이라는 말이 보통과는 다른 의미로 사용되고 있다는 것을 누구라도 알 수 있다. 그렇다면 어떤 다른 의미로 쓰이고 있는가?

반(反)평등주의자들은 혼란스러운 평등주의의 미사여구의 주된 희생자라고 볼 수 있다. 반평등주의자들은 이 미사여구와는 반대로 사람들은 분명히 평등하지 않다는 사실을 언급하면서 "사람들이 평등해야만 한다고 말하는 것은 어떤 의미를 지니고 있는가?" 하고 묻는다. 반평등주의자들은 평등의 이상은 해로울 뿐 아니라 불가능한 것이라고 결론을 내린다. 그러나 평등주의가 여러 다른 종류의 평등을 서로 구별하지 못한다는 사실을 통해서 반평등주의자들 역시 평등주의자들과 똑같은 방식으로 실패하는 실수를 하지 말아야 한다는 교훈을 받아들일 필요가 있다.

2. 어떠한 평등인가?

분명한 것은 어떠한 정부도 그 힘이 아무리 막강하더라도 모든 국민의 키를 똑같이 만들고, 국민들이 똑같은 자신감, 똑같은 아름다움 혹은 똑같은 등산 기술을 갖게 할 수는 없다. 만일 정치인들이 사람의 두뇌의 능력에 대해서 무엇인가를 행할 수 있다면 말할 필요도 없이 자신들의 지력(知力)을 향상시키는 일부터 할 것이다.

그러나 정부는 다른 면에서는 국민들을 매우 평등하게 만들 수 있다. 최악의 경우를 예로 든다면 정부는 국민들을 똑같이 무지하게 만들 수 있거나, 똑같이 정신적 혹은 신체적 노예로 만들 수 있다. 우리는 경험을 통해서 정부는 국민의 세금을 지불할 의무에 대해서 국민들을 평등하게 만들 수 있다는 것을 알 수 있다. 정부는 또한 다른 면에서 더 가치 있는 방식으로 국민들을 평등하게 만들 수 있다. 정부는 모든 시민들에게 투표권, 의회에 출마할 권리, 그리고 배심원을 통해서 재판을 받을 권리를 똑같이 부여할 수 있다. 이러한 종류의 정치적 평등은 전혀 불가능한 것이 아니다.

경제적 평등은 어떤가? 어떤 정부도 그것을 제대로 실현해 보지는 못했다. 그러나 일부 사람들은 물질적 산물과 수입은 평등하게 될 수 있다고 생각했다. 왜냐하면 물질적 산물은 미(美), 두뇌, 자신감, 혹은 등산 기술과는 달리 한 사람에게서 다른 사람에게로 이동될 수 있기 때문이다.

여기서 우리가 논할 평등은 정치적 평등이나 물질적 산물과 수입의 평등을 말한다. 이러한 평등의 이상은 우리가 가치 있게 여길 만한 것인가? 수많은 반평등주의적 철학자들을 포함해서 대부분의 서양 사람들은 정치적 평등은 정치적 자유를 위한 조건이며 따라서 그것은 가치 있는 이상이라고 받아들인다. 그러나 경제적 평등은 많은 논쟁을 불러일으킨다. 왜냐하면 경제적 평등이라는 개념 자체가 모호한 개념이기도 하며, 또한 많은 악을 수반할 가능성이 있기 때문이다.

경제적 평등이 모호한 개념이 되는 이유는 그것이 인간의 필요, 응분의 보답과 인간의 욕구와 관련지어서 설명하려고 할 때 생기는 다양한 해석 때문이다. 경제적 평등이 모호한 개념이라는 것을 다음의 질문들에 대해서 답변하려고 할 때 금방 느끼게 된다. 사실 이 질문들에 대해서 여태까지 누구도 만족스러운 답변을 주지 못했다.

미모, 지력, 혹은 사업 능력에 있어서 같지 않은 사람들을 우리는 경제적으로 똑같은 대우를 받도록 만들어야 하는가? 미모가 출중한 사람들과 지력이 뛰어난 사람들과 능력이 있는 사람들은 그렇지 못한 사람들보다 더 많은 수입을 갖는 것이 응분의 보답을 받는 것이 아닌가? 그러나 오히려 필요의 관점에서 보면 미모가 떨어지는 사람들과 지력과 능력이 떨어지는 사람들은 그들보다 나은 사람들에 비해서 더 많은 수입을 필요로 하지 않는가?

　경제적 평등을 이루려다 보면 항상 전체주의와 경제적 비능률과 같은 악을 초래하기 쉽다. 물론 그것은 얼마나 많은 평등을 요구하느냐에 따라, 평등을 이루기 위해서 어떤 조치를 취하느냐에 따라, 그리고 평등이라는 이상이 사회의 다른 이상들과 어떻게 연결되어 있고, 그것들에 의해서 어떻게 영향을 받느냐에 따라 달라질 수 있다. 그러나 어쨌든 역사적 경험에 의하면 경제적 평등을 이상으로 내세웠던 정부들은 부패에 취약할 뿐 아니라 전제정치로 흐르기 쉽다는 사실이 확연히 드러난다. 그러나 우리는 경제적 평등을 위해서 애썼던 영국의 노동당 수상이었던 애틀리(Clement Richard Attlee, 1883-1967)[1]와

---

1) 영국의 정치가로서 푸트니에서 태어났다. 옥스퍼드 대학을 졸업한 뒤 변호사로 일하면서 가난한 사람들의 생활 개선에 힘썼다. 제2차 세계대전 중에는 처칠이 이끄는 보수당 내각에 들어가 자치령 담당 국무장관, 추밀원 의장을 지냈으며, 1945년 총선거에서 승리하여 노동당 내각을 조직하고 수상이 되었다. 그는 대외적으로 인도의 독립을 인정하는 등 식민지 축소에 힘쓰는 한편, 대내적으로는 철도, 은행 등 영국의 주요 산업의 국유화와 사회보장제도의 확립에 노력하였다. 주요 저서로는 『노동당 전망』, 회고록 『그 때 그 당시』 등이 있다.

미국의 대통령 루스벨트 같은 사람들을 국민 대학살을 자행한 캄보디아의 총리였던 폴 포트와 같이 보아서는 안 된다.

3. 평등에 대한 반론 1: 전제정치의 가능성

경제적 불평등이 없는 사회를 이루어 나가는 과정은 그 자체로 근본적 문제를 안고 있다고 볼 수 있다. 즉, 경제적 평등은 반드시 극단적인 불평등 과정을 거쳐야만 이루어질 수 있으며 결국 다음과 같은 과정을 거쳐야만 할 것이다. 우선 경제적 평등을 이루기 위한 혁명이 있어야 한다. 그리고 혁명 후에 사람들은 모든 권력을 혁명동지인 갑이라는 사람에게 양도한다. 갑은 재산을 재분배하기 위해서 다른 누구보다도 더 평등한 사람이 되어야 한다. (이러한 일이 벌어지는 과정을 우리는 조지 오웰(George Orwell, 1903-1950)이 쓴 『동물농장(*Animal Farm*)』에서 잘 볼 수 있다.) 갑과 그의 동료들은 다른 사람들과 같지 않은 권력을 가지고서 재산을 재분배하게 된다. 그러나 역사적 경험에 의하면 이러한 권력의 집중으로 말미암아 '잠정적' 불평등의 단계는 결코 자연스럽게 다시 평등의 자리로 돌아가지 않는다.

또한 평등을 유지하는 과정은 자유라는 이상과 조화를 이루지 못한다. 재산에 대한 최초의 혁명적인 재분배가 아무리 성공을 이루었다 해도 그것은 영원한 상태의 평등을 낳지 않을 뿐 아니라 낳을 수도 없다. 최종적이고 지속적인 평등에 대한 평등주의자들의 꿈은 결코 도달될 수 없다. 그러므로 정부는 시민들의 생활을 점점 더 깊숙이 간섭하지 않을 수 없게 된다.

정부는 평등을 유지하기 위해서 경제적 하부 구조를 계속해서 손질할 필요가 있다. 왜냐하면 경제적 평등을 깨려는 교활한 사람들, 야망을 품은 사람들, 그리고 다른 사람들보다 경제적으로 더 재주가 있는 사람들의 활동을 저지해야 하기 때문이다. 어떤 사람들은 재산권을 가질 수 있으며 또 어떤 사람들은 재산권을 가질 수 없다는 강력한 법을 끊임없이 만들어내야 한다. 그렇지 않으면 정부는 돈만을 밝히는 사람들의 뇌수술을 하기 위해서 많은 돈을 써야 할 것이다.

4. 평등에 대한 반론 2: 자유와 재산권에 대한 노직의 주장

미국의 철학자 로버트 노직은 우파적 자본주의를 강력하게 지지했던 아인 랜드의 정치철학에 깊은 영향을 받았다. 노직은 그의 책 『무정부, 국가, 그리고 유토피아(*Anarchy, State and Utopia*)』에서 만일 정부가 경제적 평등을 심각하게 고려하게 되면 사람들의 자본주의적 사고와 행동을 침해하게 될 것이라고 주장했다.

노직은 자신의 대표적인 이론을 미국의 천재적인 농구 선수였던 챔벌린(Wilt Chamberlain)을 예로 끌어들여서 설명한다. 챔벌린은 농구에서 뛰어난 기술을 가진 선수이다. 농구 경기장으로 가는 관중들은 특히 그의 뛰어난 경기 기술을 보고 싶어서 간다. 챔벌린은 많은 돈을 벌 수 있는 이 호기를 놓치지 않고자 한다. 그래서 챔벌린은 자신을 위한 돈 통을 하나 만들어 팬들로 하여금 경기 관람료 이외에의 돈을 그 통에 넣도록 했다고 하자. 돈을 넣지 않는다면 관람료를 지불했음에도 불구하고 그의 경기를 관람할 수 없도록 한 것이다. 이 때 평등주의 자들은 이러한 일은 공정하지 못한 일이라고 생각할 것이다. 왜냐하면 농구는 팀 경기이며 따라서 챔벌린은 팀의 다른 선수들보다 더 많은 돈을 받아서는 안 되기 때문이다. 그러나 한편 노직의 주장에 의하면 팬들이 자신들의 영웅을 보려고 요금을 추가로 더 내는 것을 금지하는 것은 그들의 자유를 완전히 침해하는 것이라고 한다. 노직은 재산의 재분배에 대해서 전적으로 이의를 제기한다. 어느 누구도 재화를 직접 만들어낸 사람이 그것을 소유하는 것을 무시하면서 고매한 도덕적 논쟁을 논하는 것은 타당하지 못하다고 노직은 이의를 제기한다. 어렵게 만들어낸 이익을 마치 하늘에서 우연히 땅에 떨어진 빵이나 만나(manna, 모세가 이집트를 탈출할 때 여호와가 하늘에서 매일 내려준 음식)처럼 말하는 것은 앞뒤가 맞지 않는 말이라고 한다.

재화의 정당한 획득에 대해서 이와는 다른 이론들도 있다. 만일 우리의 모든 재산을 도둑질한 것이라고 생각한다면 그 재산을 재분배하는 것에 대해서 전혀 양심의 가책을 느낄 필요가 없다. 이 경우에 각자가 재분배받는 재산은 실로 하늘로부터 떨어진 만나와 같은 것이라고 생각할 것이며 그것은 필요한 사람에게 분배되어야 한다고 믿을 것이다. 혹은 재화를 획득하는 제도가 부패한 사회에서라면 사람들은 그 재화의 케이크를 다시 잘라야 하는 것이 당연하다고 주장할 것이다. 왜냐하면 제대로 된 사회였다면 애초부터 다른 방식으로 재화의 케이크가 나누어졌을 것이기 때문이다.

그러나 노직의 견해는 다르다. 그는 어떠한 재산도 다른 사람으로부터 폭력이나 사기, 공갈을 통해서 얻거나 훔친 것이 아니라면 정당한 것이라고 주장한다. 만일 현재 재화를 소유하고 있는 사람들이나 그들의 조상들이 그런 식으로 획득하거나 도둑질한 것이 아니라면 그들의 재화를 빼앗으려는 어떠한 시도도 결국은 그들의 자유를 간섭하는 행위가 된다. 예를 들어 노동에 의해서 얻은 소득에 대해서 세금을 부과하는 것은 강제노동과 다를 바 없다. 그러므로 가난한 사람들을 돕는다고 부자들에게 세금을 부과하는 정부는 많은 시민들의 권리를 침해하는 것이다. 따라서 국가는 '최소한'의 국가가 되어서 범죄를 예방하고 외적으로부터 국가를 지키는 일에만 관여해야 한다.

재산이 어떻게 정당하게 혹은 부당하게 획득되는가에 대한 노직의 설명은 존 로크의 『제2정부론(*Second Treatise on Civil Government*)』의 사상에 뿌리를 두고 있다. 그러나 사실 노직의 정부론이 실제로 실현되게 된다면 그것은 그가 말한 두 개의 '로크의 필연적 단서'라는 암초에 걸리게 될 것이다. 그가 말한 두 가지 단서란 이것이다.

(1) 만일 당신의 재산이 당신의 조상이 훔친 것이나 빼앗은 것을 상속받은 것이라면 별다른 사정이 없는 한, 당신은 그 재산을 반드시 본래의 주인이나 그의 후손에게 되돌려주어야 한다.
(2) 만일 당신의 재산이 훔친 것이 아니라도 그것을 획득할 시에 다른 사람이 소유할 땅과 재화가 충분히 남아 있지 않았다면 국가는 그것을 재분배해야만 한다.

만일 국가가 이 두 단서를 적용한다면 엄청나게 돈을 들여서 역사를 거슬러 올라가는 조사를 펼쳐야 할 것이다. (아마도 이 비용은 국민으로부터 걷은 세금으로 해야 할 것이다.) 또한 이 것은 매번 조사를 벌릴 때마다 경제적, 사회적 조직에 엄청난 대변동을 일으킬 것이다. 우선 미국에 있는 많은 재산들은 미국 인디언들의 손으로 넘겨져야 할 것이며 이렇게 되면 인디언이 아닌 사람들은 무장 혁명을 일으키게 될지 모른다. 그러므로 재산에 대한 노직의 '로크식'의 주장은 강경한 경제적 평등주의자들의 간섭 못지않게 시민의 질서와 정치적 자유를 파괴할 것이 당연하다.

5. 평등에 대한 옹호론 1: 기회의 평등

평등주의자들 가운데는 더 제한된 이론을 선호하는 자들이 있는데 그들은 기회의 평등이론을 주장한다. 이 이론에 의하면 한 사회에 있는 사람들은 모두 성공할 기회를 가져야 한다. 이것을 가능하게 하는 것은 정부의 책임이다. 즉 정부는 세금을 사용해서 학교와 다른 교육기관들을 만들어야 한다. 이러한 제도를 통해서 사람들이 성공을 거두느냐 그렇지 않느냐 하는 문제는 이 제도를 만들고 시행하고 작동시키는 일보다 중요한 것이 아니다. 중요한 것은 정부는 모든 시민들에게 성공할 기회를 동등하게 제공하는 것이다.

기회의 평등을 주장하는 사람들은 이러한 기회의 평등은 더 엄격한 평등주의자들의 이론에 비해 다른 가치, 예를 들어 자유와 같은 가치와 조화를 더 잘 이룰 수 있다고 본다. 기회의 평등은 개인의 자유를 심하게 간섭하지 않는다. 정부는 시민들 모두에게 고정된 수준의 소득을 보장해야 할 필요도 없으며 또 시민들의 자유로운 경쟁을 막을 필요도 없다. 기회의 평등은 사회의 효율성을 희생시키지도 않으며 성취할 수 없는 이상을 가지고서 삶을 즐기려는 사람들에 대해서조차도 방해하지 않는다.

누구도 세금을 내는 것을 좋아하지 않는 것은 명백한 사실이다. 그렇지만 많은 세금 납세자들은 누구나 받을 수 있는 교육과 건강관리의 가치를 인정하며, 고아원이나 양로원의 가치, 그리고 심지어는 모든 시민들에게 높은 이상을 이루려는 기회를 주는 것이 귀중한 일이라는 것을 인정한다. 세금 납세자들은 이러한 이상들을 이루기 위해서 국가가 제공하는 기금의 한계에 대해서 의견이 분분할지 모르지만 대부분의 납세자들은 원칙적으로 국가가 최소한의 기금을 대야 한다는 사실에 대해서는 동의한다. 따라서 세금 납부는 불가피하다는 것을 인정한다.

자본주의 국가에 사는 대부분의 시민들은 실제에 있어서 랜드의 후계자도 아니고 노직의 후계자도 아니다. 그들은 어떤 경우에는 그들이 법적으로 소유한 것을 다른 사람들과 같이 나누는 것을 도덕적인 의무라고 생각한다. 이러한 생각으로부터 정부가 어떤 경우에는 더 큰 공적 이익을 산출하기 위해서 어떤 사람들로부터는 소득의 일부를 거둘 수 있는 권리가 있다고 인정하는 것은 어렵지 않은 일이다.

그런데 평등한 기회를 진작시키는 프로그램을 정부가 시행한다 해도 실제에 있어서 어떤 특정한 사회집단에 속하는 상당한 숫자의 사람들이 여전히 성공을 거두지 못한다면 그 프로그램은 아무런 의미가 없을 것이다. 예를 들어 여성들이 엔지니어가 될 수 있는 계획이 있다 해도 여성들이 더 이상 엔지니어 업계에 진출하지 않는다면 그것은 아무 소용이 없을 것이다. 한편 그 계획이 제대로 성취되게 하기 위해서는 정부가 점점 더 개인의 자유를 간섭하지 않을 수 없게 될 것이다.

그러므로 반평등주의자들은 기회의 평등과 '엄격한' 평등 사이에는 분명한 차이가 없다고 주장한다. 반평등주의자들의 주장에 의하면 기회의 평등을 주장하다 보면 결국에 가서는 모든 사람들의 성공을 바랄 수밖에 없다고 한다. 그러나 모두가 다 성공한다는 것은 불가능한 이야기이다. 그리고 그러한 성공이 이루어지기 위해서는 결국 자유에 대한 끊임없는 국가의 간섭이 불가피하게 된다.

6. 평등에 대한 옹호론 2: 법 앞의 평등, 평등과 다른 가치들

평등주의자들은 때때로 법에 호소함으로써 그들의 이상을 옹호한다. 평등은 사회적 규칙과 법이 내포하고 있는 관념과 관련되어 있다. 왜냐하면 **법이란 보편적 입장에 서서 표현되어야** 하기 때문이다. 단지 한 사람에게만 적용되는 법이나 규칙은 전혀 법이 될 수 없기 때문이다.

법이 갖고 있는 유용성은 충분히 증명된 일이며 그 유용성은 널리 지지받고 있기 때문에 평등을 옹호할 수 있는 적절한 근거로서 법을 생각할 수 있다. 그러나 거기에는 두 개의 문제가 있다. 첫째로 평등주의자들은 단순한 법적 평등 이상의 평등의 옹호를 찾고 있다는 것이다. 그들은 정치적, 경제적 평등 그리고 아마도 사회적 평등 또한 옹호하고 싶어한다. 둘째로 법 앞에서의 평등만으로는 평등주의자들이 보통 추구하는 것보다 훨씬 더 적은 법적 평등이 허용될 것이다. 왜냐하면 어떤 특정한 법을 어기는 사람들은 모두 다 같은 방식으로 처벌을 받게 되어 있는데도 실제에 있어서 그 법 자체는 그 사회의 어떤 집단들을 불평등하게 차별하는 것이 가능하기 때문이다. 예를 들어 오래전 남아프리카공화국에서 흑인에게 신분증의 휴대를 의무화시킨 법률이 이런 경우에 해당한다. 이 법을 어긴 사람들은 모두 똑같이 처벌을 받아야 하는데 애초부터 여기서 제외되었던 백인들은 이 법을 따를 필요도 없었고 처벌받을 일도 없었다.

그런데 경제적 평등의 이상은 다른 가치들, 예를 들어 인간적 대우를 받을 권리와 같은 것들과 관련을 맺을 수 있을까? 자비, 친절, 관대함 그리고 상호 존중의 이상은 계층적 사회에서도 물론 가능하다. 계층적 사회에서 사회적으로 낮은 계층에 있는 사람들이 인간적 존엄과 존경을 받는 일은 논리적으로는 가능하다. 그러나 그것이 논리적으로는 가능하다 할지라도 실제적으로 반드시 이루어지는 것은 아니다. 그것의 실현은 오히려 계층적 사회의 서열 사이가 얼마나 크게 벌어져 있느냐에 달려 있다. 그 서열의 벌어진 틈이 너무 커서 하층민의 많은 사람들이 거리에서 살아야 하고 거리에서 죽어야만 한다면 어떻게 사람의 존엄성이 지켜질 것인가? 또 사람에 대한 존중도 실은 빛 좋은 개살구가 아닌가? 대체적으로 가난한 사람들과 비천한 사람들에 대해서 인간적 대우를 더 해주어야 한다고 주장하는 사람들은 완전한 경제적 평등은 아닐지라도 적어도 지금의 경제적 불평등이 크게 개선될 것을 요구하게 될 것이다.

사실상 경제적 불평등의 해소는 많은 사람들이 매우 강력하게 요구하는 이상이다. 더욱이 평등은 자유를 사랑하는 현대 국가들이 성공적으로 추구할 수 있는 이상이다. 스웨덴과 뉴질랜드가 좋은 예를 보여주고 있다.

7. 동일함과 가치

때때로 사람들은 말하기를 평등의 추구는 결국 모두가 똑같은 동일성에 빠지게 하는 것이 아니냐고 말한다. 그러나 동일하게 되는 것은 정치적, 경제적 평등주의자들이 원하는 것이 아니다. 그들은 다른 사람들과 마찬가지로 평등이라는 것이 재능, 지능, 키, 몸무게, 미의 평등을 의미하는 것이라면 정부의 법에 의해서 이루어질 수 없다는 것을 잘 알고 있다. 왜냐하면 그런 일이란 전혀 일어날 수 없는 것이기 때문이다.

평등주의자들은 종종 사람들은 동등한 가치를 지니고 있다고 말한다. 이 말은 무슨 뜻일까? 이 말이 담고 있는 부분적 의미는 사람이 동일하지 않다고 해서 그것이 정치적으로 혹은 경제적으로도 평등하지 말아야 한다는 것을 요구하는 것은 아니라는 말이다. 평등주의자들은 사람들의 필요(必要)를 더 중요시 여기고 사람들이 이룬 공과(功過)를 덜 중요시하는 경향이 있는 반면에 반평등주의자들은 그 반대의 입장을 취한다. 평등주의자들은 더 똑똑하고 재능이 있는 사람들이 다른 사람들보다 실제적으로 더 많은 음식, 마실 것, 그리고 더 많은 자동차를 필요로 하는 것은 아니라고 주장한다. 물론 덜 똑똑한 사람이 더 필요로 하는 것도 아니다.

그러나 모든 사람들은 평등한 가치를 지니고 있다는 사상이 담고 있는 중요한 의미는 인간으로서의 개인은 그저 업적과 능력만으로 판단될 수 있는 존재가 아니라는 것이다. 인간은 업적과 능력을 훨씬 넘어서서 바로 **인간이기 때문에** 갖는 가치가 있다는 것이다. 어떤 사람이 등산가냐, 사업가냐, 조종사냐, 철학자냐 하는 등등 이전에 그는 사람으로서의 가치가 전제되어 있다는 것이다. 모든 인간은 그가 어떤 인종에 속하든, 나이가 몇이든, 남성이든 여성이든, 어떤 지위를 가졌든, 어떤 업적을 이루었든 그것과 상관없이 동등한 가치를 지니고 있다는 생각은 새롭게 등장한 위험한 혁명적 이론이 아니다. 그것은 현대의 평등주의자들이 전통적인 유태-기독교적 사상, 혹은 전통적 동양 사상과 공유하는 인간에 대한 개념이며 어느 정도는 현대 서양의 민주주의의 이념과 공유하는 인간의 개념이다.

8. 최소국가는 얼마나 최소한인가?

랜드와 노직 그리고 다른 우파적 자유주의자들은 가장 훌륭한 국가는 최소국가라고, 즉 국가는 몇 가지 기본적인 영역에만 관여해야 한다고 주장한다. 이 영역이란 외부로부터의 공격에서 국가를 보호하는 것이며 법과 질서를 유지하는 역할을 하는 정도이다. (노직은 경찰의 보호조차도 이상적으로 볼 때는 보호를 받기 원하면서 보호에 대한 돈을 지불할 수 있는 사람들만이 받아야 한다고 주장했다.) 그럼에도 불구하고 최소국가는 여전히 국가이다. 노직은 물론 한 국가에서 산다는 사실 자체가 이미 어느 정도의 자유의 희생을 수반한다는 사실에 동의

한다. 우리는 살인을 금하는 법을 따른다. 왜냐하면 누구도 이 웃집 사람을 자기 마음 내키는 대로 죽여서는 안 된다는 사실에 동의하기 때문이다. 이것은 일종의 구속이다. 그러나 그것은 우리를 불쾌하게 하는 구속이 아니다. 우리는 어차피 한 국가의 시민으로서 살아갈 때 구속을 받아들이지 않을 수 없는데, 다만 그 구속에는 우리가 필요하다고 여기는 구속과 우리가 생각하기에 지나치다고 하는 구속의 차이가 있을 뿐이다.

평등주의자의 주장과 반평등주의자의 주장 사이에서 벌어지는 갈등은 실제로 국가 권력의 한계를 어디까지 둘 것이냐에 대한 차이에서 벌어진다. 이에 대한 한 가지 답변이 국가 권력의 한계를 최소한의 필요에 두자는 이론이다. 그러므로 평등을 추구하는 모든 시도는 포기되어야 한다는 것이다. 그러나 다른 답변에 의하면 '최소한의 필요(necessary minimum)'라는 것은 실제에 있어서는 없다고 한다. 왜냐하면 그것은 우리가 필요하다고 생각하는 것이 무엇이냐에 따라 달라지기 때문이다. 예를 들어 현재 이루어진 재산 분배의 결과로 생길 수 있는 어떤 불평등도 기꺼이 받아들일 사람이 있을까? 현대의 풍요로운 국가에 사는 시민들이 수천 명의 실직자들이 거리에서 위험스럽게 배회하는 것을 즐거이 바라볼까? 수많은 아이들이 잘 집이 없어 거리에서 헤매는 것을 그대로 내버려두고 싶은 어른들이 있을까? 자유만을 강조하는 최소한의 국가란 실제로 있을 수 없다. 적어도 민주주의 국가에서는 납세자나 혹은 잠재적 납세자들이 누리는 자유의 가치는 유일한 가치가 될 수 없고 다른 가치와 비교되어서 성취되어야 할 가치이다. 예를 들어 어린애들의 생명, 교육, 국방, 시민의 수명, 그리고 (노직의 경우에 있어서 마지막으로 든 것이지만 결코 최소한이 아닌) 현 백인 미국인들의 조상들에게 강탈당한 사람들(인디언들)을 조상으로 갖고 있는 사람들의 권리들에 부여해야 할 가치는 미국의 납세자들이 누리는 자유의 가치와 서로 견주어서 비교되어야 한다.

자유는 매우 중요한 가치이다. 그러나 그것은 우리의 유일한 가치도 아니고 또한 그렇게 되어서도 안 된다. 자유는 국가의 권력을 최소한의 필요한 것으로 만드는 유일한 잣대가 아니며 또한 그렇게 될 수도 없다.

제 6 장

정치에서 성(性)은 무엇인가?

1. 성 이데올로기

성 이데올로기는 여러 주제와 관련을 맺고 있는데 그 중에서
도 가장 중요한 주제는 사회적, 정치적 지위에 있어서 남자와
여자의 전통적인 차이에 관한 것이다. 다른 주제들로는 결혼에
관련된 것으로서 이혼, 낙태, 그리고 피임의 정당성과 부당성에
관한 논의들은 물론 동성애를 포함한 성과 관련된 전반적인 행
위들을 꼽을 수 있다.

2. 철학과 성

독자들 가운데는 철학책이 성의 문제에 대해서 다룬다는 것

에 대해서 의아해할 사람이 있을지도 모르겠다. 그러나 성이라는 것은 철학의 적절한 주제가 될 수 있다. 그 이유로 다음과 같은 것들이 있다.

첫째로, 대부분의 사회에서 남자와 여자의 사회적, 정치적 지위의 차이가 때때로 법률에 표현되어 있는 것을 볼 수 있다. 그러나 법률을 바꿈으로써 성적 차이로 인한 사회적, 정치적 지위에 변화가 일어나는 경우도 때때로 볼 수 있다. 바로 얼마 전에 국회가 여자도 호주가 될 수 있다는 법을 통과시킴으로써 여자의 사회적 지위가 남자의 지위와 대등하게 된 것이 대표적인 예일 것이다. 그런데 법은 법학의 주제이기도 하지만 또한 법철학의 주제이기도 하다. 그러므로 법에 나타난 어떠한 사회적 지위의 차이는 철학자들이 마땅히 생각해 볼 만한 주제이다.

둘째로, 전통적 도덕과 전통적 종교의 가르침은 모두 남자와 여자가 각각 어떻게 행동해야 한다는 명령들을 담고 있다. 그런데 특정한 윤리적 명령이 타당성을 지니고 있는지 아닌지는 도덕철학이 다루는 주제 중의 하나이다.

셋째로, 성의 이데올로기는 인간 본래적인 것 혹은 자연적인 것에 관한 관념들과 깊은 관련이 있기 때문에 철학의 적절한 주제가 될 수 있다. 즉, 성의 이데올로기는 자연적인 것과 자연적이지 않은 것에 대한 이론, 정상적인 것과 비정상적인 것에 대한 이론, 그리고 타고난 것과 양육된 것에 대한 이론들과 깊은 관련을 맺고 있다. 이러한 관념과 이론들은 본질적으로 철학적인 것이며 우리가 여기서 다룰 것도 주로 이러한 관념에 관한 것이다. 그러므로 이것이 성의 이데올로기가 철학적 주제가 될 수 있는 이유 중에서 가장 중요한 이유이다.

인간들 사이에서 볼 수 있는 차이점들이 모두 다 태어나면서 부터 그런 것은 아니라는 것은 옛날부터 흔히 인지되어 온 사실이다. 많은 차이가 사회적으로 만들어진 것이거나 제도적으로 만들어진 것이다. 구조화된 사회적 차이 중에서 가장 두드러진 예 중의 하나가 힌두교에서 볼 수 있는 카스트(Caste) 제도이다.

또한 흔히 볼 수 있는 일로서 사려 깊지 못한 사람들은 종종 자연적 차이와 사회나 문화가 만들어낸 차이는 다르다는 것을 구별하지 않고 있다. 사려가 깊지 못한 많은 사람들의 생각에는 이러한 구별 자체가 거의 존재하지 않는다. 그러나 이 구별은 우리의 논의에 있어서 결정적으로 중요한 것이다. 곧 이에 대해서 논의할 것이다. 이에 대해서 논의하기 전에 살펴볼 것이 있다. 과연 철학자들은 여성의 지위에 대해서 논의해 왔고 또 지금도 논의하고 있는가? 진짜 철학자라고 할 수 있는 사람들은 성에 관한 주제에 대해서 글을 썼고 지금도 쓰고 있는가?

그렇다. 철학자들 중에 성과 특별히 여성의 지위에 대해서 논의한 철학자들이 있었다. 철학자들 중에서도 플라톤, 아리스토텔레스, 루소(Jean Jacques Rousseau, 1712-1778), 쇼펜하우어(Arthur Schopenhauer, 1788-1860), 그리고 존 스튜어트 밀이 여성의 지위, 여성의 본성에 대해서 논의했다. 최근에는 상당한 숫자의 철학자들, 특히 프랑스, 캐나다 그리고 미국의 철학자들이 페미니즘(feminism)에 관해서 관심을 보이고 있는데, 이 페미니즘은 물론 여성의 지위와 본성에 대해서 논의한다.

성에 관한 주제는 대체로 50여 년 전부터 철학자들에 의해서 널리 논의되어 왔다. 그동안에 많은 철학자들이 낙태에 관해서 글을 발표했다. 소수의 철학자들이 피임의 도덕성에 관해서 연구했다. 영국의 철학자 로저 스크루턴(Roger Scruton, 1944-)과 미국의 철학자 토머스 네이글(Thomas Nagel, 1937-)은 각각 성에 대한 왜곡된 의미를 나름대로 규정지었다. 좀더 최근에 철학 저널들은 AIDS 병과 관련해서 생기는 윤리적 문제들에 관한 논문들을 실었다.

3. 철학과 페미니즘

우리가 흔히 듣는 페미니즘이란 무엇인가? 페미니스트들은 전통적인 사회는 여자들에게 부당한 구조였다고 주장한다. 부당한 사실들은 다음과 같은 것들이다.

첫 번째로, 역사적으로 대부분 사회에서 여성들은 어떠한 정치적 힘도 가지지 못했으며 오늘날도 여전히 남자보다 못하다. 두 번째로, 여성들은 열등한 교육을 받아왔으며 아직도 많은 사회에서는 여전히 그렇다. 세 번째로, 여성들에게는 삶의 현장에서 할 수 있는 역할이 별로 허용되어 있지 않았으며 집 바깥에서 흥미로운 일을 할 수 있는 기회가 별로 없었다. 네 번째로, 대부분의 사회에서 여성들은 남성들보다 더 많이 일을 하는데도 받는 임금은 더 낮거나 심지어는 전혀 없는 경우도 있다. 다섯 번째로, 여성들은 여성이라는 사실 자체 때문에 낮은 자존감을 갖도록 의식화되어 있다.

페미니스트들은 논쟁을 통해서 그리고 상황이 허용될 때는 정치적 행동을 통해서 이러한 여성의 상태를 변화시켜 왔고 지금도 그렇게 하고 있다. 페미니즘이란 특별히 새로운 것은 아니다. 여성 참정권론자인 메리 울스턴크래프트, 버지니아 울프(Virginia Woolf, 1882-1941), 시몬 드 보부아르(Simone de Beauvoir, 1908-1986)는 모두 페미니스트였다. 페미니즘에 대한 사회적 의식이 전혀 없었던 시대에 귀부인 작가들이나 겉으로 보기에 보수적인 작가들이 써놓은 연극 대본이나 소설을 면밀하게 들여다보면 거기에 이미 페미니스트적인 생각들이 숨어 있었다는 것을 종종 볼 수 있다. 하나의 사회적 현상으로서 페미니즘은 이제 파도처럼 밀려오고 있다. 이 페미니즘의 물결 덕택으로 여자들의 고용률과 고등교육은 높은 수준으로 올라섰다.

4. 성과 언어

서양에서 계몽기로부터 20세기까지 남자와 여자를 모두 합해서 언급할 때, 남성을 칭하는 용어인 'men'을 쓰는 것이 일반적인 일이었다. 심지어 '모든 사람(all men)'이란 어구가 들어 있는 문장 가운데 어떤 것은 실제로는 전혀 여성을 포함하지 않았던(결코 그렇게 할 의도도 없었던) 사실에 직면할 때 참으로 놀라지 않을 수 없는 일이다. "모든 인간(men)은 평등하게 창조되었다"고 주장하는 미국의 독립 선언문도 그랬다.

그러나 오늘날 'he'와 'man'이라는 단어가 여자(women)를 포함하는 것으로 사용되면 성차별적이라는 비난을 받는다. 성을 나타내는 의미를 포함했던 언어들이 성을 표시하지 않는 언어로 바뀌어가고 있다. 왜냐하면 성의 의미를 갖고 있던 이런 용어들을 아무리 선의를 가지고 쓴다 해도 이 말들에는 남성이 여성보다 더 중요하다는 생각이 무의식적으로 배어 있다고 생각하기 때문이다. 성과 언어에 대해서 이렇게 민감하게 반응하는 진짜 이유는 물론 성의 평등을 성취하려는 데 있다.

성과 언어에 대한 이런 민감성에 적응하려고 오늘날 대부분의 교과서들과 문화와 관련된 많은 문서들은 과감하게 그 용어들을 바꾸어가고 있다. 가톨릭교회는 공식적으로 특정한 성의 의미를 담지 않은 용어들을 종교적 문서와 성경의 번역에서 사용하는 것을 공인했다. 특정한 성의 의미를 갖고 있던 말, 예를 들어서 mailman(우체부), chairman(의장), housewife(가정주부), 그리고 maid(가정부)와 같은 말들이 mail carrier, chairperson, homemaker, 그리고 maintenance assistant로 바뀜으로써 두 성을 모두 포함하는 의미를 갖게 되었다. 그리고 작가들이나 연사들도 여러 대명사(예를 들어 every가 붙는 부정대명사)를 대신해서 쓰이면서 성의 흔적을 갖고 있는 대명사 'he' 대신에 'he or she', 'they', 'one', 혹은 'you'를 쓰도록 권유받고 있다.

5. 성과 편견

성적 차이라는 것은 여러 가지 면에서 인생의 구조를 바꾸어 놓는다. 우리가 신생아를 보고 먼저 묻는 질문은 "사내냐 계집애냐?"이다. 동양이나 서양이나 모두 전통적인 사회에서는 남자 아이를 낳으면 기뻐했고, 여자 아이를 낳으면 실망했다. 성이 다르다는 것은 남자가 받아들이는 인식과 여자가 받아들이는 인식이 다르다. 우선 여자들은 성적 차이로부터 오는 지위

174

의 차별에 대해서 분노를 느끼지만 남자들은 분노할 아무런 이유를 느끼지 못한다. 여자들이 지위의 차별을 인정하는 경우에도 그 지위의 차이로 말미암아 나타나는 사회적 현상에 대해서 남성들보다 더 놀라움을 느낀다. 여성들이나 남성들이나 성이 다르면 생각이나 행동이 다를 것이라고 예상하나 아마도 남성들이 훨씬 더 그렇게 생각한다고 볼 수 있다.

의심할 바 없이 어느 사회나 남성과 여성은 어느 정도 다르게 행동할 것이라고 예상한다. 일반적으로 여성은 남성보다 더 친절하고 가까운 사람들의 관계에서 벌어지는 복잡한 관계와 사람들이 바라는 바를 더 잘 이해한다고 생각한다. 또한 여성은 남성보다 사람들의 심리를 더 잘 파악하고 화려한 것에 대해서 그리고 사람들의 개성에 대해서 더 잘 이해하는 것으로 생각한다. 한편 남성은 여성보다 덜 감성적이라고 믿으며 남성은 기계나 복잡한 현대 기술 같은 것에 대해서 여성보다 더 잘 이해할 것으로 기대한다. 또한 남성은 정치와 경제에 대해서 여성보다 훨씬 잘 이해하는 것으로 생각한다.

그런데 한 인류학자의 주장에 의하면 남성과 여성의 행동에 대해서 사람들이 가지고 있는 가정(假定)과 기대감은 사회마다 다르다고 한다. 미국의 문화 인류학자 마가릿 미드(Margaret Mead, 1901-1978)는 다음과 같이 썼다.

우리에게 알려진 모든 사회에서 사람들은 생물학적인 노동의 분화를 정교하게 만들어놓았다. 그런데 이 노동의 분화는 그 근거가 되는 본래의 생물학적 차이와는 매우 동떨어진 형태로 만들어졌다. 신체적 형태와 기능이 다른 것에 근거해서 태양과

달, 낮과 밤, 선과 악, 강함과 부드러움, 확고함과 변덕스러움, 끈기와 연약함으로 유비시켜 놓았다. 때때로 어떤 한 특질을 남성에, 때로는 그것을 여성에 속하는 것으로 여겼다. 한때는 남자 아이들은 매우 취약해서 특별히 관심을 갖고 돌보아야 한다고 생각했으나, 또 다른 때는 여자 아이가 그렇다고 생각했다. 어떤 민족들은 여자는 너무 약해서 바깥일을 할 수 없다고 생각했으나 다른 민족들은 여자의 머리는 남자의 머리보다 튼튼하기 때문에 무거운 짐을 지기에 알맞다고 생각했다. … 우리가 작은 문제를 다루건 혹은 큰 문제를 다루건, 그리고 천박한 장식이나 화장품에 대해서 이야기하건 혹은 우주에서 차지하는 인간의 신성한 위치에 대해서 이야기하건, 사회가 남자와 여자의 역할을 일정하게 형성해 왔던 방식이 아주 다양하다는 것을 볼 수 있으며, 종종 그것들이 서로 간에 매우 모순이 된다는 것을 발견하게 된다. 그러나 어쨌든 어떤 사회든 두 성의 역할을 특정한 패턴으로 고정화시켜 왔다는 것을 알 수 있다.

페미니스트들은 사회에 의해서 형성된 남성과 여성의 차이를 새로운 시각으로 살펴보려고 노력한다. 그들은 사람들이 흔히 갖고 있는 생각에 대해서 비판한다. 즉, 남성과 여성은 태어나면서부터 각각 다른 본성을 가지고 있으며 남성과 여성은 각각 다른 행동을 보여주어야 한다는 생각을 비판한다. 그리고 사람들이 흔히 가지고 있는 이러한 생각은 여성들의 이익에 부정적으로 작용한다는 점을 지적한다. 케이트 밀레트(Kate Millett, 1934-)는 『성의 정치학(Sexual Politics)』에서 남성과 여성의 각각의 역할과 기질에 대한 사회의 통념과 이러한 통념에 맞추어서 소년과 소녀를 사회화시키는 것 때문에 사회의 권력은 계속해서 남성들의 수중에 남겨져 있게 된다고 주장한다.

6. 하나의 성인가, 두 개의 성인가?

시몬 드 보부아르는 1949년에 여성의 상황과 의식을 쓴 『제 2의 성(*The Second Sex*)』에서 다음과 같이 말한다.

사실 우리가 두 눈이 아니라 한 눈만 가지고 걸어 다녀도 사람이 두 부류로 나누어져 있다는 것을 충분히 알 수 있다. 사람들이 입은 옷, 얼굴, 신체, 미소, 걸음걸이, 관심거리, 그리고 그들의 직업들이 확연히 다른 것을 금방 알아볼 수 있다.

그러나 한편 인간은 실제에 있어서 하나의 성(性)으로 된 종(種, species)이라는 뿌리 깊고도 모순된 관념이 있다. 이 뿌리 깊은 무의식적 관념은 여자는 단지 변칙적인 인간이라는 생각에 잘 드러나 있다. 여자들은 유치한 인간이거나 병든 인간이며 거세당한 사람이라고 보아왔다. 우리는 이 이상한 생각을 몇몇 사상가들의 글에서 볼 수 있는데, 그들 중에는 아리스토텔레스, 쇼펜하우어, 프로이트(Sigmund Freud, 1856-1939), 바이닝거(Otto Weininger, 1880-1903) 같은 사상가들이 있다.

그런데 인간은 하나의 성(性)으로 된 종이라는 생각 혹은 하나의 성으로 바꾸어질 수 있다는 생각은 몇몇 페미니스트들의 글에도 나타나는데, 이 글들은 소위 전통적 남성과 여성의 양성을 모두 소유한 양성공유의 이상(理想)인 앤드로지너스 이상 (androgynous ideal)[1] 혹은 자웅동체(雌雄同體)의 이상을 지지

---

1) 이 용어는 그리스어로 남자를 칭하는 앤드로스(andros)와 여자를 나타내는 지나케아(gynacea)의 합성어로 남자와 여자의 특징을 모두 소유하

한다. 앤드로지너스 이상에 따르면 가능하다고 생각해 볼 수 있는 최상의 상태는 수태, 임신, 그리고 자식을 낳고 돌보는 역할 등을 포함해서 전통적 성적 역할이 모두 철폐된 상태를 말한다. 이렇게 되면 인간이 만든 제도나 사람들의 관계에서 벌어지는 권력, 지배 그리고 불공정함은 없어지게 된다. 앤드로지너스 이상은 인공수정에 의해서 어느 정도 가능해지고 있으며 가까운 장래에 인간복제 등 과학적 방법에 의해서 가능하게 될 수 있을지도 모르겠다.

이러한 특이한 페미니즘에 의하면 사람들이 흔히 생각하는 남자와 여자의 심리적 특성이란 사회가 만들어낸 결과로서 생긴 것이다. 그러므로 우리는 사회에 의해서 무의식적으로 배운 이데올로기를 고쳐 배워야만 한다. 그렇게 되면 여자들도 힘이 세고 용감하고 논리적이고 분석적이 되는가 하면, 아이를 돌보는 일과 같은 별로 가치 없고 지루한 일에는 덜 관심을 갖게 될 것이다. 그러나 아이를 돌보는 일과 감수성이 예민한 것을 여전히 가치 있는 일이라고 받아들인다면 남자들도 얼마든지 그런 일을 할 수 있게 되며 그들의 감수성도 예민해질 수 있다.

고 있는 것을 의미한다. 앤드로지너스 이상은 의상 패션에서 잘 드러난다. 여성과 남성이 가지고 있는 특성을 부정하지 않고 여성이 남성의 복식을 착용하고, 반대로 남성이 여성의 복식을 착용함으로써 여성적인 것과 남성적인 것을 교차(cross over)시켜 아름다움을 표현한 것이다. 이는 1960년대 후반의 모노섹스나 유니섹스라 불리는 난센스한 패션과 일맥상통하는 것이나, 유니섹스가 미분화된 느낌의 중성적 개념이었다면 앤드로지너스는 양성을 모두 소유한 양성공유의 개념으로, 여성에 있어서는 사회진출에 따른 활동적인 생활방식이 적극적으로 표현된 옷차림이며 남성에 있어서는 여성의 자유로운 감성과 미에 대한 접근 시도를 나타내고 있다.

7. 다른 형태의 페미니즘

앤드로지너스 이상은 전통적 여성의 역할을 따분하고 지루하며 가치가 없는 일이라고 보는 반면에 전통적 남성의 역할은 재미있고 인간으로서 해볼 만한 의미 있는 일이라고 보는 경향이 있다. 그러나 이를 달리 해석하는 페미니스트들도 있다. 이들의 주장에 의하면 남성과 여성은 실제로 다른 본성을 가지고 있는데 전통적 생각과는 달리 여성의 본성과 심리는 남성들의 본성만큼이나 가치 있거나 혹은 더 가치 있는 것이라고 주장한다. 여성들은 여성만의 특유한 성격, 능력, 그리고 자질을 가지고 있으며, 남성의 사고(思考)보다 직관적이며 감정 표현에 있어서 남성보다 더 솔직하며, 남성들이 가지고 있는 사고방식보다 더 독창적이고 세밀하다. 남성들의 과학적, 합리적, 논리적이며 분석적인 사고방식과는 대조적이다. 그러므로 페미니스트들은 앤드로지너스 이상을 실현시키려고 애쓸 것이 아니라 가부장적 사회가 수세기 동안 끊임없이 무시해 온 여성들만의 특유한 능력과 덕목이 가지고 있는 진정한 가치를 사회가 깨닫도록 노력해야 한다.

또한 직장에서의 남녀평등에 관한 페미니스트 운동에도 두 학파가 있다. 한 학파의 견해에 의하면 직장에서의 남녀평등을 이루는 것이 페미니스트의 본질적인 목표라고 한다. 한편 다른 학파는 그와 같은 평등을 추구해서는 안 된다고 주장한다. 사회는 기존의 방식이 아니라 새로운 방식으로 남성과 여성의 성적 차이를 인정해야 한다고 한다. 왜냐하면 남성과 여성을 일률적으로 취급하는 것은 결국 여자를 부당하게 취급하는 것이 되기 때문이다. 여성들은 임신을 해야 하고 대체로 아이들을 돌보아야만 하기 때문이다. 실로 대부분의 여성들은 자신들의 아이들을 보살피는 것을 즐겁게 여긴다. 직장에서 여성들의 고용 조건을 남성들과 똑같이 요구하게 되면 실제에 있어서는 남자들보다 훨씬 더 많은 시간을 일해야 한다. 이러한 현상은 실제로 구소련에서 일어났던 일이다.

그러나 만일 직장에서의 '평등한' 근로 조건이라는 것이 실제로는 부당하고도 불평등한 노동의 분화를 초래한다면 그 근무 조건은 실제로 평등한 것이 될 수 없다는 것은 명백한 사실이다. 결국 이 두 학파의 견해의 차이는 '평등'이라는 말의 의미에 대한 혼돈에서 오는 것이라고 볼 수 있다.

8. 신체적 성(Sex)과 젠더(Gender)

많은 남성들, 그리고 일부 여성들은 인간이 만든 법과 관습은 남성들과 여성들의 지위의 차별을 만들고 고착시킨다는 사실에 동의하면서도 그러한 법과 관습들은 남성과 여성들의 타고난 차이 때문에 필요하다고 주장한다. 남자냐 여자냐 하는 성(sex)적 구별, 그 자체는 법과 다른 사회적 제도에 의해서 존중받아야 할 본래부터 타고난 차이라는 것이다.

그러나 흔히 우리가 알고 있는 역사적 지식은 말할 것도 없고 인류학적 증거에 의하면 인간이 만든 법이나 관습이 항상 남성과 여성 간에 일련의 똑같은 사회적 차별을 만들고 그것을 집행한 것이 아니라 사회가 다르면 사회적 차별도 다르다는 것을 알 수 있다. 따라서 그 사회적 차별은 어느 사회에서나 남성과 여성의 자연적 차이를 똑같이 보는 것이 아니라 오히려 자연적 차이를 다양한 방식으로 해석하고 있다는 것을 보여준다. 신체의 성(sex)적 차이가 있다고 해서 그것이 반드시 다양한 사회적, 정치적 규범을 정당화하기 위해서 사용되지는 않는다.

이 점을 분명히 하려고 현대 페미니스트들은 신체적 성(sex)과 젠더(gender)를 구별한다. 신체적 성의 차이는 자연에서 발견되는 차이이다. 그러나 이 차이라는 것은 주로 생식과 성적 사랑(sexual love)에서만 중요할 뿐이다. 한편 '젠더'는 전혀 자연에서 보이는 사실이 아니다. 그것은 법, 관습, 심리이론, 아이를 양육하는 방법, 아이들에게 권유하는 생활방식, 규칙, 에티켓 등과 관련이 있는 말이다. 한마디로 젠더는 자연적인 것이 아니라 만들어지는 것이다. 수태, 임신과 성적 역할(sex role)은 생리 기능, 즉 자연에 근거한다. 그러나 젠더의 역할은 인위적인 것이다. 사람은 누구나 자기가 태어난 사회가 요구하는 남성이나 여성의 역할에 맞추어서 살도록 교육받는다. 그리고 대부분의 사람들은 무의식적으로 젠더의 역할이 다르다는 것을 생리적 차이가 다른 것처럼 똑같이 본래적이라고 받아들인다.

신체적 성과 젠더에 대한 페미니스트들의 설명은 이만큼 하기로 하자. 그런데 '젠더'라는 말을 본래의 의미대로 순수하게 사용하자는 학자들은 이 말이 영어의 문법과 관련되어서 만들어진 용어라고 이의를 제기할지 모르겠다. 따라서 우리는 '젠더'라는 말이 어떤 사회적 구조를 설명하는 데 알맞은 용어가 될 수 있는 이유에 대해서 설명할 필요가 있다. 젠더는 영어에서 본래 모든 명사들을 남성과 여성으로(어떤 언어에서는 중성으로) 나누어서 문법적 구별을 할 때 쓰이는 용어이다. 물론 영어는 이러한 분류를 실제로 자연적 성을 구별할 수 있는 인간과 다른 동물들과 관련해서만 적용한다. 즉 영어에서는 무생물을 '그(he)' 혹은 '그녀(she)'로 언급하지 않고 '그것(it)'으로 언급한다. 한편 프랑스어에서는 무생물을 포함해서 모든 명사가 문법적으로 남성이거나 여성이다. 다른 언어들은 세 성(gender)을 가지고 있지만 여전히 무생물에 대해서도 '그' 혹은 '그녀'라는 성을 허용하고 있다.

젠더라는 말은 실로 문법적 개념이다. 그러나 문법적 분류로부터 다른 사회적 인공물(人工物)로 그 의미를 확장하는 것이 전혀 부적절한 것은 아니라고 생각한다. 문법적 젠더는 자연적 성에서 인공적으로 유추한 것이다. 즉 인간이 만들어낸 상상의 성(性)이다. 문법적 성(젠더)은 자연적 성적 차이를 모방한 것이다. 페미니스트들의 젠더의 개념에서 우리는 본질적으로 유사한 타입의 유추를 볼 수 있다. 다른 말로 해서 젠더에 대한 페미니스트들의 개념은 자연적 차이를 모방한 사회적 차이 즉, 인위적 차이를 설명하는 개념이다.

그러므로 젠더라는 문법적 용어를 새롭고도 확장된 방식으로 사용하는 것이 우리의 논의를 의미 없게 만들지 않는다. 사람들이 단어라는 것은 사용해 가면서 그 의미가 고의적으로 확장되어 왔고 변해 왔다는 사실을 알지 못한다면 그럴 수 있을지 몰라도 말이다. 젠더의 경우에 있어서도 확장된 의미가 무엇인가가 명백하며 또한 그 의미가 적절하지 못한 것도 아니며 이해하지 못할 정도로 어려운 것도 아니다.

9. 차별(Discrimination)

차별이라는 말은 구별을 짓는다는 것을 말한다. 사람들을 구별한다는 것에는 본래 나쁜 의미가 전혀 담겨 있지 않다. 실제로 사람들은 개인으로서 서로 다르며 다른 민족으로서, 다른 인종으로서, 다른 계급으로서, 그리고 다른 성으로서 서로 다르다. 우리가 반대하는 것은 부당한 차별이다. 그러나 이 말은 곧 "무엇이 차별을 부당하게 만드는가?" 하는 질문을 하게 만든다. 우리는 이에 대한 답변의 단서를 또 다른 질문에 대한 대답에서 찾아볼 수 있다. 이것은 독일의 철학자 프리드리히 니체 (Friedrich Wilhelm Nietzsche, 1844-1900)가 다른 문맥에서 제기한 질문으로서 "누가 이익을 받는가?"이다. 만일 우리가 사람들을 차별하는 이데올로기를 발견할 때 누가 그것으로부터 이익을 받는가, 어떤 이익을 주는가, 그리고 이 이익을 받을 만한 이유를 충분히 가지고 있는가, 그렇지 않은가를 알고 나서야 그 차별이 정당한 것인지 부당한 것인지를 결정할 수 있다.

많은 이데올로기들은 니체가 지적한 대로 특별한 소원을 담고 있다. 이데올로기 자체는 그 소원에 대한 임기응변적 정책적 성격을 띠는 경향이 있다. 미국에서의 한 예를 들어보겠다. 1857년에 미국 대법원이 한 판결을 내렸는데 이로 말미암아 대법원은 특별한 변론을 만들어내게 되었다. 그것에 의하면 "흑인들은 열등한 계열에 속하는 존재들이고, 너무나도 열등해서 백인들이 마땅히 누릴 권리를 갖고 있지 못하다." 물론 "누가 이익을 받는가?"에 대한 답변 하나만을 가지고서 어떤 구별과 차별이 정당하고 정당하지 않은가에 대한 결정을 할 수는 없다. 그러나 그것은 답변을 얻기 위한 하나의 출발점이 되기에는 부족한 것이 아니다.

제 7 장
실체란 무엇인가?

　7장부터 9장까지는 철학에서 **형이상학**(metaphysics)에 해당하는 부분이다. 형이상학은 실체가 무엇인가를 말하려는 시도이다. 형이상학은 크게 두 요소로 이야기할 수 있다. 하나는 **존재론**(ontology)이고 다른 하나는 **우주론**(cosmology)이다. 우주론은 가장 실재적인 것이 어떻게 존재하게 되었나를 파악하려는 시도인데 여기서는 다루지 않겠다.

　형이상학에서 가장 핵심이 되는 용어가 실체라는 용어이다. **실체**(實體)는 영어로 'reality'이다. 실체란 용어를 국어사전에서 찾아보면 다음과 같은 뜻을 가지고 있다. 첫째로, 일상에서 쓰이는 용어로 실제의 물체, 또는 외형에 대한 **실상**(實相)을 말한다. 둘째로, 철학에서는 늘 변하지 아니하고 일정하게 지속하면서 사물의 근원을 이루는 것을 말한다. 영어 철학사전에서는 간단하게 다음과 같이 설명되어 있다. 단순히 있는 것처럼 보이는 것도 아니며, 있었을지도 모르는 것도 아니며, 또한 있지 않은 것과 반대되는 것으로서 실제로 있는 모든 것 즉, 실재(實在)하는 모든 것을 말한다.

실체를 이해하는 한 방법으로서 나는 다음의 질문을 여러분에게 제시하겠다. 다음에 열거한 14개의 것들은 얼마나 실재적인 것들인가? 이 14개 중에서 가장 실재적이라고 생각하는 것부터 순서대로 10개만 나열해 보라.

① 당신 앞에서 강의하고 있는 선생님

② 당신이 앉아 있는 소파

③ 신(神)

④ 명왕성

⑤ 바흐의 음악

⑥ 당신이 지난밤에 앓았던 두통

⑦ 전자(電子)

⑧ 꿈속에서 본 사람

⑨ 천사

⑩ 숫자 4

⑪ 물

⑫ 아이스크림

⑬ 사랑

⑭ 유전자

1. 실재 세계(The Real World)

우리가 세상에 대해서 믿는 것 중에 많은 것들은 우리의 의심을 받지 않고 받아들여진 것들이다. 우리는 어렸을 때 부모님들이 말씀해 주시는 것을 그것에 대한 아무런 이해도 없이 혹은 아무런 질문도 없이 그대로 믿는 경우가 허다하다. 역사적으로 볼 때 대부분의 시대에 대부분의 사람들은 실체 즉, 세계의 궁극적 본질을 종교적 지도자들이 그들에게 이야기해 주었던 그대로라고 믿었다. 그래서 그들은 세계를 코끼리가 떠받치고 있는 거북이 등 위에 있는 평평한 땅이라고 믿거나, 하나님에 의해서 지어진 광대무변한 공간이라고 믿었다.

오늘날 우리들 대부분은 실체는 과학자들이 우리에게 이야기해 주는 것이라고 믿고 있다. 우리들 가운데 누구도 원자를 보거나 만져보지 못했다. 우리들 가운데 소수의 사람들만이 태양계에서 가장 멀리 떨어진 혹성을 보았다. 우리는 어렸을 때부터 태양계에 대한 차트나 그림을 수없이 보았음에도 불구하고 실제로 태양계의 존재를 증명할 수 있는 사람은 매우 적다. 실제로 학생들에게 왜 태양이 지구 주위를 돌지 않는다고 생각하느냐고 물으면 (실제로 우리는 일상생활에서 '일출'과 '일몰'이라는 말을 여전히 쓰고 있음에도 불구하고) 설득력 있는 답변을 주는 학생들도 아주 적을 것이라고 생각한다. 그러나 전문적 과학자들조차도 과학적 용어로 실체에 대해서 완벽하게 설명하는 것은 아마도 불가능할 것이다. 예를 들어 아인슈타인의 상대성 이론이 내리는 주된 결론 중의 하나에 의하면 우리에게는 우리의 입장에서 우연하게 관찰해서 얻게 되는 특정한 관점의 세계는 가능하지만 진짜 세계가 어떤 것인지를 아는 것은 불가능하다는 것이다. 만일 우리가 과학을 통해서 실체의 본성을 파악할 수 없다면 어디에서 그것을 찾아야 하는가?

과학이 실체에 대해서 완전히 파악했다고 주장하기 전, 지난 300여 년 동안에는 이에 대한 대답은 당연히 신(神)이었다. 이 견해에 의하면 궁극적인 실체는 신이다. 물질적인 우주는 신이 그 존재를 지켜줄 때에만이 실재(實在)하는 것이다. 사실 수백 년 동안 과학자들이 주장하는 공상을 궁극적인 실재로 믿는 것은 이단 사상으로 몰렸다. 실재하는 것은 영혼, 천사, 그리고 다른 영적 존재들이었다. 이것들은 과학적인 관찰과 실험을 거칠 필요도 없었다.

그러나 오늘날 우리가 의심할 바 없이 받아들이고 있는 현대의 과학적 세계관에 의하면 실재적인 것은 물질적 우주세계이다. 숫자, 영혼, 정신, 천사, 심지어 신을 포함해서 비물질적 실체는 모두 의심을 받게 되었다. 그리고 만일 이들의 실재를 증명하려면 어느 정도 물질적 우주의 관점에서 정당화하지 않으면 안 된다. 그러므로 우리가 정신의 존재를 믿을 수 있는 것은 그것이 물질적인 육체의 행동을 설명할 수 있다는 근거에서 가능한 것이다. 그리고 신의 존재를 옹호하는 논증 가운데서도 소위 설계 논증만이 설득력을 가질 수 있다. 왜냐하면 설계 논증은 **물질적 우주**의 복잡 미묘한 것들을 통해서 신의 존재를 증명하는 것이기 때문이다(제8장 1절 참조).

그러므로 우리는 "무엇이 실체인가?"에 대한 답변은 애초부터 두 개로 갈라지는 것을 볼 수 있다. 하나는 과학에 호소하는 것이고 다른 하나는 종교에 호소하는 것이다. 물론 종교를 믿는 사람들도 여전히 과학의 가치를 믿을 수 있다. 프랑스의 파스칼(Pascal, 1623-1662), 독일의 라이프니츠, 칸트와 같은 철학자들은 과학자일 뿐 아니라 종교인이었다. 그러나 종교인들에게 우주의 질서는 우선 무엇보다도 신의 무한한 지혜와 선의 표현이다. 과학자들에게 가장 실재적인 것은 손으로 만져볼 수 있고 측정할 수 있고, 테스트해 볼 수 있는 것이다.

2. 무엇이 가장 실재적인가?

우리는 앞에서 여러 실재(entities)들 가운데서 가장 실재적이라고 생각하는 것부터 순서를 매겨보라고 했다. 이렇게 한 이유는 당신이 생각하는 실체가 무엇인가를 알아보기 위해서였다. 이렇게 하는 것을 철학자들은 존재론(ontology)이라고 부른다. 존재론은 본질적으로 무엇이 가장 실재적인가를 연구한다. 어떤 사람들은 상식적 존재론을 형성한다. 이들은 가장 실재적인 실재(entity)를 의자, 신체, 사람들이라고 말한다. 어떤 사람들은 더 과학적인 관점을 갖고서 가장 실재적인 것은 전자나 유전자와 같이 과학이 발견하는 것들이라고 말한다. 또 어떤 사람들은 더 영적인 관점을 가지고서 영혼과 더불어서 신(神)이 가장 실재적인 존재라고 한다. 그리고 어떤 사람들은 사람을 가장 실재적이라고 말한다. 대부분의 사람들이 바흐의 음악과 숫자 4와 같은 실재를 이해하는 데는 어려움이 따른다.

그런가 하면 앞의 실재 리스트에 있는 것들은 어느 것도 실재적이라고 볼 수 없다고 하면서 그것들에다가 낮은 실재의 등급을 매기는 사람도 있을 것이다. 그러므로 실재를 말할 때 그것이 무엇과 비교된 실재인가에 따라서 달리 이야기할 수 있다. 왜냐하면 앞에서 보듯이 '실재'라는 용어는 평가적인 용어이기 때문이다. 즉, 그것은 우리가 세상을 볼 때 가장 근본적이고 가장 실재적인 것이 무엇인지를 알아보는 말이기 때문이다. 어느 것도 실재적이지 않다고 말하는 것은 세상에는 그 존재를 믿을 만한 것이 아무것도 없다는 말이거나 혹은 세상이 존재한다고 믿는 우리의 마음의 존재조차도 믿지 않는 것을 말한다. 불교의 공(空) 사상이 이에 해당한다고 볼 수 있을 것이다. 그런가 하면 (중요한 철학자들을 포함해서) 앞의 리스트에 나온 것들은 모두 실재한다고 말하는 사람들도 있다. 사실 우리는 다음과 같이 말할 수 있다. 모든 것은 그것이 속한 종류에 있어서 실재적이다. (그러므로 숫자 4는 숫자로서 실재적이고, 바흐의 음악은 음악으로서 실재적이며, 천사는 천사로서 실재적이고, 당신 앞에서 강의하고 있는 선생님도 일반적인 사람들이 실재적인 것처럼 실재적이다.)

그러나 이런 식의 답변은 존재론의 핵심을 벗어난다고 볼 수 있다. 왜냐하면 존재론이란 무엇이 가장 실재적인가, 그리고 무엇이 가장 근본적인가를 발견하려는 작업이기 때문이다. 그리고 만일 홍길동, 처녀 귀신 혹은 용과 같은 것들이 당신, 나 그리고 다른 사람들, 당신 집의 개, 당신 친구 집의 화분 등과 같은 실재가 아니라고 말할 수 없다면 결국 우리는 '실체'라는 개념을 이해하지 못할 것이다. 우리가 실체에 대해서 알아보려고 하는 목적은 세상에서 가장 근본적인 것과 그 존재를 부인할 수 없는 것을 그것보다 덜 그런 것과 구별하려는 데 있기 때문이다.

3. 현상 뒤에 있는 실체

"무엇이 실재적인가?" 하는 질문이 왜 그렇게도 중요한가? 나의 개는 (물론 당신의 개도 마찬가지로) 이와 같은 질문을 할 수가 없다. 나의 개는 틀림없이 일련의 복잡한 원인과 결과를 배운다. 예를 들어 내가 깡통 따개로 깡통 뚜껑을 한 바퀴 돌려서 따면 그 개는 곧 저녁 식사가 준비될 것이라는 기대감을 갖게 된다. 그 개는 또한 어떤 경험들은 중요하지 않거나 믿을 만한 것이 못 되니 무시해도 좋다는 것을 배울 수도 있다. 그러나 개가 결코 배울 수 없는 것이 있는데 어떤 사건이나 일에 대해서 설명을 하는 것이다. 개는 결코 "왜?"라는 질문을 못한다. 개는 단지 기대감을 가질 뿐이지 이론을 갖지는 못한다. 개에게는 깡통 따개와 개의 먹이를 연관시키는 것으로써 충분하다. 개의 삶이라는 것은 사건의 연속으로 그것들 대부분은 기대했던 것이고 기대하지 못했던 것들은 몇 개가 되지 않는다. 그러나 개는 이해할 수 있는 능력은 없다.

한편 어린애는 끊임없이 "왜?"라는 질문을 한다. 예를 들어 "시계는 어떻게 작동하죠?" 하고 묻는다. 이 때 우리는 마음을 먹기만 하면 그 시계를 분해해서 시계의 기계적 구조를 보여줄 수 있다. 우리들에게는 겉으로 드러난 시계 바늘의 움직임만으로는 충분하지 못하다. 우리는 그 안에 무엇이 들어 있는지를 알고 싶어한다. 우리 사람들에게는 단순히 번개가 친 다음에 천둥이 울린다는 것을 아는 것만으로는 충분하지 못하다. 우리는 무엇이 번개와 천둥을 일으켰는지를 알고 싶어한다. 그것이 제우스 신이나 여호와 신이 노한 것인지 아니면 공기 중에 있는 대류(對流)의 충돌인지를 알고 싶어한다.

그래서 우리는 현상 뒤에 있는 어떤 실체가 있다는 것을 가정하기 시작한다. 이것은 보이는 일련의 사건들을 보이지 않는 사건들로 설명하려는 시도이다. '원시적' 신화들은 삶의 현장의 뒤에 있는 이러한 실체 세계에 영혼, 악마, 그리고 남신과 여신이 사는 것으로 설명했다. 그러나 과학은 이 실체 세계를 원자, 전자, 그리고 전자기의 힘으로 설명한다. 기독교는 현상의 세계에서 살고 있는 사람들에게는 희미하게만 인식되는 하나님과 영적 세계로 실체 세계를 설명한다. 그러나 단순히 지나가버리는 이 현상 세계보다 훨씬 더 중요한 것은 저 영원한 실체의 세계이다. 우리는 단순히 우리에게 보이는 것 즉, 진짜처럼 보이는 것과 그것을 설명할 수 있는 '더 깊은' 그림을 구별하기 위해서 '실체'라는 개념을 끌어들이지 않을 수 없다. 실체는 세계관이다. 우리는 이것을 통해서 일상의 현상 세계 — 날씨, 화학 반응, 이해할 수 없는 끔찍한 사건, 혹은 인류 역사의 의미 등 — 를 이해할 수 있게 된다. 그래서 우리는 우리에게 보이는 현상과 그것의 배후에 있는 더 내적인 실체를 구별하는 법을 배운다. 우리는 사물을 우리 나름대로 설명하면서 그것들을 이해한다.

4. 꿈, 감각, 그리고 이성: 어느 것이 실재적인 것인가?

무엇을 실재적인 것으로 보느냐는 여러 존재론마다 아주 다르다. 예를 들어 오늘날의 우리는 꿈에서 경험하는 것은 일반적으로 실재적인 것이 아니라고 생각하는 경향이 있다. 그러나 옛날 사람들은 꿈에서 일어난 일을 어떤 의미에서는 깨어 있는 순간에 일어난 일보다 훨씬 더 실재적이라고 믿었다. 그리고 마약을 먹고 생긴 환상 즉, 뇌의 화학적 불균형 상태에서 보는 것이 일상생활에서 보는 것들보다 더 '실재적'이라고 믿는 사람들이 아직도 있다. 오늘날 우리는 우리 자신의 감각이 가장 믿을 만한 지식의 원천이라는 것을 당연한 사실로 받아들인다. 그러므로 우리 자신의 눈으로 보는 것만을 믿을 것이라고 말하는 것 역시 당연하다. 그러나 서양에서는 약 300년 전까지만 해도 철학자들과 과학자들은 자신들의 감각보다는 이성의 힘을 신뢰했으며 감각을 깊이 불신했다.

아리스토텔레스가 큰 바위가 작은 바위보다 더 빨리 낙하한다고 주장할 때 그는 단지 그의 이성의 실재를 믿고서 그렇게 말한 것이다. 그리고 거의 2천 년 동안 모든 다른 사람들도 그의 생각에 동의했다. 아리스토텔레스는 근대의 과학자 갈릴레이(Galileo Galilei, 1564-1642)와는 달리 이러한 믿음을 시험해 볼 수 있는 측정 장치를 갖고 있지 않았다. 그러나 그가 그 믿음을 테스트해 보았다 할지라도 그 테스트 결과가 자신의 추론과 일치하지 않았다면 그의 감각을 믿었을 것이라고 말하기는 어렵다. 우리는 때때로 아리스토텔레스가 과학의 발전을 지연시켰다고 비판하는데 이것은 불공정한 판단이다. 사실은 그는 과학에 대해서 다른 관념을 가지고 있었을 뿐이다. 즉, 그는 다른 존재론을 가졌었다. 그에게는 이성이 추론하는 대상들이, 무상하고 믿을 수 없는 감각의 경험보다 훨씬 더 실재적이고 신뢰할 만한 것으로 보였다.

5. 형이상학의 두 개의 기초

우리는 형이상학을 구성하는 시도의 하나인 존재론을 전개할 때 가장 근본적인 것을 파악하기 위해서 세계에 있는 여러 실재들을 평가해야만 한다. 무엇이 '가장 실재적'인가를 파악하기 위해서 일반적으로 부과하는 테스트가 두 개가 있다. 여태까지의 논의를 통해서 이미 짐작이 가리라고 본다. **첫째로, 가장 실재적인 것은 그것 외의 모든 것이 그것에 의존하는 것이다.** 종교인들에게는 신이 가장 실재적이다. 왜냐하면 신 이외의 모든 존재는 그에게 의존하기 때문이다. 과학자들에게는 가장 실재적인 것은 모든 것들의 추론의 근거를 이루는 과학의 원리와 입자들이다. **둘째로, 가장 실재적인 것은 그 자체가 창조되지도 않았으며 파괴되지도 않는 것이다.** 그러므로 하나님은 이 세상을 창조했고 그는 그것을 파괴할 수도 있다. 그러나 하나님 자신은 결코 창조되지도 않았으며 파괴될 수도 없다. 우리는 의자나 책상을 불에 태우거나 잘라서 조각냄으로써 파괴할 수 있지만 물질의 기본적 입자나 책상을 구성한 힘 자체는 파괴할 수 없다.

우리가 철학과 형이상학을 맨 처음 시작할 때, 그리고 사람들이 그들의 세계관을 가장 실재적인 것과 그렇지 않은 것을 가지고 형성하려고 맨 처음 시도할 때, 이 두 개의 테스트를 가지고 시작하는 것을 볼 수 있다. 이렇게 볼 때 실로 철학뿐 아니라 현대 과학과 현대 신학은 이러한 고대 형이상학의 전통을 이어받은 것이라고 볼 수 있다.

제 8 장
신은 존재하는가?

1. 신앙과 철학의 차이

여기서 우리가 논하는 신은 유태교, 기독교 혹은 이슬람교에서 말하는 유일신을 말한다. 즉, 흔히 말하는 전지하고, 전능하며, 오로지 선한 신이며, 무한한 창조자이며, 전 우주를 주관하는 신을 말한다. 이 주제를 다루는 철학을 우리는 종교철학이라고 부른다. 신에 대한 믿음은 종교, 신학, 그리고 철학에서 논의된다. 철학에서 논의되는 많은 것들이 신학자와 신앙을 가진 보통 사람들에게는 별로 관심거리가 되지 않고 그 반대도 마찬가지일 수 있지만 서로 공유하는 주제도 많이 있다. 예를 들어 이 세 영역에서 사람들은 모두 신에 대해서, 의(義)와 불의에 대해서 선과 악에 대해서, 삶과 죽음에 대해서, 그리고 자유와 책임에 대해서 나름대로의 믿음을 가지고 있다. 차이점이 있다면 자신들의 믿음의 근거를 이루는 내용이 다르다는 것이다.

종교에서는 신의 존재와 신의 성품에 대한 믿음이 신앙에 기초해서 받아들여지고 있다. 신앙을 갖는다는 것은 다른 사람의 권위를 믿는다는 것으로써 대개 자신의 어릴 때 습관과 믿음을 형성하게끔 한 부모와 종교적 스승들 그리고 그 밖의 사람들의 권위를 믿는다는 것이다. 대부분의 신학자들은 또한 종교적인 믿음을 가진 사람들이다. 그렇지만 신학자들은 신학자로서 그들의 믿음에 대한 증거를 제시해야만 한다. 신학에서 의존하는 증거는 주로 그 종교가 가지고 있는 경전, 즉 계시된 신의 말씀이거나 혹은 전통이나 그 종교에서 합법적으로 임명된 종교적 지도자들을 통해서 전해진 말씀이다. 그래서 만일 경전에서 말씀된 것이거나 종교적 지도자에 의해서 결정된 것을 증거로써 삼으면 그것은 참이 된다. 이렇게 볼 때 종교에서 권위의 역할이 얼마나 중요한 것인가를 알 수 있다.

그러나 철학에서 요구되는 증거는 반드시 경험이나 이성으로부터 즉, 인간의 지식으로부터 와야 한다. 비록 어떤 철학자가 종교적 신자이고 그가 자신의 종교를 확증하기 위해서 경전을 읽는다 해도, 그는 철학자로서 종교의 기본적 신조에 대해서 질문을 해야 하고 그 신조를 받아들일 수 있는 합리적 근거를 검토해야만 한다. 철학에서는 신앙이나 경전으로 충분하지 않다. 왜냐하면 신앙이나 경전은 이미 하나님의 존재를 전제하고 이야기하기 때문이다. 어떤 믿음이 어떤 경전에서 참이라고 주장된다는 것이 철학을 공부하는 데는 아무 상관이 없다. 왜냐

196

하면 철학이 해야 할 일은 사실들을 추구하는 것이고 또한 인간의 이성에 기초해서 사실들에 근거한 논거를 구축하는 것이기 때문이다.

종교철학자의 목적은 신앙인들을 만들어내는 것도 아니고 믿음을 파괴하는 것도 아니다. 그의 목적은 신의 존재와 본질에 대해서 어떤 이들은 믿지만 다른 이들은 거부하는데, 이것이 인간의 지식에 기초를 둔 것인지 아닌지를 검토하는 것이다. 그의 목적은 믿음으로 가지고 있는 것이 또한 인간의 지식으로도 알 수 있는 것인가를 살펴보는 것이다. 이제 신의 존재를 증명하는 대표적인 몇 가지 논증과 각각의 반론을 살펴보자.

2. 설계 논증(Argument from Design)

이것은 신의 존재 증명 가운데서 일반인들에게 매우 익숙하며 따라서 매우 호소력을 지닌 논증이다. 기독교 신앙을 가진 친구들에게 혹은 목사님에게 한 번 이상 들어보았거나, 독자들 가운데서도 유신론적 입장에 서 있는 이들은 아마도 직접 사용해 본 경험도 있을 것이라고 생각한다. 이 증명은 또한 유신론적 과학자들이 흔히 사용하는 것이기에 더욱 더 호소력을 지니기도 한다. 이것은 모든 존재가 우연히 생긴 것이 아니라 설계자 즉, 창조자의 목적에 의해서 창조된 것이라고 생각하기 때문에 **목적론적 증명**(teleological argument)이라고도 한다.

우리는 가끔 막연하게나마 밤하늘에 떠 있는 별로부터 우리의 발밑에서 꿈틀대는 미미한 벌레까지 우주의 모든 것이 우연히 생긴 것 같지 않은 느낌을 갖는 때가 있다. 우주의 모든 것이 그것 나름대로 목적이 있고, 제자리에서 자신만의 고유한 기능을 하면서도 전 우주와 연결되어 있는 것같이 보인다. 그리스의 철학자 아리스토텔레스가 우주를 그렇게 보았다. 새는 벌레를 먹고 살고, 벌레는 나무껍질을 갉아먹고 ,나무는 비로부터 수분을 흡수하고, 비는 구름으로부터 오고, 또 구름은 …, 이렇게 계속 진행되어 나간다. 실제로 우주는 완벽하게 고안되어 있는 것처럼 보인다. 별은 제 궤도를 돌고 우리의 뇌는 또한 아무리 정밀한 컴퓨터도 따라갈 수 없는 신이 만든 최고의 걸작품같이 보이지 않는가? 이런 것들을 보고 우연히 생겼다고 생각할 수 있는가? 어느 것도 아무렇게나 된 것이 없고, 모든 것이 하나의 계획이나 설계에 따라서 이루어진 것 같다. 그러므로 우리는 우주를 설계한 설계자 즉, 신이 있다고 믿어야 하지 않겠는가?

한마디로 이 증명은 우리가 우주에 대해서 얻은 정보를 검토하고 추론함으로써 신의 존재를 입증하려고 한다. 사실 현대 과학이 시작할 때부터 물리학과 생물학에서 발견한 것들을 가지고 여러 형태의 설계로부터의 신 존재 증명이 제시되었다.

이 증명의 핵심적인 주장은 우리가 자연을 연구하게 되면 물리학적으로, 화학적으로 그리고 생물학적으로 하나의 질서와 패턴이 있다는 것이 밝혀진다는 것이다. 이 자연의 질서와 설계는 집이나 시계처럼 인간이 만든 것들이 갖고 있는 질서와 설계와 매우 유사하다는 것이다. 집이나 시계는 각 부분들이 하나의 전체 목적을 이루기 위해서 서로 서로 완벽하게 조화롭게 연결되어 있다.

영국의 철학자 페일리(William Paley, 1743-1805)는 세계를

시계와 비교하였다. 만일 우리가 사막에서 시계를 발견했을 때, 비록 우리가 전에 시계를 보지 못했다 할지라도 그것의 존재와 그것의 구조를 결코 우연의 결과라고 생각하지 않을 것이다. 우리는 즉시 그것이 어떤 지성을 가진 존재가 계획적으로 만들었을 것이라고 추론할 것이다. 따라서 신은 시계를 만든 자로 비유될 수 있다. 인간이 만든 인공물은 인간의 생각, 지혜, 그리고 지성에서 온 것이다. 그렇다면 우주에 있는 자연물의 원인이나 제작자도 어떤 지성을 가진 신적 존재라고 보아야 한다. 자연계에서 볼 수 있는 설계나 질서의 정도나 그것의 복잡함은 인간의 독창성을 훨씬 뛰어넘는 것이기 때문에 자연물의 원인자는 인간보다 훨씬 뛰어난 지성을 가진 존재라고 추론할 수 있다.

자연계에 대한 지식이 날로 증가함에 따라 이 논증은 더욱 설득력을 지니는 것같이 보임에도 불구하고 여러 철학자들이 이 논증이 지니는 몇 가지 난점을 밝혔고 이 난점들은 신 존재 증명으로서 설계로서의 증명이 지니는 논증의 힘을 약화시키기에 충분하다고 볼 수 있다. 아마도 이 난점을 제일 잘 제시한 사람이 영국의 철학자 흄이라고 볼 수 있다. 이에 관한 글을 그는 『자연종교에 관한 대화(*Dialogues Concerning Natural Religion*)』에서 다루었다.

반론 1: 유비가 약하다

흄은 우선 인간이 만든 인공물과 자연 사이의 유비를 비판함으로써 설계 논증을 반박한다. 인간이 만든 인공물과 자연의 산물은 그것들이 유사한 원인을 가졌다고 할 만큼 충분한 유사성을 가지고 있지 않다는 것이다. 우리는 인간이 만든 인공물과 그것이 가능하게끔 한 인간의 계획과 설계 사이의 관계를 직접 경험할 수 있다. 그러나 자연의 경우에 있어서 그 결과만을 경험할 뿐이지 그것의 원인에 대해서는 경험할 수 없다. 그러므로 자연물들은 인공물의 원인과 비슷한 종류의 원인이 작용한다고 확신할 정도로 인공물과 닮은 것이 아니다. 우리가 알 수 있다고 하는 것은 기껏해야 자연에서 보이는 질서와 설계에 여러 원인들이 있을 수 있다는 것뿐이다. 광대한 우주 가운데서 인간이 발을 딛고 있는 부분은 티끌만도 못하다. 그런데 설계 논증에서의 유비는 인간의 인공물을 있게끔 한 요인들에 비추어서 우리가 전혀 경험할 수 없는 설계자, 혹은 알 수 없는 전 우주의 지배 원리를 서둘러 유추한다.

설계 논증의 요지는 인간의 계획을 통해서 만든 인공물과 자연의 산물 사이에는 커다란 유사점이 있으므로 인공물의 원인 즉, 지성(知性)은 우주의 원인적 작용과 유사하다는 것이다. 그러나 이 유비는 설득력이 매우 약한 유비이다. 우리는 경험을 통해서 인간이 만든 결과는 어떤 설계와 계획으로부터 비롯된다는 것을 안다. 그러나 우리는 자연의 산물들을 경험할 수는 있지만 그것을 있게끔 한 원인은 경험할 수 없으며 그 산물들이 어떻게 생겨나게 되었는지도 경험할 수 없다.

반론 2: 동물이나 식물과의 유비도 가능하다

또한 자연물과 인공물 사이의 유사점을 가지고 유비 논증 (argument from analogy)이 가능하다면 자연물을 동물계나 식물계와도 유비해 볼 수 있다. 이러한 유비(類比)를 하게 되면

200

우리는 완전히 다른 결론에 도달할 수 있다. 동물과 식물은 시계와 달리 지성적인 설계로부터 생긴 것이 아니고 자연의 재생산에 의해서 생긴 것이다. 즉, 다른 존재에 원인을 갖지 않고 발달과 질서의 내적 원리를 소유하고 있다. 우리가 생명체들을 볼 때 자연의 지성적 설계자가 있음에 틀림없다는 주장과는 전혀 다른 자연 질서의 원인을 제시할 수 있는 충분한 유사성이 있다. 우리가 당근 씨앗에서 볼 수 있듯이 생명체에는 스스로 자기 통제와 발달을 지시하는 내적 원인을 가지고 있다. 만일 이와 같은 유비를 통해서 자연도 스스로의 내적 원인을 가지고 있다고 하면 이에 반대하는 자들은 이것을 지지해 줄 증거가 없다고 할 것이다. 흄은 기꺼이 그렇다고 할 것이다. 그러나 그는 또한 이와 마찬가지로 설계로부터의 논증에 대한 증거도 있을 수 없다고 주장할 것이다. 우리가 알 수 있는 것이라곤 자연에는 일정한 패턴이나 규칙적 질서가 있다는 증거뿐이다. 우리의 주변에서 보는 것들은 어느 정도 인간이 만든 인공물과 유사하다. 그러나 또한 그것들은 생물학적 조직체가 만들어낸 결과물과도 닮았다.

반론 3: 전통적 기독교의 신이 입증되는 것은 아니다

흄에 의하면 설령 인공물과 자연물 사이에 상당한 유사성이 있다 해도 전통적 기독교의 신이 입증되는 것은 아니라고 한다. 설계로부터의 논증을 믿는 사람들이 사용하는 근본 원리는 일종의 유비로써 유사한 결과는 유사한 원인이 있다는 것이다. 결과가 유사하면 유사할수록 그만큼 더 원인은 비슷하다는 것이다. 그러나 우리가 인공물과 자연물 사이의 밀접한 유사성이 있다고 주장한다고 해서 신의 성품에 대한 전통적 기독교의 결론에 도달할 근거를 갖게 되는 것은 아니다. 우주가 지성을 가진 설계자에 의해서 만들어졌다는 것이 입증되더라도, 이로 말미암아 우주의 설계자가 무한한 존재라거나, 인격자라거나, 지혜롭다거나, 선하다거나 완전한 존재라는 결론은 나오지 않는다. 그리고 흄은 이것이 여러 경쟁적 종교들 가운데 어느 것이 참된 종교인가를 말해 주는 것도 아니라고 유일성을 주장하는 기독교를 향해서 반박한다.

3. 우주론적 논증(Cosmological Argument)

우주론적 논증은 '우주적 원인으로부터의 논증', '제 1 원인으로부터의 논증' 혹은 '원인이 없는 원인 논증'이라고도 불린다. 이 논증을 제시한 자로서 가장 유명한 철학자는 토마스 아퀴나스이다. 그는 특별히 아리스토텔레스에게서 영향을 받았고 그로부터 신의 존재에 대한 다섯 개의 논증(five ways)을 채택했다.

이 논증의 핵심은 우리의 생활에서 쉽게 생각해 볼 수 있는 인과율이다. 우리가 사는 물리적 세상은 원인-결과의 고리로 연결되어 있다. 예를 들어 강아지는 그 어미 개로부터, 그리고 그 어미 개는 다시 그의 어미 개로부터 나왔다. 우리는 이 인과의 고리를 뒤로 계속해서 추적해 갈 수 있다. 이 일련의 인과의 고리는 끝이 있든지 무한하든지 둘 중의 하나이다. 만일 이 일련의 고리가 끝이 있다면 출발점이 있었음에 틀림없다. 그 출발점을 우리는 제 1 원인이라고 부른다. 이 최초의 원인이 바로 신이다. 이 논증은 한마디로 다음과 요약할 수 있다.

모든 것은 원인이 있다.
어떤 것도 그 자체의 원인이 될 수 없다.
그러므로 모든 것은 그 자체 말고 다른 것에 원인을 두고 있다.
인과적 사슬은 무한하게 이어질 수 없다.
그러므로 어떤 최초의 원인이 있어야 한다.

반론 1: 인과의 고리는 무한히 뻗어갈 수 있다

그러나 이 일련의 고리가 무한한 것이라면 어떻게 되는가? 아퀴나스는 한참 생각을 한 후에 세상은 무한 전부터 시작했으며 따라서 시간적으로 시작이 없다는 가능성을 거부했다. 확실히 과거로 무한정 거슬러 올라가는 것은 인간이 이해하기 어려운 것이다. 미래로 무한히 뻗어나가는 것은 죽을 수밖에 없는 인간으로서는 이해하기가 약간 더 쉬운 편이다. 그러나 아리스토텔레스는 과거로 무한정 거슬러 올라간다는 생각을 하는 데 어려움이 없었다. 그는 세계는 영원히 존재한다고 생각했다. 만일 아리스토텔레스의 생각이 맞는다면 제 1 원인 논증은 문제가 있는 것이다.

반론 2: 인과율은 인간의 발명품일 수도 있다

이 논증은 우리 인간이 갖고 있는 인과율의 개념에 근거하고 있다. 그러나 우리가 갖고 있는 원인-결과의 추론은 절대 확실한 것이라고 확신할 수 있는가? 원인과 결과의 연쇄는 본질적으로 아무것도 아니며 단지 인간이 만들어낸 관념이라고 생각하는 것은 불가능한 일이 아니다. 흄이 바로 그렇게 생각했다.

반론 3: 제1원인을 인정할 경우 생기는 딜레마

설령 제1원인이 있다 할지라도 그것이 인격적 신이라는 사실을 우리가 어떻게 알 수 있는가? 또 이 제1원인이 인격적 신이라 해도 우리는 어떻게 그가 영원히 존재한다는 결론을 내릴 수 있는가? 그도 역시 시간적으로 시작을 가졌던 존재 아닌가?

아퀴나스의 주장대로 이 세계가 영원 전부터 존재해 왔다고 생각하는 것이 불가능하다면 세계의 창조자가 영원 전부터 존재해 왔다고 생각하는 것은 어떤 이유로 더 쉽다고 주장할 수 있는가?

여기에는 다음과 같은 딜레마가 있다. 만일 신이 영원 전부터 존재해 왔다면 그 자체로서 영원한 존재를 생각하는 데 어려움이 없다. 그렇다면 마찬가지로 아리스토텔레스의 이야기도 맞을 수 있다. 즉 우주는 그 자체로 영원 전부터 존재해 왔을지도 모른다. 반대로 만일 신이 영원 전부터 존재한 것이 아니라면 그 또한 원인을 가져야만 하고 그렇게 되면 그 원인은 또 원인을 필요로 하고, 또 그것은 그 앞으로 거슬러 올라가야 하며, 한없이 거슬러 올라가야 한다.

어떤 철학자들은 신을 자기원인적 존재라고 한다. 그러나 자기원인이라는 관념은 영원의 관념보다 훨씬 더 어려워 보인다. 어떻게 있지도 않은 존재가 존재하게 될 수 있는가?

4. 존재론적 논증(Ontological Argument)

앞의 두 논증이 우리가 사는 경험 세계에 기초해서 논증하는 경험적(*a posteriori*) 논증이라고 볼 때 존재론적 논증은 선험적(*a priori*) 논증이다. 신에 대한 신앙은 일반적으로 철학적인 논증을 통해서 갖는 것이 아니라 사람이 자라난 문화에 의해서 이루어진 결과라고 이야기할 수 있다. 그럼에도 불구하고 긴 전통을 가진 '자연신학'은 신의 존재를 순전히 이성적인 방법으로 증명할 수 있다고 주장한다. 우리가 살고 있는 현대 문화에서는 신의 존재에 대해서 근본적인 의심을 갖고 있지만 철학적 신학의 기초를 놓았던 서양 중세의 사상가들에게는 하나님은 그들의 세계관의 중심에 확고하게 자리 잡고 있었다. 그들에게 합리적 논변이 갖고 있는 역할은 신의 존재와 본질에 대해 질문하는 것이 아니라 그것을 더 잘 이해하는 데 있었다. 이런 배경에서 나온 것이 존재론적 논증이다. 존재론적 논증은 근본적으로 신의 본질로부터 신은 존재하지 않을 수 없다는 것을 증명하는 것이다. 이 논증은 근세 초기의 철학자 데카르트와 같은 다른 철학자에 의해서도 지지를 받지만 일반적으로 역시 문제가 있다고 반박을 받는다.

11세기의 베네딕트 수도승인 캔터베리의 안셀무스(Anselm, 1033-1109)는 그가 쓴 『프로슬로기온(*Proslogion*)』에서 "신은 그것보다 더 위대한 것을 생각할 수 없는 존재"라고 정의를 내린 후에 이렇게 정의 내려진 신은 오로지 생각 속에서만 존재할 수가 없다고 추론한다. 안셀무스의 주장에 의하면 실제로 존재하는 것은 생각으로만 혹은 관념으로만 존재하는 것보다 더 위대한 것이다. 그러므로 만일 신이 단지 관념적 구성물이라면 우리가 생각할 수 있는 가장 위대한 존재가 아니다. 따라서 그와 같은 최상의 존재는 필연적으로도 실제로도 존재해야만 한다.

또한 안셀무스는 신의 관념을 필연의 관념과 연결짓는다. 만일 신이 우연히 존재한다면 필연적으로 존재하는 것보다 덜 위대할 것이다. 신은 그보다 더 위대한 존재를 생각할 수 없는 존재이므로 그는 우연적으로가 아니라 필연적으로 존재해야 한다. 그러므로 신이 존재하는 것은 틀림없으며 그리고 틀림없이 신은 항상 존재해 왔고 또한 앞으로도 항상 존재할 것이다. 왜냐하면 그것이 필연적 존재가 의미하는 바이기 때문이다.

안셀무스의 것보다 다소 간단한 데카르트의 존재론적 논증은 다음과 같이 요약할 수 있다.

우리가 가지고 있는 신에 대한 관념은 완전한 존재에 대한 관념이다.

완전한 존재는 모든 완전한 것을 다 가지고 있어야 한다.

존재하지 않는 것보다 존재하는 것이 더 나은 것이다.

누군가의 생각에만 존재하는 것보다 실제로도 존재하는 것이 더 나은 것이다.

따라서 존재는 즉, 실제적으로 존재하는 존재는 완전한 것이다.

그러므로 완전한 존재에 대한 우리의 관념은 실제로 있는 존재에 대한 관념이다.

따라서 완전한 존재(신)는 실제로 존재한다.

반론 1: 완전한 섬이라는 것이 있는가?

존재론적 증명은 많은 사람들에 의해 비판받아 왔다. 우선 안셀무스와 동시대인인 수도승 고닐로(Gaunilo)는 만일 안셀무스의 논증을 다른 곳에다 적용하면 우스꽝스러운 결론에 이르게 된다고 반박한다. 예를 들어 그의 논증을 완전한 섬의 존재를 증명하는 데 적용해 보자. 완전한 섬은 그보다 더 나은 섬을 생각해 볼 수 없는 섬이다. 그러므로 완전한 섬은 관념 속에만 존재해서는 안 되고 실제로 존재해야만 한다. 그러나 완전한 섬이라는 것이 있을 수 있는가?

안셀무스는 고닐로의 반론에 대한 답변으로, 하나님의 존재는 확실할 뿐 아니라 필연적이라고 주장한다. 완전한 섬이 실제로 존재할지라도 그것은 영원 속에 있는 필연적인 존재일 수는 없고 단지 시간 속에서 있는 우연적 존재일 뿐이라고 한다.

반론 2: 존재는 속성인가?

고닐로 이후에도 철학자들은 존재한다는 말은 어떤 완전한 것을 나타내는 말이 아니라는 근거에서 존재론적 논증을 거부했다. 완전이라는 것은 (예를 들어 완전한 선이 그렇듯이) 하나의 특별한 종류의 속성이다. 그러나 존재라는 것은 전혀 속성이 아니다.

이러한 반론은 "존재란 속성이 아니다"라는 한마디로 요약될 수 있다. 이 말이 사실인지의 여부는 언어를 검토해 봄으로써 즉, '존재한다'는 말과 다른 말들을 비교해 봄으로써 알 수 있다. '존재한다'는 말은 동작과 관련된 말처럼 어떤 행동을 하는 것을 가리키는 말도 아니고 성질과 관련된 말도 아니며 시간,

장소, 그리고 관계에 대해서 이름 붙여진 말과도 다르다.

　동작어, 가령 '으르렁거리다'라는 말을 예를 들어 생각해 보자.

(1) 어떤 호랑이도 으르렁거리지 않는다. ― 이 말은 의심할 바 없이 거짓이지만 말 자체가 안 되는 것은 아니다.
(2) 모든 호랑이는 으르렁거린다. ― 이 또한 말 자체가 안 되는 것은 아니다.
(3) 대부분의 호랑이는 으르렁거리지만 소수의 호랑이는 그렇지 않다. ― 이 또한 말이 안 되는 것이 아니며 아마도 참일 것이다.

　다음으로 '존재한다'는 말을 위의 예와 비교해 보면서 살펴보자.

(1) 어떤 호랑이도 존재하지 않는다.
(2) 모든 호랑이는 존재한다.
(3) 대부분의 호랑이는 존재하지만 소수의 호랑이는 그렇지 않다.

　"어떤 호랑이도 존재하지 않는다"는 말은 거짓이긴 하지만 말이 된다. 그것은 "어떤 공룡도 지금은 존재하지 않는다"라는 말과 비슷하다. 이것은 말도 되고 참이기도 하다. 그러나 "모든 호랑이는 존재한다"는 말은 공허한 말이다. 그 말은 아무런 정보도 제공하는 바가 없다. 그리고 "대부분의 호랑이는 존재하지만 소수의 호랑이는 그렇지 않다"는 말은 전혀 말이 성립되지 않는다.

이와 같은 유추를 통해서 '존재한다'는 말은 성질을 나타내는 말과는 다르다는 것이 입증될 수 있으며, 따라서 '존재한다'는 말은 '최고의', '완벽하게 현명한', '무한하고 영원한'과 같은 완전을 나타내는 말과는 다르다.

다음을 생각해 보자.

(1) 어떤 교수도 완벽하게 현명하지 못하다.
(2) 모든 교수들이 완벽하게 현명하다.
(3) 대부분의 교수들은 완벽하게 현명하지만 소수의 교수들은 그렇지 못하다.

이 문장들은 모두 참이든 거짓이든 말이 되는 문장들이다. 그러나 '존재한다'는 말을 다시 비교해 보자.

(1) 어떤 교수도 존재하지 않는다.
(2) 모든 교수가 존재한다.
(3) 대부분의 교수들은 존재하고 소수는 그렇지 않다.

첫 번째 문장은 거짓이긴 하지만 말이 된다. 그러나 두 번째 문장은 의미가 공허한 문장이다. 세 번째 문장은 확실히 전혀 말이 되지를 않는다. '존재한다'는 말은 '완벽하게 현명하다'는 표현과 같은 기능을 하지 않는다.

결론적으로 존재는 하나의 행동이 아니다. 즉, 그것은 으르렁거리는 것과 다르다. 또한 존재는 하나의 완벽한 것도 아니며,

완전한 지혜와 같은 것도 아니다. '신'이라는 명칭은 실제적 존재를 함축할 정도로 그 무엇도 능가할 수 없는 위대하다는 의미는 가질 수 있지만, 그와 같은 명칭을 받을 만한 어떤 존재가 있을지는 여전히 입증이 필요한 문제이다.

5. 결 론

비록 많은 사상가들이 이성적인 증거나 자연적인 증거에 의해서 신의 존재를 입증할 수 있다고 믿었으나, 또 다른 많은 철학자들은 신의 존재를 입증할 수 있는 만족스러운 이성적 증거는 제시될 수 없다고 주장한다. 이렇게 주장하는 철학자들 중 어떤 이들은 문제가 되는 대상은 존재하지 않을 수도 있기 때문에 어떤 만족스러운 증명도 가능하지 않다고 믿는다. 이들 중 어떤 철학자들은 모든 신 존재 증명들이 갖고 있는 애초부터의 난점은 그 주제의 성격이 우리의 이성적 능력을 넘어서는 것에 기인하는 데 있다고 결론을 내린다.

칸트와 같은 철학자가 그런 사람으로서 신의 존재를 증명하는 것이 불가능하다고 주장했다. 그렇지만 그는 그럼에도 불구하고 우리가 하나님을 믿을 필요가 있다고 주장했다. 그에 의하면 신에 대한 관념, 자유(자유의지)에 대한 관념 — 칸트는 이것을 이성의 이데아 혹은 이념(ideas of reason)이라고 불렀다 — 은 인간의 삶에서 필연적인 전제이다. 필연성은 심리적인 것이거나 사회적인 것이 아니다. 그 이상으로 훨씬 깊은 의미를 갖고 있는 말이다. 이성의 삶, 즉 이성을 가진 존재로서의 인간의 삶은 이 두 관념 없이는 불가능하다. 칸트에 의하면 우리의 과학적, 철학적 이론들은 하나님의 관념이 없다면 아무런 의미가 없을 것이며 인간의 일상적 협동적인 실천적 삶은 자유 의지에 대한 관념이 없다면 혼란으로 빠지게 될 것이라고 한 다.

제 9 장
악은 존재하는가?

악의 존재는 주로 전선(全善)하고 전능(全能)한 신의 존재를 믿는 일신론적 전통에서 생기는 문제이다. 물론 세상에는 특별히 전능하지도 않고 자비롭지도 않은 여러 신들을 숭배하는 종교들도 있다. 또한 신들의 성품을 알 수 없다고 주장하는 종교도 있다. 따라서 이런 종교를 신봉하는 자들은 '미지의 신들'을 숭배한다고 말할 수 있다.

일신론인 기독교, 유태교, 이슬람교와 달리 다신론은 악이 있게 된 것은 전능하지도 않으며 전선하지도 않은 신들 사이의 투쟁 때문이라고 설명하기도 한다.

흄은 악의 문제를 다음과 같이 설명한다.

만일 세상의 악이 신의 의도로부터 이루어진 것이라면 신은 선한 존재가 아니다. 그리고 만일 세상의 악이 신의 의도와는 반대되는 것이라면 신은 전능한 존재가 아니다. 그러나 악은 신의 의도와 일치하든지 그의 의도와 반대되든지 둘 중의 하나이다. 그러므로 신은 선하지 않든지 전능하지 않든지 둘 중의 하나이다.

그런데 악의 존재 문제의 해결 방법으로서 제 3의 결론이 있다. 그것은 신이 존재하지 않는다는 결론이다. 흄은 이 제 3의 대안을 명백히 이야기하지 않았지만 그의 글은 신과 같은 존재는 없다는 증거로서 악의 문제를 본 것 같은 느낌을 준다. 그러나 우선 이 제 3의 대안은 보류하고 악의 문제를 생각해 보자.

1. 악의 실재

악에 대한 한 해결책으로서 악이 실제로 있다는 것을 인정하지 않는 것이다. 그러나 이 시도는 별로 설득력이 없다. 이 주장이 지니는 약점은 우리가 악이라는 것이 무엇인지 정의(定義)를 내려보는 순간 곧 드러나게 된다.

우리가 악의 문제에 대해서 논할 때, 인간이 행하는 악과 인간으로서는 도저히 어찌할 수 없는 악을 구별하는 것이 보통이다. 인간이 다른 인간을 향해서 행하는 악, 예를 들어 고문, 살인 등과 같은 악을 우리는 **도덕적 악**이라고도 부른다. 반면에 기아, 질병, 사람들이 사는 곳에 생기는 지진과 같은 것들은 **자연적 악**이라고 불린다.

그런데 잔인한 행동, 고문, 기아, 질병은 실제로는 존재하는 것이 아니라고 주장할 수 있을까? 인간의 잔인한 행위와 자연의 재해 때문에 일어나는 고통은 확실히 매우 실재적이지 않은가? 어떤 철학자들은 악은 순전히 주관적인 관념일 수 있다고 주장한다. 이들에 의하면 '나쁘다'와 '악하다'와 같은 말들은 단지 비난을 나타내는 형용사에 불과하다고 한다. (이러한 주장은 현대 윤리이론의 한 부류에 속하는데 '이모티비즘(emo-tivism)이라고 불린다.) 그러므로 "고문은 악이다"라는 말은 단지 "사람들에게 고문을 가하는 것이 개인적으로 맘에 들지 않는다"는 것을 의미할 뿐이라고 한다.

그런데 좋아하거나 싫어한다는 말과 선하거나 악하다는 말 사이에는 많은 차이가 있다. 좋아하고 싫어하는 것은 사람들마다 다르다. 어떤 사람들은 아침식사로 밥을 먹는 것을 좋아하고, 다른 사람들은 아침식사로 밥 먹는 것을 싫어하고 대신에 우유와 빵을 먹는다. 이와는 달리 우리가 악과 선을 이야기할 때는 전혀 다른 개념의 영역으로 들어간다. 일반적으로 우리는 악이라고 생각하는 것을 진짜로 싫어하지만 이 때 싫어한다는 의미는 신 딸기를 싫어할 때의 그것과는 다르다. 더욱이 사람들은 자신들이 악한 것이라고 믿는 것을 항상 싫어하는 것은 아니다. 어떤 사람들은 자신들이 악이라고 생각하는 것에 마음이 끌리기도 한다. 우리는 악이라고 하는 것에 유혹당하는 경우가 많지 않은가? 어떤 경우에도 어떤 것을 악이라고 생각할 때 싫어한다는 것이 주된 동기는 아니다. 거기에는 더 근본적인 생각이 개입해 있다. 사람들이 질병, 기아 혹은 이유 없는 살해를 '악'이라고 할 때는 여러 가지 심각한 이유가 있다. 예를 들어 사람들은 그런 것들은 세계의 균형을 깨뜨린다든지 자비로운 설계자가 우주를 창조할 때에 만든 것이 아니라고 말한다. 살인 사건이 일어난 후에 사건의 현장에서 피를 닦아내는 것을 생각만 해도 싫기 때문에 악이라고 부르는 것이 아니다.

2. 악은 적극적인가, 소극적인가?

악은 적극적인 것이 아니라 선이 결핍되어 있는 것이라고 믿는 철학자도 있다. 아우구스티누스와 마이모니데스(Maimonides, 1135-1204)[1]가 이렇게 생각했다. 마이모니데스는 다음과 같이 썼다. "죽는다는 것은 사람에게는 하나의 악이지만 그것은 비존재(non-being)의 상태가 되는 것뿐이다. 마찬가지로 질병, 가난 그리고 무지도 인간에게 악이다. 그러나 이것들도 모두 어떤 성질이 존재하지 않는 상태(non-presence)에 있는 것을 말한다." 그리고 "우리는 하나님이 악을 창조했다고 말할 수 없다. 그것은 도저히 생각할 수 없는 일이다. … 왜냐하면 하나님은 오로지 존재(being)만을 창조하며, 따라서 모든 존재는 선할 수밖에 없기 때문이다. 그러므로 악하다고 하는 것들은 모두 창조가 개입되어 있지 않은 결여 상태를 말한다."

우리는 가령 보지 못한다는 악을 단지 시각의 결여일 뿐이라고 말할 수 있을지 모르겠다. 그러나 모든 결여가 반드시 악은 아니다. 대머리를 머리카락의 결여로서의 악으로 보기에는 너무 지나친 것 같다. 다른 한편 말라리아에 걸린 사람은 단순히

---

1) 스페인 태생의 유태인 철학자, 율법학자이다. 유태교의 주요한 신학자의 한 사람이다.

건강의 결여 혹은 그 밖의 어떤 다른 결여를 경험하는 정도가 아니다. 말라리아는 결여를 겪고 있는 것이 아니라 과잉을 경험하고 있는 것이다. 즉 그것은 혈류에 말라리아 병원충이라는 미생물이 지나치게 많을 때 생기는 병이다.

이러한 결여의 이론에 대해서 우리는 또 다른 비판을 할 수 있는데 그것은 악을 하나의 인과적 힘으로서 보는 것이다. 우리는 어떤 것이 부재하거나 결여되어 있으면 거기서 어떤 다른 것이 생겨나거나 만들어질 수 없다고 주장할 수 있다. 우리는 세련된 결여의 원리에 의해서 악령의 존재 같은 것 따위는 믿지 않을 수 있지만 히틀러나 스탈린, 김일성 같은 사람들이 엄청난 악을 저질렀고 이러한 악은 또 더 많은 악을 초래했다는 사실을 알고 있다. 이 사람들과 이들이 빚어놓은 사태는 여러 악의 원인이었고, 그로 말미암아 생긴 더 많은 악의 원인이 되었기 때문에 이 사람들, 이들의 악한 행위, 그리고 그 악행이 저질러 놓은 결과들을 단순히 어떤 것의 결여나 부정이었다고 보기는 힘들다.

물론 어떤 것의 부재가 다른 것의 원인이 될 수 없다는 사실이 절대적으로 자명한 이야기는 아니다. 그래서 악은 단순히 선의 결여라는 이론을 강경하게 옹호하는 자들은 여전히 히틀러 치하의 제3 제국(Third Reich, 1933-1945)의 악행, 그리고 제3 제국을 이끌었던 개개인들의 사악한 행위들은 단순히 선의 부재와 결여였을 뿐이었다고 주장할 수도 있다.

그렇지만 결국에 가서 결여의 이론은 악의 문제를 해결하지 못한다. 그 이유는 이 이론은 단지 새로운 형태의 문제를 다시 낳을 뿐이기 때문이다. 만일 진짜로 악이 단순히 선의 결여라면 우리는 여전히 도대체 어떻게 해서 이러한 끔찍한 선의 결여가 일어나는가를 물을 필요가 있다. 왜 신은 전선하며 전능한데도 끔찍한 결여의 사건들이 일어나도록 방치하는가?

3. 자비와 권능

신의 자비는 인간의 자비와는 다른 것인가? 아니면 그것은 인간의 기준으로 판단되어야 하는가? 만일 인간의 자비와 신의 자비가 다른 종류의 것이라고 인정한다면 악의 문제는 해결될 수 있을까? 즉, 우리가 흔히 생각하듯이 신의 자비는 세상의 악을 해결해 주는 자비가 아니라고 하면 문제가 해결될까?

만일 이것이 악의 문제를 해결해 줄 수 있다고 할 때 우리는 또 다른 문제에 부딪치게 된다. 즉, 원래 우리가 생각했던 의미의 자비를 가진 신이 아니라면 과연 우리는 그런 신을 숭배할 만한 가치가 있겠는가? 자비에 대한 우리의 일상적 관념을 가지고서는 자비로운 신이 세상에 존재하는 끔찍한 고통과 악을 명령하고 허용한다는 것은 이해할 수 없다. 만일 어떤 사람이 한 무리의 어린애들을 수용소에 모아서 굶겨 죽인다면 우리는 그 사람을 정신병원으로 보내서 가둬둘 것이다. 하물며 전능하고 전선한 신이 어린애들이 아무 잘못도 없이 매일 기아로 죽게끔 내버려두는 것을 어떻게 이해할 수 있는가?

또한 다른 문제가 생기는데 이런 식의 신의 자비에 대한 주장이 하나님은 인간을 자기의 형상을 따라서 지었다는 창세기 1장 26절과 양립할 수 있는가 하는 문제다. 신학자들은 (그리고 다수의 보통 평신도들은) 하나님과 인간의 유사함은 신체의 유사성이 아니라 정신적 유사성, 즉 의식의 유사성이라고 주장한다.

그렇다면 우리는 일반적으로 널리 받아들여지는 창세기의 해석을 부인해야만 하는가? 흄은 하나님이 인간과 조금이라도 닮았다는 생각은 전혀 잘못된 것이라고 생각한 것 같다.

당신은 여전히 신인동형동성론(神人同形同性論)을 주장할 수 있을까? 신의 도덕적 태도, 그의 정의, 박애, 자비, 정직과 같은 도덕적 태도를 인간이 가지고 있는 그런 도덕적 태도와 똑같은 성질의 것이라고 주장할 수 있을까? 우리는 그의 능력을 무한하다고 인정하고 그가 의지하는 바는 반드시 실행된다고 인정한다. 그러나 인간도 어떤 다른 동물도 행복하지 않다. 그러므로 신은 이들의 행복을 바라는 것이라고 볼 수 없다.

영국의 작가 루이스(C. S. Lewis, 1898-1963)는 그의 책 『고통의 문제(*The Problem of Pain*)』에서 악에 대해서 흥미로운 언급을 한다. 루이스는 전능하고도 자비로운 신이 있음에도 이 세상에 악이 존재한다는 사실 사이에서 생기는 모순을 조정하기 위해서 신의 사랑에 대해서 기독교가 갖고 있는 생각 즉, 신의 친절에 대한 관념에 너무 의존하는 생각을 포기할 필요가 있다고 주장한다.

당신은 애정이 깊은 신을 요구했다. 당신이 요구하는 신의 사랑은 사람들 각자가 자기 나름대로 행복해지면 좋다는 식의 기력 없는 노인이 보여주는 자비도 아니고, 양심 바른 통치자가 보이는 싸늘한 자비도 아니다. 당신이 요구하는 것은 타오르는 불 그 자체이다. 그것은 세상을 창조한 사랑이다. 마치 작가가 자기 작품에 보여주는 사랑과 같이 지칠 줄 모르는 사랑이다. … 그리고 이성 간의 사랑처럼 시기하고 그칠 줄 모르며 흥미진진한 사랑이다.

이런 주장은 매우 급진적인 주장이다. 물론 사랑은 단순한 친절과 같은 것이 아니다. 그러나 루이스의 '이글거리는 불(consuming fire)'은 우리가 보통 이해하는 바의 신의 사랑과는 훨씬 거리가 먼 것 같다.

그렇다면 우리는 신은 자비롭기는 하지만 전능하지는 못하다고 결론을 내려야 하는가? 흄의 풍자적 답변에 의하면 우주를 디자인하셨던 신은 실패자였음에 틀림없으며 따라서 뭔가 다른 것에 손을 대셨어야 했다. 흄은 우리의 우주 창조자는 노망한 신이었을지 모르며, 아니면 아마도 여전히 자신의 기술을 연습해 보고 있는 '유아적 신(an infant Deity)'이었을 것이라고 말한다.

4. 라이프니츠와 볼테르

라이프니츠(Gottfried Wilhelm von Leibniz, 1646-1716)는 악의 문제를 안과 밖으로 그리고 위와 아래로 뒤집어놓았다. 그의 주장에 의하면 신은 자비로우며 전능한 분이기 때문에 그가 만든 어떤 세계도 만들어질 수 있는 세계 중에서 최고의 세계임이 틀림없다고 한다. 그러므로 우리가 살고 있는 우주는 모든 가능한 세계 중에서 최고의 것임에 틀림없다.

볼테르(Voltaire, 1694-1778)는 라이프니츠를 그의 소설 『깡디드(*Candide*)』에 나오는 인물 팡글로스(Panglos) 박사로 풍자했다. 이 작품에서 주인공 깡디드는 팡글로스의 신조 즉 라이프니츠식의 신조로 사상 무장된 후 그의 행운을 찾기 위해서 거대한 세상으로 나아간다. 그는 끝없는 재난을 경험하지만 항상 팡글로스의 가르침을 되뇌면서 자신을 위로하려고 애쓴다. 그러나 재난에 재난을 거듭하면서 그의 가르침은 더욱 더 터무니없다는 것이 드러나게 된다.

5. 선과 악 그리고 자유의지

아마도 악의 문제에 대해서 가장 만족스러운 해결책이라고 할 수 있는 것은 자유의지와 관련된 설명일 것이다. 이 해결책이 제시하는 바에 의하면 악은 인간이 자유의지를 갖게 됨으로써 필연적으로 따라오는 결과라는 것이다. 자유의지를 갖고 있는 사람들이 사는 세상이 단지 상냥한 기계 같은 존재들만이 사는 세상보다 더 풍요롭고 더 다양하며 중요한 의미에서 더 낫다. 만일 인간이 항상 선하다면 그것은 신이 사람들이 그의 법에 백 퍼센트 순종하게끔 창조했기 때문이라고 볼 수 있다. 그럴 경우에 사람들은 선을 자동적으로 행하는 단순한 기계와 같은 존재가 될 것이다.

그런데 우리는 인간에게 자유의지가 있다는 것으로써 도덕적 악을 설명할 수 있고 자유의 가치를 인정하게 되며, 따라서 신이 자유로운 인간을 창조하기로 결정했다는 사실을 정당화할 수 있다. 즉 신은 인간을 기계로 창조한 것이 아니라 스스로 선과 악을 선택할 수 있는 피조물로서 만들었다는 것이다.

그러나 자유의지 때문에 도덕적 악이 있을 수밖에 없다는 사실을 설명하고 정당화할 수 있을지 모르지만 그것이 엄청난 양(量)의 끔찍한 악을 설명하지는 못하는 것 같다. 우리는 더 적은 악을 가지면서도 여전히 자유의지를 누릴 수 있지 않은가? 직관적으로 느끼는 바는 세상에 있는 악의 양(量)은 자유의지를 보장하는 데 필요한 양을 훨씬 넘어선다는 것이다.

그리고 자유의지를 가지고 하는 답변은 홍수, 기아, 그리고 질병과 같은 자연적 악에 대해서는 설명하지 못한다. 물론 우리 인간이 자유로운 존재라면 선뿐만 아니라 악도 선택할 수 있어야 한다. 그러나 일반적으로 볼 때 기아, 질병, 가뭄, 홍수, 태풍, 쓰나미와 같은 해일, 지진과 같은 악은 인간의 선택으로 비롯된 것이 아니다.

흄의 결론에 의하면 신의 본성은 우리에게 알려지지도 않고 또 알려질 성질의 것도 아니다. 우리는 신의 속성도 알 수 없고 그 속성들 사이의 관계도 알 수 없다.

6. 무신론과 악

물론 무신론자에게는 악이 문제가 될 것이 없다. 우주는 우연히도 악을 포함하고 있고 처음부터 세상은 그런 것이며 그러므로 거기에 특별히 덧붙여 말할 것도 없다. 한편 일부 사람들은 무신론으로 귀의하기도 하는데 이 사람들은 바로 악이 존재한다는 사실이 바로 그들에게 무신론이 틀림이 없다는 확신을 주었다고 말한다.

그러나 소위 악의 문제는 무신론을 위한 완전한 근거가 되지 못한다. 실로 그 문제는 때때로 신의 존재를 부정하는 압도적인 증명이 되긴 하지만 사실상 그것이 어떤 특별한 명제의 압도적인 증명이 되지는 못한다.

이 문제를 다음과 같이 세 개의 명제를 가지고 정리할 수 있다. 즉, 악이 존재한다. 신은 사랑으로 가득 찬 존재이다. 신은 전능한 존재이다. 이 세 개의 명제는 상호 간에 모순된다. 이 중에 둘은 참이 될 수 있지만 세 개가 모두 참이 될 수는 없다.

여기에 대해서 여러 개의 답이 가능하다. 우리의 경험에 비추어보아 아래의 여러 답 중에서 첫 번째 답을 거절해도 즉, 악이 존재한다고 하더라도 우리에게는 여전히 다른 대안들이 있다. 그래서 우리가 꼭 무신론(아래에서 두 번째 답)을 취할 필요는 없다. 물론 다른 대안들이 꼭 무신론보다 더 낫다고 볼 수는 없을 것이다. 가능한 답변 중 주요한 것들은 다음의 것들이다. 여러분은 어떤 입장을 택할 것인가?

(1) 악은 존재하지 않는다.
(2) 신은 존재하지 않는다.
(3) 악도 존재하고 신도 존재한다. 그는 사랑으로 가득 찬 존재이지만 전능한 분은 아니다.
(4) 악도 존재하고 신도 존재한다. 그는 전능하지만 사랑으로 가득 찬 분은 아니다.
(5) 악도 존재하고 신도 존재한다. 그는 사랑으로 가득 찬 분도 아니고 전능한 분도 아니다.
(6) 신은 존재하지만 그의 성품은 우리가 알 수도 없고 이해할 수

도 없다.

(7) 문제될 것이 아무것도 없다. 우리에게 알려진 신의 자비와 능력과 우리가 아는 악의 존재는 서로 양립 가능하다. 그러나 그것들의 양립은 우리의 이해를 넘어서 있는 신비이다.

제10장
진리란 무엇인가?

우리는 앞의 7장에서 실체가 무엇인가에 대해서 살펴보았다. 그런데 우리가 실체라고 믿는 것 중에서 어떤 것이 참인가? 이에 대한 답으로서 "모두가 다 참이다"라고 말할 수는 없다. 왜냐하면 그 실체 중에 어떤 것은 다른 것들과 모순되기 때문이다. 그렇다고 "참이나 거짓은 단지 견해의 문제이다"라고 말할 수도 없다. 왜냐하면 우리는 우리가 참이라고 믿는 것을 변론하지 않으면 안 되기 때문이다. 그리고 다양한 견해들은 모두 무엇인가에 관한 것 즉, 세상에 관한 것이기 때문에 그 견해들이 세상이 존재하는 방식 그대로 표현한 것인지 아닌지를 다시 묻지 않을 수 없게 된다. 그러나 여기서 우리는 우리가 지지하는 세계에 대한 형이상학적 관점이 어떠한 것이든지 간에 더 일반적인 문제에 부딪치게 된다. 즉, 우리가 가지고 있는 믿음이 참이라는 것은 무엇을 말하는가? 우리는 어떻게 그리고 언제 우리의 믿음이 참이라는 것을 알 수 있는가? 때때로 이 질문에 대한 답은 **명백한** 것처럼 보인다. 그러나 만일 그 답이 항상 명백한 것은 아니라면 어떻게 할 것인가? 이러한 문제들이 소위 인식론(epistemology) 즉, 지식에 관한 이론(theory of knowledge)이라는 학문의 기초를 이룬다.

1. 무엇을 참이라고 하는가?

"우리가 갖고 있는 믿음이 참이라는 것은 무엇을 말하는가?"에 대한 정답은 어찌 보면 매우 쉽다. 즉, 그 믿음이 사실에 일치하면 그 믿음은 참이다. 그러므로 "내 주머니에 적어도 7천 원이 있다"는 내 믿음은 실제로 내 주머니에 7천 원이나 그보다 많은 돈을 가지고 있기만 하면 참이다. 한국 대표 축구팀이 월드컵 경기에서 우승할 것이라는 나의 믿음은 **실제로** 우승하기만 하면 참이 된다. 목성은 네 개의 위성을 가지고 있다는 위대한 천문학자 갈릴레이의 믿음은 **실제로** 그렇기만 하면 참이 된다. 우리는 이런 예를 얼마든지 들 수 있다. 우리가 가지고 있는 믿음이 **사실**에 일치하면 참이 된다. 그러나 곧 살펴보겠지만 이 말은 전혀 도움이 되지를 않는다.

첫째로, '15 × 4 = 60'과 "64의 세제곱근은 4이다"이라는 진술을 살펴보자. 이 진술문들은 사실과 일치하기만 하면 참인가? 이 경우에 도대체 어떤 사실과 일치한단 말인가? 실제에 있어서 지금 이 순간, 이 세상에는 15개가 하나로 된 세트가 넷이 합해서 있는 것이 없다고 상상해 보자. 그렇다면 적어도

이 순간에는 '15 × 4 = 60'라는 진술은 거짓이 되는가? 물론 그런 것이 세상에 있다면 그것은 합해서 60개가 될 것이다. 만일 우리 축구 대표팀이 월드컵 경기에서 우승할 경우에는 실제로 우리 팀이 우승하게 되는 것은 참이 된다. 그러나 우리 축구팀이 이기지 못한다고 생각해 보자. '만일'이라는 조건어가 그것을 참으로 만들지 못한다. 그러나 '15 × 4 = 60'이라는 진술은 이 세상에 이것에 일치하는 사실이 없다 하더라도 참이라고 말할 수 있다. 그러므로 어떠한 사실과도 일치하지 않는 혹은 일치할 필요가 없는 참된 진술이 있다.

둘째로, 소위 '상식'에 해당하는 많은 진술문들은 어떠한지 살펴보자. 예를 들어 비가 오는 추운 날씨에 바깥에 나가면 우리의 저항력이 떨어지게 되고 감기에 걸린다는 상식을 살펴보자. 의사들은 이러한 상식을 과학적 증거에 기초해서 반박한다. 그러나 우리는 이와 같은 믿음들을 그것들이 결정적으로 논박받을 때까지 고수한다. 심지어 논박받고 나서도 여전히 그런 믿음을 고수하는 사람들도 있다. 우리가 상식적으로 믿는 것들이 실제로 정당화된 것이며, 그것들이 사람에서 사람으로, 세대에서 세대로, 아무런 비판을 받지 않고서 전해 내려온 그럴듯한 거짓말이 아니라는 것을 우리는 어떻게 알 수 있는가?

셋째로, 우리들의 직접적인 지각을 통해서 검증할 수 있는 진술인 "여기 식탁 위에 한 잔의 허브차가 있다"와 "질량을 갖고 있는 두 개의 물건 사이에는 중력이 있다"라는 과학의 자연법칙을 나타내는 진술을 비교해 보자. 이 두 진술은 모두 경험에 근거한 것이다. 그러나 후자는 전자보다는 분명히 훨씬 더 복잡한 과정을 통해서 확인할 수 있다. 이 두 진술 사이에는 상당히 여러 번의 경험에 근거한 일반화 작업 즉, 가설들이 있다. 그런데 이 가설들은 "물은 섭씨 0도에서 언다" 그리고 "사냥개를 고양이 앞에 두면 고양이는 도망간다"는 따위의 귀납적인 논증에 의해서 형성되고 확증된다. 그러나 과학의 모든 진술문들이 경험에 의해서 확증되어야만 하는가? 관찰과 실험을 필요로 하지 않는 매우 일반적인 이론이 가능하지 않을까? 그리고 "하나님은 존재한다"라는 것뿐 아니라 "모세는 하나님의 도움으로 홍해를 갈랐다"는 종교적인 진리는 어떻게 확증되는가? 이 종교적 진술도 사실과 일치하기 때문에 참인가? 아니면 신앙에 근거한 진리 같은 것이 있는가? 그리고 이러한 진리는 과학적 진리와 매우 다른가?

마지막으로 "이 세상의 모든 것은 결국 다 사라진다"와 "애들은 어디까지나 애들이다"와 같은 매우 일반적인 진리 즉, 자명한 이치는 어떤가? 항진(恒眞)명제 즉, 동어 반복은 세상에 대해서 우리에게 아무것도 알려주는 것이 없지만 참이다. 그리고 철학자들이 말했던 거창한 진술들은 어떤가? 예를 들어 "가장 실재적인 것은 형상(form)이다", "단 하나의 실체가 있을 뿐이다"와 같은 진술은 참인가 그렇지 않은가? 거창한 진술 가운데 어느 것이 참인가? 우리는 그것을 어떻게 알 수 있는가? 그와 같은 문제에 대한 지식은 무엇에 근거를 두고 하는 것인가? 무엇이 진리인가? 그리고 우리가 진리를 발견했을 때 우리는 그것을 어떻게 알 수 있는가?

2. 두 종류의 진리

앞 절에 암시되어 있듯이 참된 진술 즉, 진리는 두 개의 범주로 나눌 수 있다. 첫째는 사실에 근거해서 진리가 되는 경우이고, 둘째는 추론에 의해서 진리가 되는 경우이다. 첫 번째 범주에 해당하는 경우는 "내 주머니 안에 잔돈이 하나도 없다"는 진술, "한국은 아직도 분단국가이다"라는 진술, 그리고 "산 정상에서는 물이 섭씨 100도 이하에서 끓는다"는 진술 같은 것들이다. 두 번째 범주에 속하는 경우는 '2 + 2 = 4'라는 진술, 'A + B = B + A'라는 진술, 그리고 "어떤 노총각도 결혼하지 않았다"는 진술 같은 것들이다. 이러한 '이성의 진리들'은 필연적 진리라고 불린다. 왜냐하면 이것들은 어떤 경우에도 거짓이 될 수 없기 때문이다.

1) 경험적 진리

우리는 사실에 의해서 참이 되는 진술을 경험적 진리, 즉 경험에 의해서 참이 되는 진리라고 부른다. 경험적 진리는 일단 우리들이 실제로 바깥세상을 향해서 있을 때 참의 여부를 알 수 있다. (물론 우리들이 늘 직접적으로 그러는 것은 아니다. 우리의 경험적 지식 가운데 대부분은 다른 사람들의 관찰과 실험에 근거한다. 우리는 그들의 말을 그대로 받아들인다.) 그러나 경험적 진리는 세계에 있는 사실을 확인하고서만이 알 수 있기 때문에 "여의도 광장에는 나무가 하나도 없다"와 같은 진술은 얼마든지 참이 아닐 수 있다. 철학자들은 이러한 진술을 (그리고 이러한 진술이 언급하는 상황을) 우연한(contingent) 것이라고 부른다. 이 진술이 참이 되면 우연적 진리(contingent truth)라고 하고, 반대로 거짓이 되면 우연적 거짓(contingent falsehood)이라고 한다. 그러므로 여의도 광장에는 나무가 하나도 없다는 진술은 공교롭게도 즉, 우연히도 거짓이 된 것이다. 우리는 그 반대로도 상상해 볼 수 있다. 만일 누군가가 몇 그루 남아 있지 않은 나무들은 잘라버렸다면 그 진술은 참이 될 것이지만 그것은 단지 우연히 참이 된 것이다. 왜냐하면 언젠가는 여의도 광장에 다시 나무들이 있을 수 있기 때문이다. 일반적으로 철학에서는 모든 경험적 진술은 그것이 참일 경우에도 단지 우연적으로 참이 된 것이라고 한다.

2) 필연적 진리

한편 이성 때문에 참이 되는 진술은 **필연적으로**(necessarily) 참이다. 그것은 필연적 진리이다. 이 때 '필연적'이라는 말은 '우연적'이라는 말의 반대말이다. 우리는 항상 우연적 진리가 참이 되지 않는 경우를 생각할 수 있고, 반대로 우연적 거짓이 거짓이 되지 않을 경우를 상상할 수 있다. 그러나 필연적 진리가 참이 아닐 수도 있다든지 필연적 거짓이 거짓이 아닐 수도 있다는 것은 상상할 수 없다. '1 + 1 = 2'는 아무리 상상력이 풍부한 사람일지라도 이 진술을 거짓으로 만들 수 있는 어떤 상황도 상상할 수 없다는 의미에서 필연적 진리이다. (우리는 흔히 1 더하기 1이 2가 되지 않는 경우가 있다고 하면서 물 한 방울에 다른 물 한 방울을 합해도 역시 한 방울이 되는 것을 예로 든다. 그러나 그렇다고 해서 '1 + 1 = 2'라는 진술이 거짓이 되는가? 왜 그렇지 않은가?) 예를 들어 우리는 필연적 거짓인 '1 + 1 = 1'을 어떠한 상황에서도 참이라고 생각할 수 없다. 따라서 필연적 진리는 경험에 앞서 있는(라틴말로 **아프리오리** (*a priori*)라고 하고, 우리말로 **선험적**(先驗的)이라고 해석한다) 참이라고 말할 수 있다. 이 때 '*a priori*'라는 말은 시간적으로 '어떤 경험에 앞서서'라는 의미가 아니다. 즉, 우리가 태어나기 전부터 이러한 진리를 안다는 것을 의미하는 말이 아니다. 물론 우리가 태어나면서부터 갖고 있는 즉, **본유적**(本有的, in-nate) 관념이 있다고 실제로 믿는 철학자도 있긴 하다. 그럼에도 불구하고 이러한 필연적 진리들은 우리가 언어를 배운 후에야 그리고 아마도 상당한 지적인 교양을 얻은 후에야 인식하게 된다.

3) 두 종류의 진리의 한계

그런데 "내 주머니에 잔돈이 있다"는 진술과 '2 + 2 = 4'라는 진술 같은 것에만 우리를 국한시킨다면 한편에는 **경험적, 우연적 진리**가 있고 다른 한편에는 일부 철학자가 '이성의 진리'라고 부르는 **필연적 진리**가 있으므로 그 구별이 매우 분명해 보인다. 그러나 앞의 7, 8, 9장에서 제기했던 극히 중요한 철학적 질문들을 깊이 생각할 때 이러한 구별은 심각한 문제를 일으킨다. 신은 존재하는가? 실체란 무엇인가? 혹은 우리가 앞으로 다룰 문제이지만 인간의 삶에는 어떤 의미가 있는가? 이러한 질문에 대한 대답은 경험적 진리인가 아니면 필연적 진리인가? 이러한 질문에 답하기 위해서 우리는 우리의 경험에 의존해야 하는가 아니면 이성에 의존해야 하는가? 아니면 둘 다인가? 아니면 둘 다 아닌가?

3. 다른 종류의 진리

1) 신앙적 진리

예를 들어 신의 존재를 믿는 것은 언뜻 보기에는 사실에 대한 믿음처럼 보인다. 사실 많은 철학자들이 신의 존재는 궁극적인 사실이라고 주장했다. 그러나 신의 존재를 믿는 유신론자와 신의 존재를 믿지 않는 무신론자 사이의 논쟁을 한번 상상해 보자. 유신론자는 무신론자가 신의 존재를 믿을 수밖에 없도록 하기 위해서 어떤 사실을 제시할 수 있을까? 유신론자는 아마도 무신론자에게 성서에서 신의 존재를 강력하게 주장하는 많은 구절 가운데서 하나를 보여줄 수 있을 것이다. 그러나 물론 무신론자는 이것을 증거로서 받아들이지 않을 것이다. 왜냐하면 무신론자는 성서 내용의 대부분은 참이 아니라고 믿기 때문이다. 그래도 몇몇 유신론자들은 신의 존재에 대한 직접적 증거를 가지고 있다고 주장할 수 있다. 왜냐하면 신은 실제로 그들에게 말을 했고, 실제로 신이 그들에게 나타났기 때문이다. 그러나 무신론자들은 소위 증거라고 하는 이것들을 조금도 고려하지 않을 것이다. 왜냐하면 무신론자들은 그와 같은 경험을 일종의 망상이라고 무시해 버릴 것이기 때문이다. 다시 유신론자는 역사에 기록되어 있는 기적들을 지상에 신이 임재했다는 증거로 제시할 것이다. 그러나 무신론자는 역시 그것들을 하나의 우연히 발생한 일이거나 아직은 설명되지 않은(그러나 설명할 수 없는 것은 아닌) 사건으로 일소에 부칠 것이다. 다시 유신론자들은 복잡 오묘한 세상은 참으로 기가 막힌 걸작품인데 이러한 걸작품이 나오기 위해서는 반드시 신이 있어야 하지 않

232

느냐고 반론(이것은 앞의 8장에 나온 '설계 논증'이다)을 제기할 것이다. 그러나 무신론자는 세상이 이렇게 된 것은 전혀 우연이며 또 세상은 그다지 걸작품도 아니라고 주장한다. 세상은 우리가 그것을 어떻게 보느냐에 따라 전혀 달리 볼 수 있다고 한다.

이러한 논쟁은 하면 할수록 쓸모없는 말싸움에 빠져들게 될 것이다. 그러므로 신을 믿는다는 것은 단순히 사실을 받아들이는 문제가 아니고 그 이상의 문제라고 봐야 한다. 그 이상의 것이 무엇인가? 하나의 전통적인 답변으로서 우리는 그것을 '신앙'이라고 말할 수 있다. 그러나 신앙은 진리를 안다고 하는 주장이라기보다는 우리가 믿고 있는 것이 참이기를 바라는 문제이다. 신 존재에 대한 믿음은 사실의 문제로서가 아니라 추상적인 추론을 통해서 완벽하게 이성적으로 입증 가능한 문제라고 주장되어 왔다. (우리는 예를 들어 8장에서 논했던 '존재론적 신 존재 논증'에서 그와 같은 추론을 볼 수 있었다.) 만일 그와 같은 논증이 성공을 거둔다면 "신은 존재한다"는 진술은 필연적 진리가 될 것이다.

2) 인생의 진리

같은 방식으로 인생의 의미에 대한 진술에 대해서 생각해 보자. 예를 들어 인생은 의미가 있는 것인가, 아닌가? 의미가 있다면 그것은 어떤 것인가? 만일 내가 인간의 삶은 의미가 있는 것이라고 주장한다고 하자. 이 때 이 진술은 어떤 사실들에 의해서 참이 되는가? 나는 사랑의 즐거움, 지식의 즐거움, 스키를 타는 스릴감, 그리고 벽난로 앞에서 훌륭한 포도주 한 잔을 마시는 기쁨 같은 것을 열거한다. 그리고서 마치 증명이라도 한 듯이 "인생은 좋은 것이다"라고 결론을 내릴 것이다. 그러나 인생은 불합리하다고 생각하는 당신은 나의 말에 동의하지 않는다. 당신은 "사랑은 결코 오래 가지 못한다"고 주장한다. 적어도 통계적으로 볼 때 확실히 당신 말이 맞다. 당신은 지식의 무용(無用)함, 스키 타다가 다리가 부러지는 불행한 사건, 멋진 포도주와 멋진 벽난로에 들어가는 비싼 돈을 지적한다. 또한 당신은 인간의 역사에서 드러난 가장 유치한 사실들, 전쟁에서 벌어진 흉악한 행위들, "인생은 항상 더 나아질 거야"라는 환상을 가지고 사는 사회에서조차도 일어났던 잔인한 일들과 더 출세할 가망이 없는 지위들 같은 것들을 하나씩 열거할 것이다. 당신은 인생의 비극을 말하며 인생이 얼마나 짧은가를 한탄할 것이다. 그래서 당신은 "인생은 좋은 게 아니다"라고 결론을 내린다.

　우리는 각자 우리에게 유리한 사실을 열거한다. 누가 옳은가? 여기서도 신앙의 진리의 경우에서처럼 여러 사실들은 진위(眞僞)를 결정하는 데 아무런 도움을 주지 못한다. 나는 전쟁과 비극도 우리에게 생명의 가치를 다시 한번 생각하게 한다는 의미에서 그리고 우리에게 싸워야 할 무엇을 준다는 의미에서 그 나름대로 소용이 있다고 반론을 제기할 수 있다. 또한 나는 인생이 아무리 짧다 해도 혹은 아무리 많은 불운이 우리에게 닥쳐온다 해도 인생은 본질적으로 의미가 있는 것이라고 주장할 수도 있다. 이런 식으로 전개되는 논쟁은 역시 끝이 나지 않을 것이다. 왜냐하면 인생이 좋다, 나쁘다고 이야기할 때 중요한 것은 사실에 대한 해석(interpretation)이지, 사실 자체가 아니기 때문이다.

3) 철학적 진리

마지막으로 "가장 실재적인 것은 일상의 경험에서 일어나는 일이나 사실들이 아니라 플라톤의 형상들(forms)이다"라는 진술을 살펴보자. 만일 이 진술이 참이라면 그것이 참인 이유는 그것이 사실에 부합하기 때문인가? 아니다. 왜냐하면 그 진술 자체가 말하기를 일상의 생활에서 벌어지는 사실들은 진리의 기초가 아니라고 하기 때문이다. 당신은 이 진술이 때에 따라 사실에 부합하기도 하고 부합하지 않기도 한다고 말할 수 있는가? 만일 당신이 사실에 부합한다고 말한다면 당신은 하나의 역설(paradox)을 만들어내고 있는 것이다. 왜냐하면 당신은 그 진술이 애초부터 진리의 기초가 될 수 없다고 부인했던 사실들에 일치하기 때문에 그 진술은 참이라고 주장하기 때문이다. 그러므로 이 철학적 진술이 참이라고 할 경우에, 그것이 참이 되는 것은 사실을 핵심적 근거로 하는 것이 아니라는 것을 알 수 있다. 우리는 아마도 그것을 순수한 사유를 통해서 옹호할 수 있으며, 또한 세상의 명백한 사실들이 그것을 지지하든 않든 상관없이 그것을 옹호할 수 있을 것이다.

실제로 대부분의 철학자들은 일상의 경험적 사실은 철학적 진리와는 거의 관계가 없다고 말한다. 그렇다고 모든 철학적 진리들은 필연적 진리 즉, 이성의 산물인가? 이성이 그와 같이 엄청난 약속을 할 수 있는가? 일부 철학자들은 확실히 그렇게 생각했고, 다른 철학자들은 그것을 부인했다. 그러나 거의 모든 철학자들은 (최근까지) 만일 어떤 철학적 질문(혹은 지식에 관한 다른 질문)에 대해서 답변이 있다면 그것은 경험에 기초한 경험적 진리이든지, 필연적이면서 이성의 산물이기도 한 선험적 진리여야 한다고 생각했다.

어떤 진술이 참이냐 혹은 거짓이냐를 말하는 것과 그것이 어떤 종류의 진리이며 우리가 그것을 어떻게 아느냐를 말하는 것은 별개의 일이다. 최근의 철학자들은 지식은 '정당화된 참된 믿음'이라고 주장한다. 진리는 단지 지식이 되기 위한 필요조건 가운데 하나일 뿐이다. 또한 우리의 믿음을 정당화할 수 있기 위해서는 진리가 필요하다. 그리고 철학적 믿음을 정당화하려는 시도가 바로 근대와 현대 철학을 크게 두 갈래로 갈랐다. 서양에서 지난 300여 년 동안 철학이 발견할 수 있는 진리의 종류에 대한 논의의 대부분을 두 학파가 이끌어왔다. 이 두 학파를 우리는 보통 합리주의 혹은 합리론(rationalism)과 경험주의 혹은 경험론(empiricism)이라고 부른다. 이름만으로도 우리는 이들이 주장하는 입장을 짐작할 수 있다.

4. 합리주의와 경험주의

1) 합리주의

합리주의는 다양한 이론을 포함하는 광역에 걸친 이름이다. 이에 속하는 이론들은 모두 인간의 이성(reason)은 대부분의 기본적이고도 본질적인 철학적 질문에 궁극적인 답을 제공할 수 있다는 자신감을 가지고 있다. 더욱이 이 궁극적인 답은 필연적인 진리이다. 현대의 위대한 합리주의자 가운데는 데카르트, 스피노자, 라이프니츠, 칸트, 그리고 헤겔이 있다. 고대와 중세

의 대부분의 위대한 철학자들은 합리주의자였다. 플라톤, 아리
스토텔레스, 아우구스티누스, 그리고 토마스 아퀴나스가 대표적
으로 이에 속하였다. 물론 아리스토텔레스와 아퀴나스는 어느
정도 경험주의적 요소를 띠기도 했다. 이들은 모두 철학적 추
론은 이런저런 방식을 통해서 우리에게 답변을 줄 수 있다고
믿었다. 그리고 이 답변들은 모두 필연적 진리이며 그것이 신
에 의해서 영감으로 주어졌든, '형상(forms)'에 의해서 비추어
졌든, 인간 정신에 새겨져 있든 우리의 뇌에 본유적으로 주어
졌든, 우리의 사고 과정 자체에서 발견될 수 있다고 믿었다. 경
험은 답변을 위한 일부 단서와 촉매를 제공할 뿐 아니라 우리
의 사유를 위한 자료의 일부를 제공할 수는 있다. 그러나 합리
주의자에 의하면 경험은 그 자체로서는 우리에게 어떤 것도 가
르쳐줄 수 없다. 그들은 진리는 변화무쌍한 경험의 영향을 받
지 않는다고 주장했다.

2) 경험주의

한편 경험주의는 '본유 관념'의 개념을 거부하고, 영국의 철
학자 로크의 말을 빌리자면 "모든 지식은 경험으로부터 온다"
고 주장하는 철학적 방법이다. 로크에 의하면 인간의 정신은
태어날 때는 백지장(blank tablet, *tabula rasa*)과 같아서 그 위
에다가 경험이 모든 지식뿐 아니라 일반적 원리를 상세히 쓴다
고 했다. 다른 경험주의자들로는 데이비드 흄, 19세기의 사상
가 존 스튜어트 밀, 그리고 20세기의 철학자 버트란드 러셀이
있다.

물론 경험주의자들도 이성의 가치를 믿지만 수학에서처럼 명

확한 계산과 논리에서만 그 가치를 인정한다. 그러나 그들은 중요한 철학적 질문에 대해서 이성은 말할 것이 없다고 믿는다. 실로 20세기의 가장 급진적인 경험주의자들은 이성은 우리들에게 세계에 대해서 말해 주는 바가 전혀 없으며 단지 우리 자신의 언어 구조에 대해서만 말해 줄 뿐이라고까지 주장했다.

3) 두 이론의 쟁점과 비판

다른 한편 합리주의자들 또한 감각의 증언을 거부하지는 않지만 관찰과 실험은, 한마디로 말해서 경험은 우리에게 철학적 진리를 제공할 수 없다고 주장한다. "당신 주머니에 잔돈을 얼마나 가지고 있느냐?"는 질문은 경험에 근거해서 답변이 주어질 수 있고, "만일 A가 B이고 B가 C이면 A는 C이다"라는 진술은 이성에 의한 필연적 진리라고 하면 경험주의자나 합리주의자나 모두 동의할 것이다.

그들의 의견이 불일치하는 것은 철학의 근본적 질문들의 답변이 어떻게 주어지느냐 여부이고, 과연 그런 답변 자체가 주어질 수 있느냐의 여부이다. 합리주의자들은 그 답변이 주어질 수 있으며 그것도 확실한 답변 즉, 필연적 진리가 주어질 수 있다고 믿는다. 경험주의자들은 일반적으로 철학의 근본적인 질문들에 대한 답변이 주어질 수 있다 할지라도 그것은 우리가 쓰는 말들의 통속적인 의미로 답변이 주어지든지(예를 들어 '실체'라는 말은 경험주의자들에게는 단순히 '물질적이고 감각으로 느낄 수 있는 것'을 의미한다), 아니면 광범위한 경험에 근거한 일반화 작업을 통해서 그 답변이 주어져야 한다고 믿는다(예를 들어 경험주의자인 존 스튜어트 밀은 '2 + 2 = 4'와 같은 진술조차도 사실은 경험을 매우 일반화한 주장이며 그것은 전혀 '이성의 진리'가 아니라고 생각했다). 경험주의자들에게는 모든 지식(그리고 귀납적 논증)은 경험에 근거하기 때문에 지식은 (기껏해야) 매우 개연적(蓋然的)인 것이며 확실성을 지닌 것이 아니다. 그러므로 많은 경험주의자들은 철학의 중대한 질문들 가운데 일부는 답변될 수 없다고 주장했다. 그리고 그들의 주장에 의하면 경험주의의 많은 부분은 이 질문들 자체를 재검토하는 일에 할애되었는데 그 결과 이것은 그 답변이 주어질 수 없다는 것을 증명할 뿐이었다고 한다. 그리고 그들은 무엇보다도 그 질문 자체가 별로 의미가 없다고까지 주장하게 되었다. 이것은 놀랄 만한 주장이 아니다. 왜냐하면 경험주의의 본성상 이런 결론이 나올 수밖에 없기 때문이다.

합리주의자와 경험주의자 사이의 주요한 쟁점 가운데 하나는 본유 관념의 존재 여부와 관련된 것이다. 이 쟁점은 17세기에도 제기되었으나 현대에서도 다시 큰 쟁점이 되었다. 바로 현재도 활발한 활동을 벌이면서 합리주의적 입장을 취하고 있는 언어학자 노엄 촘스키(Noam Chomsky, 1928-   )와 넬슨 굿맨(Nelson Goodman, 1906-1998)과 같은 경험주의자들 간의 논쟁에서 이것을 볼 수 있다. 본유 관념은 우리에게 태어나면서부터 주어진 관념을 말하는데 그렇다고 갓 태어난 유아가 이미 $45 \times 26 = 1,170$이라는 것을 안다는 것을 의미하는 것은 아니라고 이미 앞에서 이야기했다. 일반적으로 볼 때 합리주의자들은 본유 관념이라는 것을 받아들이지만 경험주의자들은 그것을 거부한다. 합리주의자 데카르트는 하나님은 완전한 존재라는 관념과 같은 직관적으로 확실한 진리를 가지고서 자신의 철학을 시작하려고 했다. 그러고 나서 그는 이로부터 제일 원리와 마찬가지로 확실한 다른 진리들을 추론하려고 했다. 경험주의자인 로크는 이러한 본유 관념을 거부하고 정신은 태어날 때는 백지장(*tabula rasa*)과 같다고 주장했다. 그러므로 우리의 모든 관념은 경험으로부터 도출한 것이다. 왜냐하면 그 관념들 어느 것도 본유적인 것이 아니기 때문이다.

여기서 문제가 되는 것은 우리의 많은 지식들은 개인적 지각으로 구성되어 있는 것("여기 허브 찻잔이 있다")이 아니라 "모든 작용은 동일한 정도의 반작용을 갖는다"와 같은 보편적 진술로 이루어져 있다는 것이다. 우리는 어떻게 개인적인 지각과 우리의 제한된 경험으로부터 그와 같은 보편적인 진술을 얻을 수 있는가? 합리주의자들은 이것은 오로지 몇몇의 본유 관념이나 이성적 직관에 의해서 가능하다고 주장한다. 따라서 세상에 관한 대부분의 필연적인 진리들(예를 들어 수학의 진술들)은 경험에 근거해서는 도저히 불가능하고 본유 관념에 근거해야만 한다고 주장한다.

제11장

자아란 무엇인가?

나는 여러분에게 이 책 1부 3장 '철학적 질문들'에 나온 (9)번의 질문과 비슷한 질문을 다시 해보겠다.

(1) 한번 당신을 소설 속에 등장하는 인물인 것처럼 묘사해 보라. 당신의 동작, 자세, 습관, 당신만이 쓰는 특징적인 말들을 묘사해 보라. 그리고 풍자적으로 당신 자신을 흉내 내어보라. 당신은 당신 자신을 어떤 종류의 사람으로 묘사할까?

(2) 다른 혹성으로부터 온 방문객에게 당신이 누구라고 설명해 보라.

(3) 당신은 누구인가? 다음의 경우에 각각 자신을 설명하고

그것들을 비교해 보라.

1) 직장 원서를 쓸 경우
2) 첫 번째 데이트를 할 경우
3) 당신의 부모에게 당신의 생애에서 무엇을 하기로 결정했다는 것을 이야기할 경우
4) 재판정에서 피고인으로서 배심원들에게 당신의 '선한 성품'을 설득하려고 할 경우
5) 데카르트가 이야기한 "나는 생각한다. 고로 존재한다"는 진술에서 '생각하는 나'로서 설명할 경우

1. 본질적 자아

1) 현상적 자아와 본질적 자아

합리성이라는 개념을 가진 우리는 외부 세계의 순수한 실체에 대한 질문만이 아니라 우리 자신과 우리 자신의 활동에 대한 질문도 하지 않을 수 없다. 우리가 '주체적 진리'라는 말을 하는데, 이것은 세상에 대한 질문보다는 자아 즉 나 개인에 대한 질문을 강조하는 말이다. 우리는 나이가 들면서 전에는 너무나 분명했고 문제가 되지 않았던 것처럼 보였던 것에 대해서 일련의 새로운 질문을 하게 된다. 예를 들어 '자아'란 무엇인가? 사람이 된다는 것은 무엇을 말하는 것인가? 당신이 '당신 자신을 안다'고 했을 때 무엇을 알았다는 말인가? 누군가가 당신에게 "제발 당신 자신이 되십시오"라고 말했을 때 그 자신은 어떤 자신을 말하는가?

자아에 대한 우리의 개념은 신, 종교, 그리고 실체의 본성에

관한 우리의 개념과 마찬가지로 알고 보면 매우 다양하다. 그래서 사람마다 문화마다 다를 뿐 아니라 우리들 각자도 시간마다, 그리고 상황이 바뀔 때마다 다른 것을 알 수 있다. 예를 들어 앞의 질문 (3)에서 보듯이 직장에 제출할 원서에 묘사된 나는 매우 근면하며, 평균점수 이상을 받으면서 수년 동안 학교를 다녔고 많은 경험을 했으며, 그리고 상당한 야망을 품고 있는 사람이다. 한편 법정에서 나 자신을 변호하는 나는 학교에서 얻은 성적에는 별로 관심이 없고 나의 선행, 선의(善意), 많은 친구들, 그리고 어린애들과 동물들을 친절하게 돌보는 나의 성품 등을 강조할 것이다. 똑같은 나를 묘사하는데도 상황이 바뀜에 따라서 나의 모습이 상당히 바뀌는 것을 보고 우리는 놀라지 않을 수 없을 것이다. 나와 데이트하는 사람에게 주는 나에 관한 정보를 나의 고용주에게도 똑같이 줄 수 있나 상상해 보라. 혹은 가깝다고 생각하는 친구가 단지 학교에서 얻은 점수만을 자세하게 설명할 때 당신은 친구에 대해서 어떻게 느끼는가? 우리가 우리 자신에 대해서 생각하는 것과 우리 자신이나 다른 사람들에 대해서 중요하다고 생각하는 것은 우리가 자신을 설명하려는 상황에 따라서 상당히 달라진다는 것을 부정할 수 없을 것이다.

그렇지만 우리 모두는 부정할 수 없는 느낌을 갖고 있는데, 그것은 우리가 다양한 상황에서 다양하게 묘사하는 우리 자신의 저 밑바닥에는 '진정한 자아'가 있다는 느낌이다. 이 자아는 상황에 따라서 변하지 않는다. 유태-기독교의 전통(또한 일부 고대 종교, 그리고 그리스인들의 사고)에서는 이 변하지 않는 '진정한 자아'를 영혼 혹은 넋(soul)이라고 불렀다. 철학자들은 이 '진정한 자아'를 본질적 자아라고 불렀다. 즉, 특정한 인격을 규정짓는 일련의 특성들을 본질적 자아라고 불렀다.

우리는 상당히 많은 상황에서 이 진정한 자아 혹은 본질적 자아에 대한 경험을 한다. 예를 들어 만일 우리가 싫어하고 같이 있기에 불편한 사람들과 파티에 가지 않을 수 없을 경우에, 우리가 자연스럽지 못하고 인위적으로 행동해야 할 경우에, 평소보다 더 거친 말을 해야 할 경우에, 아니면 평소보다 더 교양을 갖춘 말을 하지 않을 수 없는 경우에, 그리고 우리가 전혀 관심이 없는 주제에 대해서 말할 경우에 우리의 속마음을 표현해 보라고 하면 "나는 내 자신이 될 수 없었다"라든지 "나는 그래야만 하는 내 자신이 싫었다"고 말할 것이다. 이 장에서 우리는 바로 '진정한 당신'과 그리고 다른 사람들과 당신의 관계가 무엇인가에 대해서 논하려고 한다.

2) 다양한 자아관

우리가 다른 철학적 탐구에서도 경험하듯이 우리에게 가장 명백했던 답이 우리의 사고를 쫓아 그 결과를 얻으려고 하자마자 곧 사라지는 경우가 종종 있다. 그리고 전에는 간단해 보였던 답이 여러 개의 답들로 바뀌어서 어떤 답을 택해야 할지 모르는 경우가 많다. 예를 들어 "내가 누구인가?"라는 질문이나 "진정한 자아, 본질적 자아는 어떤 것인가?"라는 질문에 대한 답변은 생각하는 것처럼 그렇게 간단하지 않다.

우선 한 가지 답변으로서 종교적 답변이 있다. 당신은 신 앞에서는 단순히 하나의 영혼일 뿐이다. 그 밖의 모든 것은 예를 들어 당신의 세속적 선행, 업적, 심지어 당신의 육체와 육체의 다양한 쾌락과 고통 같은 것들은 의미가 없으며 중요한 것이 아니다. 한편 어떤 사람들은 자신들을 그저 목숨을 붙이고서 즐거움을 누리는 또 하나의 동물이라고 생각한다. 이와는 매우 다른 답변을 데카르트나 많은 다른 근대 철학자들로부터 얻을 수 있다. 그들은 진정한 자아는 의식적 자아라고 말한다. 즉, 생각하는 자아, 자아 자신을 의식하고 있는 자아가 진정한 자아라고 한다. 그런가 하면 자아에 대한 강력한 현대적 견해가 있다. 이에 의하면 궁극적으로 정해진 자아는 없다는 것이다. 즉 자아란 우리가 살아 있을 동안에 계속해서 진행되는 창조의 과정이라는 것이다. 또한 자아에 대한 동양적 견해, 특히 불교의 견해가 있다. 이 견해는 우리에게 자아는 궁극적으로 실재적인 것이 아니라고 가르친다. 즉, 자아라는 것은 본래 있는 것이 아니고 하나의 환상일 뿐이라는 것이다. 마지막으로 매우 중요한 견해로서 자아는 전혀 개인적 실재가 아니고 전체 사회의 산물이라는 주장이 있다. 다른 말로 해서 당신의 자아는 전혀 당신 자신의 것이 아니라는 것이다.

2. 몸으로서의 자아와 의식으로서의 자아

1) 자기정체성과 전통적 견해

사람의 자기정체성 혹은 자기동일성(self-identity)이란 사람이 자신의 본질적 자아를 특징짓는 방식을 말한다. 이것은 일반적 특성화와 개별적인 묘사를 모두 포함하는 것이다. 일반적 특성화란 인간으로서, 남자 혹은 여자로서, 하나님 앞의 피조물로서, 한국인으로서, 불교인 혹은 기독교인으로서, 어떤 커다란 조직과 집단의 구성원으로서의 나를 말하는 것이다. 개별적인 묘사란 우리 반에서 가장 큰 사람으로서, 전국수영대회의 금메달 수상자로서, 일생을 같이할 수 있는 아내를 둔 남편으로서의 나를 말한다. 때때로 이러한 우리의 본질적 특성들은 바깥으로 명백하게 드러난다. 그러나 그렇지 않을 경우에도 그것들은 거의 언제나 우리의 자신을 향한 우리의 행동과 태도에 배어 있다. 우리들 대부분은 우리의 키를 우리의 본질적 자기동일성의 한 부분이라고 생각하지 않는다. 그러나 만일 우리가 서 있는 방식이나 걷는 방식을 의식하게 되면, 그리고 우리보다 상당히 키가 크거나 작은 사람들과 같이 있을 때 우리의 느낌에 관심을 쏟는다면 평소에는 별로 중요하지 않게 보였던 특성들이 우리의 본질적 자아의 개념 속으로 들어오는 것이 분명하다. 이와 마찬가지로 사람의 신체적 조건 또한 자아의 개념이나 자기동일성에서 중요한 요소가 될 수 있다. 예를 들어 사람이 한참 동안 아팠을 때 그렇다.

그러나 우리가 일반적으로 그와 같은 신체적 특성을 우리의 자기동일성에 포함시킨다 해도 명백한 것은 우리의 전반적인 종교적 그리고 철학적 전통에서 우리는 그와 같은 신체적 특징을 무시하도록 배워왔고 대신에 우리의 존재에서 더 '영적'이고 '정신적인' 측면을 강조하도록 배워왔다. 극단적인 예를 상상해 보자. 당신의 가장 친한 친구가 개로 변했다고 해보자. 이 개를 여전히 당신의 친구로 생각하려면 당신의 친구는 어떤 특성을 계속해서 가져야 하는가? 이 개는 분명히 당신 친구의 마음을 가졌다는 표징을 보여주어야만 한다. 그렇게 하려면 개는 가능하다면 무엇보다도 계속해서 이야기를 해야 한다. 당신은 당신과 이야기를 소통하려고 애쓰면서 자신이 생각하는 것이 어떤 것이라고 설명할 때야 비로소 이 개가 진짜 당신 친구라고 인정할 수 있을 것이다. 우리는 사람의 마음이 예전과 똑같다면 그의 신체적 모습이 상당히 변했다고 해서 그 사람이 아니라고 생각하지 않는다. 실제로 우리는 사람이 그 마음은 여전히 바뀌지 않은 채로 개로, 구름으로, 그리고 여러 식물로 바뀌는 이야기나 만화에 익숙하다. 한편 우리는 어떤 사람의 정신 상태가 조금만 변해도 그 사람이 다른 사람 같다고 투덜대거나 그 사람을 전혀 모르겠다고 말한다.

2) 생각하는 자아와 유아주의

자기동일성에서 본질적 자아는 정신 즉, 자기의식이라는 이론은 고대에까지 거슬러 올라간다. 그러나 이 이론으로 가장 유명한 철학자는 데카르트이다. 그는 간단하지만 우아한 논변을 제시했다. 즉 개인적 자아는 우리들 각자가 확실히 알 수 있는 첫 번째 존재이며 의심의 여지가 없는 이 자아는 **생각하는 자아** 즉 자신을 의식하는 자아를 빼놓으면 아무것도 아니다. 그러나 우리는 또한 데카르트의 사상 속에서 결국 흄의 **회의주의**를 초래한 딜레마의 원천을 볼 수 있다. 즉, 데카르트는 실제에 있어서 **우리 자신의 관념과 경험**을 제외하고는 어떤 것도 결코 알 수 없다는 가능성을 열어놓았다. 생각하는 자아에 대한 언급을 하는 가운데 이와 관련된 문제가 생기게 된 것이다.

즉, 우리는 우리 자신을 제외한 다른 자아들을 도대체 알 수 있는가 하는 문제가 생기게 되었다. 그래서 우리는 여기서 세계에 대한 지식에 대해서 흄의 회의주의가 취하는 태도와 똑같은 것을 발견하게 된다. 그것은 유아주의(唯我主意, solipsism)라고 불리는 입장이다. 유아주의는 내 자신의 마음을 빼놓고는 아무것도 존재하는 것이 없다는 사상이다. 회의주의와 마찬가지로 유아주의는 대부분의 철학자들이 받아들일 수 없는 주장이다. 그것이 갖고 있는 문제는 다음과 같다. 만일 우리가 자아는 자아의 의식 속에 있는 것이며 각 사람은 자신의 의식만을 알 수 있다고 생각하게 되면 우리는 도대체 어떻게 우리 자신을 넘어서서 다른 사람들의 의식에 도달할 수 있는가? 우리의 몸은 미덥지는 않지만 다른 사람들의 몸에 접촉할 수 있고 알 수도 있다. 그러나 우리의 마음은 그럴 수가 없다.

3) 기억으로서의 자아와 단일한 특성으로서의 자아의 문제점

자아란 곧 의식이라는 이론은 몇 가지 교묘한 변형을 만들어 내었다. 예를 들어 영국의 철학자 로크는 자아는 의식 전체가 아니고 정신의 한 특수한 부분 즉, 우리의 기억이라고 주장했다. 그러므로 자아는 정신 중에서 자아의 과거를 기억하는 부분이다. 이 이론은 우리 자신에게 상당한 변화가 일어나더라도 오랜 시간에 걸쳐서 우리는 우리 자신을 여전히 똑같은 사람으로 생각할 수 있다는 근거를 설명해 준다. 친구가 개로 변했지만 그 개가 개로 변하기 전의 사람으로서 가졌던 경험을 모두 기억한다면 그 개는 여전히 우리의 친구이다. 한편 만일 우리의 친구라고 주장하는 어떤 사람이 우리가 과거에 같이 가졌던 경험을 조금도 기억할 수 없다면 우리는 틀림없이 그를 의심하게 될 것이다. (물론 기억상실증에 걸리는 경우도 있다. 그러나

그런 경우에도 그 사람은 더 이상 자기가 누구인지를 모른다는 것은 사실이다. 그러므로 문제가 되는 것은 다른 기억을 가지고 있다는 것이 아니라 자기동일성의 기억을 전혀 갖고 있지 못하다는 것이다.)

자기동일성은 기억에 의해서 결정된다는 이론은 그 자체로 기묘한 어려움을 가지고 있다. 예를 들어 철수가 응급 수술을 받아서 그의 다친 뇌를 (방금 죽은) 순이의 뇌로 바꾸었다고 해보자. 그 결과 수술을 받은 사람의 겉모습은 철수의 몸, 얼굴이지만 의식, 기억, 지식은 순이의 것이다. 이 사람은 누구인가? 그 사람을 순이라고 하는 것도 말이 되는 것 같지 않고, 철수라고 해도 말이 되지 않는 것 같다. 만일 당신이 의식이 깨어난 순이의 입장에 있다고 상상해 보면 더욱 문제가 복잡해진다. 왜냐하면 의식불명에서 깨어난 순이는 자신이 남자의 몸을 쓰고 있는 것을 발견할 것이기 때문이다. 이 때 순이는 (자아의식 이론가들이 말하는 것처럼) 자기가 여전히 같은 사람이라는 것을 확실히 알까? 아니면 이 때 자기동일성은 완전히 붕괴된 것인가?

자기동일성의 문제는 이런 식의 역설을 낳는다. 왜냐하면 이 문제가 우리에게 보여주는 것은 자기동일성과 관련된 우리의 의식은 언뜻 보기보다는 훨씬 더 복잡하기 때문이다. 만일 어떤 유일한 특성이 본질적 자아의 전부라면 그 밖의 어느 것이 변하더라도 언제나 그 특성만이 자기동일성일 것이다. 만일 기억만이 우리에게 우리의 자기동일성을 부여한다면 똑같은 기억을 가지고 있는 존재라면 그 기억이 개가 된 친구에게 있든, 심지어는 다른 사람에게 있든 상관없이 다 똑같은 존재이다.

그러나 분명한 것은 우리는 이런 주장을 받아들일 수 없다는 것이다. 왜냐하면 우리는 한 사람의 여러 다른 측면들을 우리의 자기동일성의 개념에 포함시키기 때문이다. "나는 생각한다. 그러므로 나는 존재한다"는 진술과 그리고 그것의 다양한 변형들(예를 들어 "나는 기억한다. 그러므로 나는 존재한다")은 너무 단순해서 우리 자신의 자아의식 전체를 망라할 수가 없다.

자아는 주로 사유와 기억을 통해서 규정지어진다는 견해들이 대부분의 '의식으로서의 자아' 이론들을 지배해 왔다 할지라도 그 이론들은 또한 의식의 다른 측면도 지적했다는 것을 아는 것은 매우 중요한 일이다. 예를 들어 덴마크의 철학자 키에르케고르(Kierkegaard, 1813-1855)는 자아를 열정(熱情, passion)으로 규정지었다. 몇몇 독일 철학자들은 자아를 주로 의지(will)로 규정지었다. 도스토예프스키(Dostoevsky, 1821-1881)는 자신의 비뚤어진 성격들 중에서 하나인 변덕을 자아로 규정지었다. 그리고 플라톤 이래로 많은 철학자들은 자아를 이성적 사유로 규정지었다. 우리는 의식의 다른 면을 강조함으로써 매우 다른 자아의 개념을 얻게 된다. 그래서 당신이 어떤 의미에서 자아는 의식(意識, consciousness)을 통해서 규정지어져야만 한다는 데 의견을 같이하더라도 의식의 어느 부분이 자아를 규정짓는가를 구체적으로 이야기하는 것은 매우 중요한 일이다. 우리가 자신의 '진정한 자아'를 어떤 것으로 보느냐는 바로 여기에 달려 있기 때문이다.

3. 열린 물음으로서의 자아

1) 열린 자아: 사르트르의 자아관

만일 "나는 누구인가?"라는 질문에 대한 답을 가지고 자기동일성에 대한 정의(定義)를 내린다면 우리는 "아직 아무것도 아니다. 아직 확정된 것이 없다"를 하나의 가능한 답변으로 제시할 수 있다. 만일 우리가 자아라는 것을 태어날 때(혹은 수태)부터 우리 안에 있는 내적인 영혼으로 보지 않고 자아를 우리의 행동과 사고의 산물로 본다면, 자기동일성은 우리가 발견해야 할 이미 존재하는 하나의 사실이 아니라 획득해야 할 어떤 것이 된다. 그래서 프랑스의 실존주의 철학자 사르트르(Jean-Paul Sartre, 1905-1980)는 자아를 의식에서 발견할 수 있다고 주장하는 모든 이론들은 잘못된 것이라고 말했다. 자아는 단순히 사유도 아니며 과거의 기억도 아니다. 자아는 언제나 미래에 놓여 있다. 자아는 우리가 우리 자신을 그 무엇으로 만들려 할 때 목표로 하는 것이다. 그러나 이 말은 우리가 살아 있을 동안에는 자아, 적어도 고정되고 완성된 자아는 없다는 것을 의미한다. 자아는 열린 물음(open question)이다.

2) 열린 자아에 대한 반론: 닫힌 자아

이에 대한 첫 번째 반론에 의하면 이 주장은 우리는 실제로 태어나는 순간부터 하나의 고정된 정체성을 지닌 어떤 인격이라는 사실을 무시한다는 것이다. 그리고 여러 실제적 사실들이 일생 동안 계속해서 우리를 규정한다는 것을 무시한다는 것이다. 예를 들어 1957년에 태어난 어떤 사람을 생각해 보자. 그녀는 여자이고 검은색 머리카락을 가지고 있으며, 박씨 가문에 태어났고, 가난하게 태어났다. 이러한 모든 내용은 이 사람을 규정짓는 사실들이며 '무엇인가로 되어가고 있다(becoming)'는 말과는 전혀 상관이 없다. 3살 때 그 아이는 놀다가 다쳤으며 손가락을 잃게 되었다. 8살 때는 운 좋게도 인정이 많고 학생들을 잘 격려하는 담임선생님을 만났다. 그녀는 이 아이에게 과학에 흥미를 갖게 했고 드디어 화학에서 화려한 경력을 쌓게 했다. 27살이 되었을 때 그녀는 우연히도 기차 안에서 한 남자를 만나게 되어 사랑에 빠지고 곧 결혼을 하게 된다. 그런데 남편은 얼마 안 있어 테러범들에게 납치당한 후 살해당한다. 그녀는 언론에 쫓겨 다니게 되고 한 인기작가가 그녀의 이야기를 베스트셀러로 만든다. 그녀는 화학계에서 은퇴한다. 그리고 자신의 생을 하나의 실험이라고 생각한다. 그리고 그녀의 생은 모두 우연한 사실들로 구성되어 있다는 것을 깨닫는다. 그녀의 생은 태생, 어린 시절의 사고, 어떤 선생의 제자가 됨, 어떤 기차에 탑승 등등의 사실로 구성되어 있었다. 그 사실들이 그녀 자신이다. 그 외에 아무것도 없는 것 같다.

3) 사르트르의 반론: 선택, 초월

이에 대해서 사르트르는 그녀의 생에 대한 묘사는 매 전환점마다 본질적인 차원을 빠뜨렸다고 말한다. 빠진 것은 다름 아닌 선택이다. 그녀의 생의 어느 시점에서도 빠진 것이 있는데 그것은 자신에게 주어진 여러 사실들에 대해서 "아니오"라고 말할 수 있었던 가능성이다. 이것을 사르트르의 말로 하자면 "사람이 현재의 모습이 어떠하든지 간에 현재의 자신의 모습과 자신을 가지고 만들 모습에 항상 스스로 책임을 져야 한다."
어떤 상처를 몸에 지니고 있는 사람은 그 상처가 없어졌으면
좋겠다고 생각해 봐야 소용이 없지만, 그는 그 상처를 용기의
상징으로 만들 수도 있고, 수치의 낙인으로 만들 수도 있으며,
군대를 가지 않을 핑계로 만들 수도 있고, 극복해야 할 핸디캡
으로 만들 수도 있다. 검은색 머리카락으로 그리고 박씨 집안
의 자식으로 태어난 사람은 그 사실을 자랑스럽게 생각할 수도
있고, 그 사실을 수치스럽게 생각할 수도 있으며, 아니면 그 사
실에 무관심할 수도 있다. 우리는 사랑(사랑은 그 자체로서 그
안에 이미 엄청난 선택을 가지고 있다)에 빠질 수도 있으나 그
것을 무시할 수도 있으며 그것을 비극으로 만들 수도 있고 결
혼으로 만들 수도 있으며, 심지어는 하나의 장난으로 만들 수
도 있다.

사르트르는 우리의 삶의 이러한 차원을 초월(transcendence)
이라고 불렀다. (왜냐하면 우리는 항상 우리에게 주어진 사실
들을 초월할 수 있기 때문이다.) 초월이 의미하는 바는 자아는
우리 주변에 있는 사실들에 의해서 규정지어지지 않고 우리가
이 사실들을 가지고 만드는 것, 그것도 끊임없이 만드는 것에
의해서 규정지어진다는 것이다. 그러나 우리는 우리의 생애 전
체를 위해서 우리에게 주어진 사실들을 가지고 무엇을 만들까
하는 마음을 언제든지 변경할 수 있기 때문에 자아(이 자아는
사실에 대한 해석과 그 해석에 근거한 **행동의 결과**이다)는 우
리의 생애가 끝날 때(이 때 우리의 해석과 행동은 중지하게 된
다)까지 완료되지 않은 하나의 **과정**(process)이다.

예를 들어 어렸을 때 한번 심하게 병을 앓았다가 지금은 (대

학에서) 의사가 되려고 작정한, 한 학생의 경우를 생각해 보자. 그가 병을 앓았던 사실은 전혀 틀림이 없다. 그가 지금 그것을 변경시키려고 해도 해볼 수 있는 일이라곤 아무것도 없다. 그러나 그는 지금 그 사실을 미래를 위한 자신의 결정에 동기를 부여하고 정당화시키기 위해서 이용하고 있으며, 자기가 어릴 때 그랬던 것처럼 병으로 고통받고 있는 어린애들을 치료하려고 의사가 되기 위해서 그 사실을 이용하고 있다. 그러나 그가 4학년이 되었을 때 지역 정치에 가담하게 되었다고 해보자. 그는 정치를 즐기게 되었고, 더군다나 그것을 매우 잘 해내었다. 그는 의대에 가려는 계획을 연기하고 한 정당을 위해서 1년을 보낸다. 그러고 나서 그 자신이 공직에 입후보해서 당선이 된다. 그래서 그는 의대에 갈 것을 4년 더 미루게 된다. 그의 정치가로서의 경력은 잘나간다. 기자들이 "당신은 어떻게 해서 정치에 뛰어들게 되었느냐?"고 묻자, 그는 협상과 논쟁을 잘했던 어린 시절의 재능을 기억해 내는 자신을 발견하게 된다. 그가 어린 시절에 병을 앓았다는 사실이 어떻게 변했는가? 물론 아니다. 그 사실은 여전히 틀림이 없다. 그러나 그것은 그에게는 더 이상 어떤 의미도 없다. 그 사실은 자신의 생을 위해서 그가 만든 정치적 계획에 더 이상 어울리지 않는다. 그러나 그가 40이 되어서 치른 결정적인 선거에서 패배한다고 상상해 보자. 그의 정치가로서의 인생은 이제 끝난다. 그러자 그가 의사가 되고자 하는 옛날의 꿈을 기억하게 된다. 그러나 이것은 놀랄 만한 일이 아니다. 그가 어린 시절에 병을 앓았다는 사실이 그의 생애의 결정적인 사실로서 되살아난 것이다. 그가 미래에 투사하는 자아는 다시 한번 의사가 되는 자아이다. 이것은 사실 때문에 그렇게 된 것이 아니라 그의 부활된 의도 때문에 그렇게 된 것이다.

4) 창조될 자아, 책임져야 할 자아, 그리고 나쁜 신앙

이러한 예를 통해서 말하려고 하는 바가 무엇인가? 그것은 우리가 스스로 만드는 자아 이외에는 '진정한 자아'는 없다는 것이다. 물론 어떤 사실들은 우리가 어쩔 수 없는 사실이므로 우리는 그것들을 허위로 만들 수는 없다. 그러나 우리는 그 사실들을 가지고 우리가 의도하는 것으로 만들 수 있다. 물론 그 사실들을 가지고 우리가 만들 수 있는 것은 우리가 처한 환경이라는 사실에 의해서 또한 제한을 받기는 한다. 사르트르는 심지어 감방에 있는 죄수도 투옥되어 있다는 사실을 가지고서 자유롭게 자신들이 선택하는 것으로 만들 수 있다고 말했다. 투옥은 부정의가 될 수도 있으며 혹은 순교, 혹은 아무것도 할 수 없다는 핑계, 혹은 도망가려는 도전, 혹은 자신을 즐길 수 있는 하나의 방법, 혹은 그저 지루한 것이 될 수 있다. 그러나 사르트르의 주장이 또한 의미하는 것은 '정확한' 선택은 전혀 없다는 것이다.

키에르케고르의 말로 하자면 모든 선택은 주체적인 진리이다. 즉 그것은 선택을 하는 사람에게 참이지 다른 사람들에게도 반드시 참이 되는 것은 아니다. 자아란 우리들 각자가 스스로 선택하는 것이고 우리의 미래에 대한 우리의 계획이며 어떤 특정한 사람이 되고자 하는 의도이다. 그러나 우리는 이것을 결코 완전하게 성취할 수 없기 때문에 — 왜냐하면 우리의 야망이 성취되는 때에도 우리는 항상 우리의 마음을 바꾸고, 새로운 야망을 꾸미는 일 등을 계속하기 때문이다— 자아는 결코 전부로서 존재하지 않는다. 자아는 언제나 기껏해야 우리가 되고자 원하는 것에 대한 우리의 이미지일 뿐이다. 우리는 그 이미지를 이루려고 집요하게 노력하다가 성취하기도 하고 못하기도 한다. 이 분투 노력이 즉, 항상 불완전하고 자신에게 책임이 있는 자아에 대한 이 의식이 진정한 자아(authentic self)이다.

사르트르에게 있어서 진정한 자아는 발견된 그 무엇이 아니라 창조된 그 무엇이라면, 자아는 단순히 현재의 모습 그대로라는 전통적인 이론들은 잘못된 것만이 아니라 자아를 창조해야 할 우리의 책임을 인식하지 못하는 자기기만적인 것이다. 사르트르는 이와 같이 자신의 자아에 대한 책임을 부인하는 것을 나쁜 신앙(bad faith, *mauvaise foi*)이라고 불렀다. 나쁜 신앙이란 우리의 생애는 우리에게 주어진 사실들을 가지고 우리가 원하는 것으로서 만들 수 있다는 것을 인식하는 대신에 사실들에 의해서 우리의 생애가 규정지어진다는 핑계를 대면서 현재의 자신과 미래의 자신에 대한 책임으로부터 피하려고 애쓰는 것이다. 다른 말로 해서 나쁜 신앙은 우리 자신을 창조해야 할 의무를 부정하는 것이다. 그것은 이러한 책임을 거부하는 것이다. 시도해 보기도 전에 포기하는 것이다.

4. 자아는 없다, 자아는 여럿이다

1) 자아의 관념은 망상이다, 우주적 자아만이 있다
우리는 여태까지의 전 논의를 통해서 가장 의심할 수 없고 부인할 수 없는 것으로 보이는 명제를 전제로 가정했다. 즉, 모든 사람은 단 하나의 자아만을 가지고 있다고 가정했다. 그러나 이 가정 또한 도전받을 수 있는 것이며 적어도 세계의 주요한 종교 중의 하나인 불교는 자아에 대한 이런 관념을 하나의 '망상(illusion)'이라고 거부하고 있다.

자아의 존재에 대한 거부는 서양 철학에서도 발견할 수 있다. 회의주의자인 흄은 그의 책 『인성론(*Treatise of Human Nature*)』에서 의식 가운데서 자아를 발견했다는 데카르트와 로크의 주장을 비판했으며, 그는 자신 안에서 자아 같은 것은 결코 발견하지 못했다고 풍자적으로 말했다. 그가 발견한 것이라고는 여러 다른 경험들과 관념들로 이루어진 **복잡한 덩어리**(cluster)뿐이었다. 자아라고 불릴 수 있는 것은 아무것도 없었다.

사르트르 또한 전통적인 의미에서의 자아의 존재에 대한 관념을 거부했다. 그의 철학을 재해석한다면 사르트르 또한 우리는 우리 자신 안에서는 어떠한 자아를 발견할 수 있다는 주장을 부인했다고 볼 수 있다. 그에게는 만일 자아가 망상이 아닐지라도 자아는 적어도 항상 우리에게서 달아나 있으며 항상 미래에서 우리 앞에 놓여 있는 것이다.

그러나 이 논의를 몇 발자국 앞으로 더 밀고 나가보자. 흄의 회의주의는 본질적으로 부정적인 명제이다. 그는 대부분의 철학자들이 너무나도 자신만만하게 자아라고 언급했던 것을 찾을 수 없었다. 그러나 이 부정적인 명제는 긍정적인 명제로 바뀔 수 있다. 이것을 우리는 바로 불교에서 볼 수 있다. 불교도에게는 자아를 발견할 수 없다는 것이 철학적 무능력을 말하는 것이 아니다. 오히려 개인적 자아의 망상을 꿰뚫어보는 것은 최고도의 '깨달음(enlightenment)'의 행위이다. 깨달음은 우리가 얻을 수 있는 가장 중요한 개념적 성취이다. 이 관점에서 보면 자아는 그 자체가 거짓된 관념이다. 그것은 우리의 나머지 생애로부터, 그리고 불교인들이 '불성(佛性, Buddha-Nature)'이라고 부르는 전체적 그림으로부터 우리를 단절시키는 위험한 관념이다. (만일 당신이 원한다면 이 개인의 한계를 초월한 자아를 우리가 여태까지 논의해 왔던 개인적 자아와 혼동하지 않는 한, '우주적 자아(the cosmic self)'라고 불러도 좋을 것이다.) 그러므로 우리의 진정한 자기동일성은 전혀 개인적인 자기동일성이 아니며 전 우주와 일체를 이룬 것을 말한다. 그러나 이것은 우리가 알고 있는 자아는 없다는 말이며 자아라는 것은 우리에게 주어진 사실들 대신에, 혹은 우리 안에 있는 영혼(soul) 대신에 어떤 특정한 사회에 의해서 부과된 관념이라는 것이다.

개인적 자아를 이와 같이 부정하고 포괄적, 우주적 의미의 자아를 인정하는 것을 우리는 또한 서양 철학에서도 볼 수 있다. 19세기 독일 철학자 헤겔 또한 개인적인 자아를 강조하는 것을 거절했다. 그는 『정신 현상학(Phenomenology of Spirit)』에서 우리의 진정한 자기동일성은 보편적 자기동일성이라는 것을 입증했다. 우리의 진정한 자기동일성은 그가 '정신(spirit)'이라고 불렀던 '큰 하나로서의 우리 모두'라는 것을 입증했다. 헤겔에게도 역시 개인적 자아는 특정한 사회가 조장한 하나의 망상이며 우리의 진정한 정체는 이 제한된 경계선을 뚫고 나가서 우리들 모두를 함께 아우른다.

2) 자아는 여럿이다

각 사람은 하나의 자아를 가지고 있다는 생각을 거부하는 것은 훨씬 더 놀라운 결과에 이르게 되는데, 우리는 이것을 동양뿐 아니라 서양의 철학자에게서도 발견할 수 있다. 우리는 이것을 독일의 작가 헤르만 헤세(Hermann Hesse, 1877-1962)의 글에서 볼 수 있다. 그의 견해에 의하면 우리가 일반적으로 생각하는 것과는 달리, 한 사람에게 하나의 자아가 있는 것이 아니라 여럿의 자아가 있다는 것이다. 우리들 각자는 다수의 자아이다. 우리는 다른 상황에서는 다른 자아가 될 수 있다. 그러므로 이 모든 자아들을 함께 묶어 하나의 통일성 있는 꾸러미(package)로 즉, 하나의 자아로 만들어야 한다는 생각을 불러일으키는 것은 단지 철학이 빚어낸 잘못이다. 헤세는 우리들에게 사람은 수백 개의 다른 층으로 구성된 '하나의 양파'라고 말한다. 한편 전통적 견해에 의하면 인간은 그 중앙에 하나의 견고한 씨(영혼)를 갖고 있는 복숭아이다. 그러나 만일 우리가 양파의 층을 벗기면 그 밑에 더 많은 층이 있다는 것을 곧 알게 된다. 우리가 마지막 층에 도달하게 되면 그 다음에는 더 이상 아무것도 없다. 씨도 없고 응어리도 없고 영혼도 없다. 있는 것이라고는 오로지 여러 층뿐이다. 이 여러 층들은 우리의 생활의 여러 부분에서 우리가 하는 여러 역할이다. 말하자면 이 여러 자아는 그 자체로서는 전혀 자아가 아니다.

이와 같이 여러 의미에서 자아를 부인하는 것은 그저 철학적 속임수가 아니다. 그것은 곧 우리의 생활방식이 된다. 대부분의 우리의 계획과 행동은 우리가 무언가 대단한 사람이 되어야만 한다는 가정이나 혹은 우리는 우리 자신을 가지고 무언가 대단한 사람을 만들어야 한다는 가정을 근거로 해서 이루어진다. 우리가 논의했던 견해에 의하면 자아의 통일체로서의 개인에 대한 그림은 깨져나가고 대신에 자아의 실현이라는 것은 우리 자신을 우리 개인적 자아보다 훨씬 더 큰 어떤 존재의 한 부분으로 인식하는 것이다. 혹은 헤세의 견해에 의하면 우리 모두 안에는 다수의 자아가 있다는 것을 깨닫는 것이다. 즉, 단순히 인식하는 것이 아니라 살아가는 것이다.

제12장

인생은 의미가 있는가?

인생의 의미는 무엇인가? 이것은 최고로 거창한 질문이다. 아마도 답하기가 가장 어려우면서도 가장 긴급을 요하는 것이지만 동시에 가장 애매한 질문일 것이다. 종종 신중한 사상가들은 이 질문을 회피한다. 왜냐하면 그들은 이 질문이 애매하다는 것을 알며, '의미'라는 단어의 뜻 자체가 애매하다는 것을 알고, 이에 대한 답변들이 항상 논증과 이성에 의해서 옹호될 수 있는 문자적 진리는 아니라는 것을 알기 때문이다. 그렇지만 답변을 할 수 있도록 해주는 것도 이성이고 질문을 필연적으로 만드는 것도 이성이다.

1. 무엇인가를 가리킨다는 뜻에서의 의미

우리가 인생의 의미를 묻는 것은 어느 때일까? 아마도 우리가 혼란에 빠졌을 때, 우리가 깊은 좌절에 빠졌을 때, 그리고 어떤 사건이 우리의 가치와 기대감을 통째로 뒤흔들어 놓을 때일 것이다. 일상생활에서 우리가 철학을 공부하지 않을 때, 혹은 무엇인가 전반적인 것에 대해서 생각하지 않을 때는 삶은 의미 있는 일로 가득 차 있는 것으로 보인다. 리포트 쓰는 일, 새 컴퓨터를 사야 할 일, 보고 싶은 친구를 만날 동창회, 다음 주에 있을 중요한 취업 인터뷰 등 해야 할 일들이 모두 의미가 있는 일들이다. 그러나 우리가 때때로 그렇게 하듯이 사태를 좀더 심원하게 생각하기 시작하면 이러한 일상적인 목표와 기대감들 중 어느 것도 인생의 의미로 여길 수 있는 것이 없다는 것을 알게 된다. 또한 우리는 살면서 더 큰 것들, 예를 들어 행복, 인생을 잘사는 것, 성공, 나의 영향력, 사랑 같은 것들을 생각하다가 문득 인생이 허무하다는 생각이 드는 때가 있다. 그러다가 우리는 인생 자체를 넘어서서 바라보게 되고 철학의 궁극적인 질문인 인생의 의미를 찾게 된다.

인생의 의미는 무엇인가? 먼저 우리는 이 질문에서 나오는 '의미'의 뜻이 무엇인가를 살펴보아야겠다. 때때로 어떤 것(예를 들어 표지판, 단어)의 의미는 그것이 언급하는 것, 즉 그 자체를 넘어서는 것이다. 그러므로 '개조심'이라는 표지판은 보이지는 않지만 덩치가 큰 사나운 어떤 개를 언급하고 있다고 볼 수 있다. 소크라테스는 소크라테스의 이름을 가리키는 것이다. 의미라는 것을 이런 식으로 생각하게 되면 우리 각자의 인생의 의미는 우리 개인의 삶이 가리키는 것이다. 그러나 그 삶이 가리키는 것이 무엇인가? 어떤 사람들은 우리 각자의 인생은 어떤 의미에서 우리 주변의 사람들 즉, 가족, 친구, 동료를 가리킨다고 말한다. 그렇다면 이들에게 인생의 의미는 다른 사람들이다. 혹은 우리 각자의 인생은 더 큰 공동체, 민족, 혹은 전체 인류를 가리킨다고 말할 수도 있다. 또 어떤 사람들은 우리의 인생은 우리의 창조자를 가리키는 것이고 따라서 인생의 의미는 하나님이라고 말한다. 그러나 어떤 사람들은 인생은 아무것도 가리키는 것이 없다고 한다. 인생은 그저 인생일 뿐이다. 그러나 이 말은 인생의 의미에 대한 질문에 대해서 아무런 답을 주지 못하는 꼴이 된다.

사람들이 인생의 의미를 말할 때 그것은 그들을 넘어선 어떤 것 즉, 자신들의 삶의 바깥에 있는 뭔가를 가리키는 경우가 종종 있다. 이렇게 가리켜진 것은 극히 중요하다. 그것은 인생에서 가장 중요한 것일 수도 있다. 그러나 그것은 어떤 의미에서 질문에 대한 답은 아니다. 그 답은 단지 질문을 뒤로 미룬 것에 불과하다.

인생의 의미에 대해서 이렇게 답하는 것 중 대표적인 네 가지를 간략하게 살펴봄으로써 그것들이 갖고 있는 문제점을 살펴보자. 첫째, 자신의 자식을 인생의 의미로 생각하는 것, 둘째, 하나님을 자신의 인생의 의미로 생각하는 것, 셋째, 사후의 생을 인생의 의미로 생각하는 것, 그리고 넷째, 절망에 빠져서 인생은 아무 의미도 없다고 결론을 내리는 것이다. 이것들을 하나씩 살펴보자.

1) 인생의 의미로서의 자식

많은 사람들은 인생의 의미는 자신들의 자식과 손자들에게 있다고 말한다. 그러나 이 답변은 당신이 그것에 대해서 곰곰이 생각하자마자 이상한 결과를 가지고 온다. 만일 인생의 의미가 자신들의 삶에 있지 않고 다른 사람들의 삶에 있다면 자신들의 삶을 의미 있게 만드는 것은 도대체 무엇이란 말인가? 자신들의 자식이란 말인가? 그렇다면 자식들의 삶을 의미 있게 만드는 것은 무엇인가? 손자들? 그러면 손자들의 삶을 의미 있게 만드는 것은? 결국 이 답은 미래로 계속 나아가야 할 것이다. 이런 식으로 사람들은 항상 미래로 투사하는 경향이 있고, 결국은 완전한 평화와 행복이 있는 곳으로 즉, 철학자들이 유토피아(utopia)라고 부르는 곳으로까지 답을 미루게 된다. 자신의 자손들이 이러한 세계에 살기를 바란다. 그러나 이것이 도대체 어떻게 자신들의 삶을 의미 있게 만든다는 말인가? 여전히 인생의 의미에 대한 질문은 그대로 자신들에게 똑같이 남아 있지 않은가?

2) 인생의 의미로서의 하나님

인생의 의미에 대한 전통적인 답변 가운데 하나는 하나님이다. 사실 하나님을 믿는 사람들은 인생의 의미라는 질문조차도 갖지 않은 것처럼 보이는 경우가 종종 있다. 사람들이 하나님의 존재에 대해서 의심을 품기 전에는 인생의 의미는 결코 문제가 되지 않았던 것처럼 보인다. 그러나 실은 전혀 그렇지 않다. 기독교인 중에서 가장 독실했으며 가장 위대한 철학자였던 성 아우구스티누스는 인생의 의미에 대한 질문을 어떤 무신론자보다 집요하게 물었다. 독일의 신학자이자 종교 개혁자인 마르틴 루터(Martin Luther, 1483-1546)가 그랬고, 그 이전과 그 이후의 많은 숫자의 기독교 사상가들이 그랬다. 그러나 하나님을 믿는다는 것만으로도 인생의 의미에 대한 질문에 답이 된다고 생각하는 것은 실은 그 질문으로부터 우리를 한 발자국 더 뒤로 물러서게 한다. 왜냐하면 "왜 하나님은 우리를 창조했는가?", "그는 우리에게서 무엇을 기대하는가?"와 같은 질문이 곧 뒤따라오게 되기 때문이다.

어떤 사람들은 하나님이 우리를 특별한 존재로 창조했다고 생각한다. 즉, 자신의 형상대로 우리를 창조했을 뿐만 아니라 이 땅에서 하나님을 위해서 성취해야 할 사명을 주었다고 생각한다. 그러나 무엇이든지 스스로 할 수 있는 하나님이 골치 아프게 인간을 통해서 그렇게까지 할 필요가 있는가? 자신의 허영심을 만족시키기 위해서인가? (구약성서의 여호와 신은 시기하는 하나님이었다. 이렇게 보면 아마도 그 하나님은 허영심 또한 강한 하나님이었을 것이다.) 왜 우리는 특별한 사명이나 목적을 위해서 창조되었다고 생각해야만 하는가? 무엇이 그 목적인가? 하나님을 위해서 산다는 것은 어떻게 사는 것을 말하는가? 그래서 위대한 기독교 사상가들이 오랫동안 인식해 온 대로 인생의 의미에 대한 물음은 반복된다. 하나님에 대한 믿음은 인생의 의미에 대한 물음을 더 절박하게 만든다고 볼 수 있다. 그러므로 하나님에 대한 믿음도 그 인생의 의미에 대한 물음을 해결했다고 볼 수 없다.

3) 인생의 의미로서의 내세

사람들은 또한 인생의 의미를 현세의 삶에 대해서 보상과 처벌을 받는 내세에서 발견할 수 있다고 믿는다. 그러나 당신이 그와 같은 내세를 믿든 안 믿든 이 답 또한 괴상한 결과를 낳는다. 현세가 의미를 갖는 것이 단지 내세에 의해서 가능하다고 말하는 것은 현세 자체는 중요하지 않고 의미가 없다고 말하는 것과 같다. 그러나 내세에 인생의 의미가 있다는 것을 인정해도 내세에서 보상받기 위해서 의미 없는 현세에서 무엇을 해야 한단 말인가? 단순히 신앙을 가지면 되는가? 선한 일을 하면 되는가? 삶을 철저하게 살면 되는가? 우리의 예술적 혹은 사회적 잠재력을 실현하면 되는가? 이교도들을 개종시키면 되는가? 요리하는 법을 배우면 되는가? 여기서도 물음은 되풀이된다.

그래서 우리는 또한 다음과 같은 물음을 던질 수 있다. 만일 현세가 그렇게도 의미 없는 것이라면 무엇이 내세를 조금이라도 더 의미 있는 것으로 만드는가? 현세는 매우 짧고 내세는 매우 길다는 것이 사실인가? 삶이 더욱이 몇 분의 삶조차도 본질적으로 의미가 없는 것이라면 도대체 영원한 삶은 어떤 의미를 가질 수 있단 말인가? 한 시간 수업이 지겹다고 느끼고 있는 당신에게 그 수업이 10시간 더 연장될 것이라는 말을 해준다고, 그 한 시간 수업이 지루하지 않다고 느끼게 되는가? 한편 기독교 사상가들은 특히 지난 몇 세기 동안 종종 주장하기를 내세의 보상은 현세에서 철저하게 산 사람들만이 얻을 수 있다고 했다. 그렇다면 다시 질문하지 않을 수 없다. 세상에서 철저하게 산다는 것은 무엇을 말하는가? 현세의 의미를 발견한다는 것은 무엇을 말하는가? 우리는 우리의 인생을 넘어서가 아니라 그 안에서의 답을 필요로 한다.

4) 전혀 의미가 없는 인생

인생의 의미에 대한 물음의 다른 한편에는 인생은 전혀 의미가 없다고 말하는 철학자들이 있다. 아마도 오늘날의 많은 학생들도 그렇게 대답하지 않을까 생각한다. 이런 생각을 표현하기 위해서 우리가 종종 쓰는 말 중에 "인생은 부조리하다"는 말이 있다. 이러한 견해는 신을 믿지 않는 사람들만이 가지고 있는 것이 아니라 믿는 사람들도 가지고 있다. 물론 가장 극단적인 허무주의적 견해는 신을 믿지 않는 사람들의 입에서 나오는 것이 분명하다. 예를 들어 프랑스의 작가이자 철학자로서 노벨 문학상을 수상한 알베르 카뮈(Albert Camus, 1913-1960)는 그의 책 『시시포스의 신화(*The Myth of Sisyphus*)』에서 불합리가 우리 시대에 널리 퍼져 있는 감성이라고 했다.

카뮈는 때때로 자신의 입장을 그의 무신론에 근거해서 주장했다. 그러므로 내세의 의미라는 것은 없다고 했다. 그런데 현세에도 의미가 없다면 어디에도 의미라는 것은 있을 수가 없다. 그러나 카뮈의 말대로 현세에 인생의 의미가 없을지 모르지만, 그렇다고 해서 신이 없다는 주장으로부터 인생이 의미가 없다는 주장이 자동적으로 따라오는 것은 아니다.

2. 문맥에서의 의미

의미라는 것은 반드시 언어의 문맥에서 찾아져야 한다는 언어학자들의 주장은 언급할 가치가 충분하다. 즉, 하나의 단어가 의미를 갖는 것은 그 단어가 지시하는 어떤 것 때문이 아니라 그것이 속한 언어의 문맥 속에서 갖는 의미 때문이다. 이로부터 우리는 인생의 의미는 인생의 바깥에 있는 어떤 것을 지시하기보다는 우리의 인생의 문맥— 즉 우리의 인생이 만드는 의미와 우리가 인생에 부여하는 의미—안에서 발견될 수 있다는 주장을 유추할 수 있다. 하나님에게 헌신하는 것은 우리가 실제로 그렇게 사는 한, 인생의 의미의 물음에 대한 답이 된다. 자식을 위한 삶은 우리가 실제로 자식을 위해서 사는 한, 인생의 의미의 물음에 대한 답이 된다. 아이러니컬하게도 인생은 아무런 의미도 없다고 주장하는 허무주의 또한 인생에 의미를 제공할 수 있다. 만일 우리가 우리의 인생을 '인생은 의미가 없다'는 명제에 실제로 충실하게 맞추어 산다면 그리고 인생에 의미가 있다고 생각하는 다른 사람들의 희망을 꺾어버린다면 허무주의 또한 독특한 방식으로 인생에 의미를 제공할 수 있다. 카뮈는 그의 생을 그렇게 산 것 같다. 그리고 최고의 허무주의자인 니체도 그렇게 했다고 볼 수 있다.

3. 인생의 의미

인생의 의미가 무엇이냐는 질문은 특정한 대답을 요구하는 식의 질문이 아니다. 여기서 요구되는 것은 하나의 은유이며, 하나의 이미지이고 하나의 비전이다. 이 비전을 통해서 당신은 당신의 확실한 역할이나 일련의 합리적인 기대를 볼 수 있다. 이 비전은 당신에게 매우 중요한 것이어서 여러 가지 면에서 당신의 삶을 결정한다. 예를 들어 당신이 인생은 "개처럼 서로 먹고 먹히는 싸움이다"라는 태도를 가지고 사업을 한다든지 사회생활을 한다고 가정해 보자. 당신은 다른 사람을 위협과 경쟁의 대상으로 볼 수밖에 없을 것이다. 당신은 절대로 솔직해질 수 없을 것이다. 어떤 경우에도 다른 사람들과 진실한 친교가 이루어질 수 없을 것이다. 사람들은 당신의 경쟁적인 적대감과 불신을 알아차리게 될 것이며 당신은 '개처럼 먹고 먹히는' 분위기 가운데 있다는 것을 느낄 것이다. 그런데 이 분위기는 주로 당신 자신이 만든 것이다. 그러므로 인생의 의미는 그저 발견의 문제가 아니다. 그것은 또한 중요한 창조 행위이다. 당신 자신의 철학은 당신이 세상에 대해서 이미 갖고 있는 견해를 부분적으로 드러내주는 것이다. 왜냐하면 당신이 형성한 철학은 그 세계관을 위한 도구로 쓰이기 때문이다. 그래서 우울하거나 비관적인 기질을 가졌던 몇몇 철학자들은 오히려 고의적으로 상당히 즐겁고도 낙관적인 철학을 형성했다. 그들이 그렇게 한 것은 자신을 속이기 위해서가 아니라 자신을 바꾸기 위해서였으며 그들 중 일부는 그렇게 하는 데 실제로 성공했다.

우리가 인생에 관해서 이야기하기 위해서 사용하는 이미지는 그 안에 이미 우리가 찾고 있는 의미를 규정하고 있다. 예를 들어 만일 당신이 "인생은 하나의 게임이다"라고 말한다면 당신은 인생을 심각하게 받아들이지 말아야 한다는 생각을 표현한 것이며, 결국에 가봐야 남는 것은 없으며 따라서 가장 잘사는 방법은 인생을 즐기는 것이라고 말하는 것이다. 한편 만일 당신이 "인생은 현명하게 사용되어야 할 하나님으로부터 받은 선물이다"라고 말한다면 인생은 분명한 사명을 띤, 참으로 진지한 것이며 성공과 실패의 명백한 의미가 있는 것이라는 당신의 생각을 말하는 것이다. 다음에서 나는 10여 개의 은유적 이미지에 나타난 인생의 의미를 아주 간략하게 설명해 보았다. 당신은 당신 자신이 생각하는 이미지를 더 보태어 넣을 수도 있다. 이 외에도 인생의 의미에 대한 다른 이미지가 얼마든지 있을 것이다.

1) 게임으로서의 인생

만일 인생이 게임이라면 인생을 그렇게 심각하게 받아들일 필요가 없다. 게임은 그것 자체로서 하나의 자족적인 활동이다. 게임을 통해서 무엇을 얻기도 하지만(농구 게임을 하게 되면 타인과의 협조 능력이 늘어난다든지, 트랙 경주를 하면 인내심이 늘어난다고 볼 수 있다), 게임의 중요한 의미는 그것 자체를 즐기는 데 있다. 게임의 의미는 당신이 이기느냐 지느냐가 아니라 그 게임을 어떻게 했느냐에 있다. 그러나 어떤 사람들은 게임을 굉장히 경쟁적인 것으로 본다. 인생을 이렇게 보게 되면 인생은 끝없는 경쟁이고 이 게임에서 당신은 이길 수도 있지만 질 수도 있다.

만일 당신이 인생은 게임이라고 생각한다면 그것이 어떤 종류의 게임이냐는 사실도 중요하다. 어떤 게임들은 그저 재미로 하지만 팔씨름 같은 게임은 당신의 힘과 기술을 증명하기 위해서 하는 것이다. 장례식장에서 하는 고스톱은 시간을 보내기 위해서 하는 것이다. 그런가 하면 매우 사교적인 게임도 있다. 그러나 권투나 격투기는 다른 사람을 다치게 하는 게임이다.

다른 사람을 돕는 게임도 있다. 많은 작가들이 게임으로서의 인생을 그렸다. 어떤 철학자들은 언어, 경제, 그리고 철학 자체를 게임이라고 말했다. 인생을 게임이라고 생각하는 것은 하나의 관점을 표현하는 것이다. 이 말은 인생을 너무 심각하게 받아들이지 말라는 것이고 규칙을 잘 지키는 것이 중요하다는 것을 강조하는 것이다. 아마도 이 말의 핵심은 훌륭한 게임을 하라는 것이고, 게임을 즐기라는 것이며, 가능하면 게임에서 이기라는 것일 것이다.

2) 비극으로서의 인생

우리 모두가 부정할 수 없는 한 가지 사실이 있다. 우리 모두는 다 죽게 되어 있다는 사실이다. 그러나 우리는 이 사실을 무시하면서 살 수도 있으며, 혹은 죽음은 하나의 불편한 일이라고, 다른 세계로 가는 통로라고, 혹은 궁극적인 재앙이라고 볼 수도 있다. 만일 우리가 우리의 삶을 햄릿(Hamlet), 맥베스(Macbeth), 오셀로(Othello), 파우스트(Faust)와 같은 비극의 한 변형이라고 본다면 우리 모두에게서 비극적인 요소를 찾게 될 것이다. 비극적 결점, 판단에서의 오류, 치명적인 모순 같은 것들이 죽음으로 모든 것이 끝날 때까지 우리의 인생을 뒤덮을 것이다. 철학자 카뮈는 그의 소설 『이방인(*The Stranger*)』을 주인공이 다음과 같은 말을 하게 함으로써 끝맺는다. "모든 사람은 형제이다. 그리고 똑같은 종말이 그들 모두를 기다리고 있다. 그것은 죽음이다." 인생을 게임으로 보는 은유와 반대로 비극의 은유는 인생을 심각하고도 불행한 과정으로 본다. 그래서 즐거움이라는 것은 어쩌다 있는 것이며 궁극적으로는 인생은

단 하나의 종말만을 갖는 우리가 피할 수 없는 비극의 플롯이
다. 이러한 인생관에서 잘산다는 것은 자신의 비극적 역할을
아주 극적으로 그리고 영웅적으로 잘 해낸다는 것을 의미하는
것이다.

3) 사명으로서의 인생

기독교는 종종 인생은 사명이라고 가르쳐왔다. 물론 이 사명
가운데는 다른 사람들을 기독교인으로 만드는 것도 들어 있다.
그러나 인생을 소명으로 보는 견해는 기독교인들만이 아니다.
예를 들어 독일의 시인 괴테(Johann Wolfgang Goethe, 1749-
1832)는 인생에서의 자신의 사명을 독일 사람들에게 문화적 정
체성을 심어주는 것이라고 했다. 그리고 철학자 헤겔은 괴테와
비슷하게 프랑스 혁명 후의 세계의 의미를 모든 사람에게 명백
하게 설명하기 위해서 철학을 이용하는 것을 그의 사명으로 받
아들였다. 정치적 급진주의자들은 종종 자신의 인생을 억압받
는 민중들의 해방이나 조국의 독재를 제거하는 것을 사명으로
삼는다. 과학자들은 때때로 지식의 확대나 치명적인 질병의 치
료제를 개발하는 것을 완수해야 할 사명으로 느낀다. 아이들을
둔 사람들은 종종 자식들을 잘 키우는 일과 세상을 자식들이
살기에 더 좋은 곳으로 만드는 일을 자신의 사명으로 느낀다.

4) 예술로서의 인생

독일의 철학자 니체는 "당신의 삶을 예술작품처럼 살라"고
썼다. 그가 말한 예술은 조각과 같은 예술로서 자신이 스스로
자신의 인생을 조각하는 것이다. 독일의 철학자 셸링(Friedrich

von Schelling, 1775-1854)은 인생 전체를 신의 예술작품이라고 보았다. 예술가들은 종종 인생에서의 자신의 사명을 단순히 '창조'라고 묘사한다. 그러나 그들에게는 활동 그 자체가 그들의 노력의 결과만큼이나 중요한 것으로 여겨진다. 이러한 견해가 갖고 있는 이상(理想)은 아름답게 사는 것이다. 만일 그것이 가능하지 않으면 적어도 품위를 갖추고 사는 것이다. 이 견해에 의하면 인생은 예술작품으로 평가되어야 한다. 인생이 얼마나 감동을 주는가? 얼마나 고무적인가? 얼마나 디자인이 잘 되었나? 얼마나 극적인가? 얼마나 화려한가?

5) 모험으로서의 인생

인생을 모험으로 보는 것은 인생을 스릴 있게 마음껏 사는 것이고, 성공하든 실패하든 시도해 보는 것이며, 그리고 도전을 즐기는 것이다. 그것은 모험을 감수하는 것이며 심지어 목숨을 바치는 것이다. 불확실한 가운데서도 스릴을 맛보는 것이다. 이렇게 인생을 사는 사람들에게는 달리 살 방법이 없다. 이렇게 사는 것 외에는 모두가 지겹고 싫증나는 것이다. 예술로서의 인생과 달리 모험으로서 인생은 결코 품위 있는 종국을 계획하지 않는다. 인생이 끝나면 그것으로 그냥 끝이다.

6) 질병으로서의 인생

비극으로서의 인생은 그 나름대로 웅장한 맛이라도 있다. 그러나 질병으로서의 인생은 애처롭다. 예를 들어 오스트리아의 정신분석학자였던 프로이트는 몇 번이나 "모든 인생의 목표는 죽음"이라고 했다. 그러나 이러한 견해는 옛날부터 있어왔던 것이다. 그리고 신 프로이트 학파였던 미국의 철학자 브라운 (Norman O. Brown, 1913-2002)은 "사람은 하나의 질병"이라고 했다. 1980년대에 나온 많은 책들은 현대 생활의 질병, 서양 문명의 질병, 자본주의 질병 등등 현대의 질병에 관해서 다루었다. 그러나 질병에 걸렸다는 것은 건강이라는 것을 전제하는 개념이다. 그래서 인생에 대해서 이 은유를 쓰는 사람들에게 극히 중요한 것은 다음의 것이다. 어떤 것이 건강한 인생인가? 불멸인가? 개미같이 열심히 일해서 사회의 생산성을 올리는 삶인가? 흠 없는 행복을 누리는 인생인가? 증오심 없이 계속해서 사랑하는 삶인가? 오늘날 우리가 사용하는 언어 중 많은 것들이 '건강'에 대한 은유이다. (이와 아주 비슷한 견해를 나타내주는 다른 말이 있는데 그것은 '자연적'이라는 말이다. 자연적인 것은 건강한 것이고 자연적이지 못한 것은 질병에 걸렸다거나 불구가 되었다는 것을 의미한다.) 우리는 '건강한 경제'에 대해서 이야기한다. 그리고 우리는 우리가 게임이라고 불렸던 것을 이제는 건강을 도모하는 '운동'이라고 생각한다. 건강의 은유를 통해서 본 현대의 인생 자체는 심각한 질병에 걸려 있는 것처럼 보인다. 왜냐하면 그것을 고칠 치유책이 전혀 없어 보이기 때문이다.

7) 욕망으로서의 인생

이 견해는 끊임없이 좌절을 겪는 시시포스(Sisyphus)의 신화와 연결되어 있다고 볼 수 있다. 이와 비슷한 그리스 우화가 있는데 탄탈루스(Tantalus)에 관한 이야기이다. 그는 신들에 의해서 한 다발의 포도송이에 손이 닿을까 말까 하는 거리에서

밧줄로 묶이게 되었다. 그는 포도를 잡으려고 손을 계속해서 뻗어보지만 결코 하나도 따먹지 못한다. 이 이야기의 현대판이 파우스트(Faust)이다. 파우스트는 자신의 욕망을 위해서 살았다. 그는 하나에서 만족을 느끼면 곧 다른 것을 요구하게 된다. 욕망으로서의 인생의 이미지는 끊임없는 욕망이다. 우리는 자신의 생활을 영위하기 위한 충분한 돈을 벌기를 원한다. 그런데 막상 그것이 채워질 때면 그 이상(以上)을 요구한다. 다시 그것을 얻을 때까지 그것은 인생의 초점이 된다. 그러나 그 인생의 초점이 되는 것을 얻고 난 후에도 역시 충분하지 않다. 우리가 원하는 것은 언제든지 지금 얻은 것이 아니고 그와 다른 그 무엇이다. 이렇게 인생은 욕망을 채우기 위해서 끊임없이 무엇을 바란다. 이 말은 인생은 좌절이라는 것을 말하려는 것이 아니다. 욕망은 끊임없이 채워지기 때문이다. 다만 그것에 충족하지 못한 것이다. 인생은 욕망 뒤에 또 욕망이 따라오는 삶 그 자체이다. 물론 그러한 삶 안에서는 어느 것도 궁극적인 만족을 주지 못한다. 인생에 의미를 주는 것은 욕망의 충족뿐 아니라 욕망 자체이다. 욕망을 갖지 않는 것은 이미 죽은 것이다.

8) 열반으로서의 인생

욕망으로서의 인생에 대한 반대는 욕망에 사로잡히지 않는 삶 즉, 욕망을 극복하는 삶이다. 프로이트는 이것을 그의 초기 글에서 '항구성의 원칙(constancy principle)'이라고 불렀고 나중에는 '열반 원칙(nirvana principle)'이라고 했다. 그의 견해에 의하면 인생의 목표는 긴장이나 욕망에 사로잡히지 않고 가능한 한 평온한 상태를 이루는 것이다. 열반이라는 말은 우리가 알듯이 불교에서 온 용어로서 '평온함'을 의미한다. 불교의 목표는 욕망에서 벗어나서 아무것도 우리를 괴롭히지 않는 평온의 상태에 도달하는 것이다. 불교도들은 열반과 죽음을 매우 유사하다고까지 이야기한다. (그래서 열반은 죽음으로 가는 '평정'도 포함한다.) 프로이트 또한 때때로 그의 원칙을 '죽음에 대한 바람(death wish)'이라고 말했다. 서양 철학에서 평화의 의미는 때때로 깨달음이나 명상을 위한 철학적 활동이라고 여겨진다.

9) 이타주의로서의 인생

이타주의는 자신에게 돌아오는 이익이 하나 없어도 다른 사람들의 이익을 위해서 행동하는 것을 말한다. 어떤 사람들은 자신들보다 불운한 사람들을 돕기 위해서 이 세상에 왔다고 생각한다. 이러한 삶은 성공과 실패에 대한 분명한 견해를 가지고서 어떻게 할까를 분명히 아는 인생이며 매우 명백한 사명의식을 갖는 삶을 말한다. 어떤 사람들에게는 이타주의로서의 삶은 일방적인 기획이다. 그래서 그들은 자신들의 삶에 의미를 부여하기 위해서 다른 사람을 돕지만 그것에 대한 보상이 돌아올 것을 기대하지 않는다. 그러나 어떤 사람들에게는 이타주의로서의 인생은 보편적인 이상(理想)이다. 그래서 그들의 희망은 언젠가는 모든 사람들이 이기심을 갖지 않고 다른 모든 사람들을 돕는 것이다.

10) 명예로서의 인생

명예는 긴 세월을 통해서 변화해 온 개념이다. 예를 들어 호머의 『일리아드(*Iliad*)』에서 그리스 사람들에게 인생은 본질적으로 자기가 속한 공동체의 기대감에 부응하는 삶을 사는 것이었으며 전쟁에서 자신의 진면목을 보여주는 것이고, 자신을 수치스럽게 만들지 않는 것이었다. 그리스의 영웅들에게는 명예는 생명보다도 더 중요했다. 그래서 명예로운 죽음과 명예를 잃은 생명 중 하나를 택하라고 하면 그들은 조금도 주저하지 않고 명예로운 죽음을 택했다. 그러나 이 명예의 개념은 군사적 영웅에게만 제한된 것이 아니었다. 소크라테스 또한 전쟁터가 아니라 감옥에서 그의 명예를 위해서 죽었다. 그가 그렇게한 것은 생명 자체보다도 자신이 갖고 있는 원칙을 가치 있게여긴다는 것을 증명하기 위해서였다.

현대의 우리가 갖고 있는 명예에 대한 개념은 과거에 비해서그다지 분명하지 않다. 그러나 우리는 확실히 의무의 의미를갖고 있다. 그래서 많은 사람들은 말하기를 인생의 의미는 신에게, 나라에게, 가족에게, 그리고 고용주에게 우리의 의무를다하는 것이라고 한다. 명예로서의 인생이든 의무로서의 인생이든, 그것은 인간이 모여 만든 어떠한 공동체에서도 볼 수 있다. 그러나 그것이 왜곡된 모습을 우리는 일본의 사무라이 정신이나 우리나라가 갖고 있는 병폐 중의 하나인 명분과 체면에서 볼 수 있다.

11) 배움으로서의 인생

인생을 학습의 경험으로서 보는 것은 많은 사람들이 공감하는 것이다. 물론 배우는 목적은 매우 다양하다. 그러나 적어도어떤 배움은 그 자체로서 즐거운 것이다. 아마도 이러한 즐거움이 배움으로서의 인생을 말하고자 하는 것이다. 그러나 우리는 나쁜 경험도 한다. 예를 들어 이성의 친구에게 차이기도 하고, 수업시간에 떠들었다고 교실에서 내쫓기기도 한다. 어떤 사람들은 어떤 경험도 모두 배움이라고 여긴다. 그래서 그들은 가능한 한 많은 것을 경험하고 싶어한다. 그저 그것이 어떤 것인가를 알기 위해서 모든 것을 적어도 한번은 경험해 보고 싶어한다. 그들에게 '마음껏 살아본다'는 말이 의미하는 바는 모든 것을 다 해본다는 것이다. 그러나 똑같은 이 말이 다른 관점을 가지고 사는 사람들에게는 전혀 다른 의미로 받아들여진다. 인생을 사명으로 보는 사람들에게는 '마음껏 산다'는 것은 모든 기회를 자신의 사명을 수행하는 기회로 삼는다는 뜻이다. 그리고 인생을 비극으로 보는 사람들은 이 말을 극적으로 산다는 것으로 이해한다. 오늘날 사람들에게 인기 있는 은유적 표현은 인생은 '성장 경험'이라는 말이다. 즉, 삶은 자신의 인간적 잠재력을 개발하는 것이다. 이러한 인생관은 200년 전 독일에서도 유행했고 또한 옛날 그리스 철학에서(예를 들어 아리스토텔레스에게서)도 발견할 수 있다. 우리는 왜 배우는가? 옛날 성현들은 배움은 지혜를 낳는다고 대답했다. 따라서 명상의 삶(계속적인 학습과 사유)은 고대 이래로 언제나 서양에서도 동양에서도 철학자들이 권유하는 것이다.

12) 좌절로서의 인생

좌절로서의 인생을 잘 설명해 주는 것이 바로 시시포스의 모습이다. 시시포스는 코린트의 못된 왕으로서 지옥에서 돌을 산 꼭대기에 굴려 올리면 되굴러 떨어져 이를 끊임없이 되풀이해야 하는 벌을 받았다. 우리는 때때로 인생을 그저 연속된 반복이며 결국 남는 것은 하나도 없는 것이라고 볼 때가 있다. 우리는 때때로 어떤 물건이 곧 다시 망가질 것을 알면서도 그것을 또 고친다. 우리는 열 번째에야 어떻게 하는 것을 배우지만 그것을 곧 일주일 이내에 잊어버릴 것도 알고 있다. 우리는 대학에 들어가기 위해서 다시 말해 그저 학사증을 받기 위해서 고등학교 졸업장을 받았다. 그리고 그저 석사를 받기 위해서 대학 졸업장을 받았다. 그리고 좋은 직장을 다니기 위해서 석사를 받았다. 그리고 우리가 고등학교 시절에 그렸던 행복한 인생을 살기 위해서 직장을 다녔다. 그런데 이제 인생을 즐기기에는 우리의 나이가 너무 먹었고, 즐기고 싶어도 즐길 시간도 없이 바쁘다. 어떤 사람들은 이렇게 인생은 똑같은 것의 반복이며 참으로 터무니없는 것이라고 말한다. 그러나 시시포스의 과업은 터무니없는 것일지라도 그의 인생은 의미가 있다고 생각한 카뮈의 말은 언급할 가치가 있는 것이다. 왜냐하면 그는 그에게 주어진 좌절에 대해서 굴하지 않고 도전했기 때문이다.

독일의 위대한 비관주의자 쇼펜하우어 또한 인생은 좌절이라고 생각했다. 그는 우리의 욕망은 궁극적으로 불합리하고 의미 없는 것이라고 말한다. 그가 이에 대한 대안으로서 제시하는 것은 미적(美的)인 명상이나 금욕적인 극기를 통해서 초연해지는 것이다. 쇼펜하우어의 대안은 고대의 스토아 철학과 비슷하다. 스토아 철학은 우리의 대부분의 열정은 불합리하고 초연한 이성의 지혜를 통해서 가장 잘 극복된다고 가르쳤다.

13) 투자로서의 인생

오늘날 우리는 사업이 주요한 역할을 하는 사회에 살고 있기 때문에 때때로 인생을 사업이라고 생각하는 것은 어찌 보면 당연하다. 경제신문을 보는 것은 사업가만의 일이 아니다. 일간 신문도 경제에 대한 기사가 가장 중요한 위치를 차지하고 있다. 방금 모 인터넷 서점에서 '부자'라는 단어를 쳤더니 자그마치 1,705권의 책이 떠오른다. 인생을 사업이라고 보는 것은 우리의 삶을 여러 사업에 투자할 자금으로 생각하는 것이다. 이 자금을 가지고 우리는 이익을 얻기 위해서 직업에, 학교에, 결혼에, 그리고 아이들에게 투자한다. 무엇이 돌아올지는 결코 확실하지는 않다. 그래서 제대로 한 투자가 어떤 것인가에 대한 논의는 분분하다. 아버지는 그의 자식이 시인이 되기로 작정했기 때문에 자신의 재능을 낭비했다(즉, 투자를 제대로 못했다)고 생각한다. 반면에 아들은 아버지가 사업계에 뛰어들어서 재산을 다 날렸다고 비난할 수도 있다. 우리는 사람이 살면서 실제로 번 돈과 쌓아놓은 재산을 인생의 성공과 실패의 잣대로 생각하기 쉽다. 그러나 조금만 생각해 봐도 돈과 재산은 항상 믿을 만한 잣대가 아니라는 것을 알 수 있다.

14) 관계로서의 인생

많은 사람들에게 그들의 삶에서 가장 중요한 것과 그들의 삶에 의미를 주는 것은 인간관계이다. 그러나 여기서 말하는 인간관계란 사람이 인류나 거대한 국가의 한 부분이 된다는 거창하고 추상적인 의미가 아니라 어떤 한 사람과 혹은 몇 사람과의 특별한 관계를 말하는 것이다. 그래서 사람들은 인생에서 정말로 중요한 것은 우정이라고 말하거나, 인생에서 가장 중요한 것은 사랑이라고 말한다. 이것은 인간의 관계를 나와 그것의 관계가 아니라 나와 당신과의 관계로 본다는 것이다. 이러한 관점을 가지고 인생을 살아가는 사람은 사람을 중요시 여기기 때문에 이기적 차원에서 벗어날 수 있다. 다른 사람과 공감을 이루면서 살기 때문에 다른 사람과의 연대감을 느낄 것이며, 따라서 현대의 특징인 대중 속의 고독을 느끼지 않을 수 있다. 그러나 그 관계가 우리의 고질병인 세 가지 연(緣) — 혈연, 지연, 학연 — 에서 벗어나지 못할 때, 부패와 집단적 이기주의를 벗어날 수 없다. 그러므로 관계로서의 인생에서 중요한 것은 올바른 관계이다.

찾아보기

[ㄱ]

가치론 70

갈릴레이(Galileo Galilei) 193

개연적 239

게임으로서의 인생 270

격률 91

견해의 자유 149

결정론 61, 123, 126-133

경제적 자유 139, 143-146

경험론 236

경험적 논증 205

고닐로(Gaunilo) 207

공과(功課) 165

공리 95

공리주의 85, 89-90, 92-97, 100-102

공포로부터의 자유 137-138

과정(process) 253

과학적 결정론 130-131

괴테(Johann Goethe) 272

교육의 자유 149

국가적 자유 139-140

권위 64, 72, 196

귀납적 논증 72, 239

규정(prescribing) 67

극기 279

기회의 평등 161-163

깨달음 258

[ㄴ]

나쁜 신앙 255-256

네 가지 자유 137

네이글(Thomas Nagel) 172

노직(Robert Nozick) 101, 143, 158-161, 166

논리적 실증주의 68

논리철학 74
느슨한 결정론 128, 130
니체(Friedrich W. Nietzsche) 183, 272
닐센(Denis Nilsen) 134

[ㄷ]
다신론 213
다원론적 이론 103
대의정부 142, 145
데카르트(Rene Descartes) 35, 56, 78, 206, 247
도덕적 악 214, 222
도스토예프스키(Dostoevsky) 250
듀이(John Dewey) 35

[ㄹ]
라이프니츠(Gottfried Wilhelm von Leibniz) 78, 220-221
라플라스(Pierre Simon LaPlace) 130-131
랜드(Ayn Rand) 143, 158
러셀(Bertrand Russel) 25, 31, 73, 237
로데스의 안드로니쿠스(Andronicus of Rhodes) 82
로크(John Locke) 32, 147, 160, 237
루소(Jean Jacques Rousseau) 171
루스벨트(Franklin Delano Roosevelt) 137-138
루이스(C. S. Lewis) 219
루터(Martin Luther) 265

[ㅁ]
마더 테레사(Mother Teresa) 94-95
마르크스(Karl Marx) 31
마이모니데스(Maimonides) 216
망상 256-258
메타피지카 81
명상 276, 278
명예로서의 인생 276-277
명제 태도 74
모험으로서의 인생 273
목적론적 증명 197
묘사(describing) 67
무어(G. E. Moore) 103
미드(Margaret Mead) 175
미학 70-71
믿음 논리학 73
밀(James Mill) 89
밀(John Stuart Mill) 32, 89, 150, 237
밀레트(Kate Millett) 176
밀턴(John Milton) 149-150
밋글리(Mary Midgeley) 134

[ㅂ]
방임주의 117
백지장 237, 240
버클리(George Berkeley) 35
베이컨(Francis Bacon) 23
벤담(Jeremy Bentham) 89
변증법 20
보부아르(Simone de Beauvoir) 173, 177
보편자 83

본유적 관념 231
본질적 자아 242, 244-247
분석철학 68
불간섭주의 117
불성(佛性) 258
브라운(Norman O. Brown) 274
비트겐슈타인(Ludwig Wittgenstein)
　25, 35

[ㅅ]
사르트르(Jean-Paul Sartre) 251-253,
　255-257
사명으로서의 인생 272
사상의 자유 150
사실에 대한 해석 234, 253
상대주의 68
생명에 대한 권리 147
선의지 90
선험적 논증 205
설계 논증 197, 199-200
성 아우구스티누스(St. Augustine)
　34-35, 216, 264
성 토마스 아퀴나스(St. Thomas
　Aquinas) 35, 202
성(性) 이데올로기 169
성장 경험 278
셸링(Friedrich von Schelling) 272
소극적 결정론 128
소극적 자유 138
소크라테스 33-34
쇼펜하우어(Arthur Schopenhauer)
　171, 279
스크루턴(Roger Scruton) 172

스키너(B. F. Skinner) 131
스토아 철학 279
스티븐슨(C. L. Stevenson) 69
스피노자(Baruch Spinoza) 36, 236
식민지주의 139-140
신정론 77
실재 83-86, 189
실존주의자 62
실체 52, 83, 185-192
심리적 이기주의 106-109, 121
심리철학 84-85
싱어(Peter Singer) 119

[ㅇ]
아리스토텔레스(Aristotle) 31, 73,
　193, 203
아프리오리(a priori) 231
안셀무스(Anselm) 205-207
애틀리(Clement Richard Attlee)
　156
양상 논리학 73
엄격한 결정론 128, 130-131
에이어(A. J. Ayer) 69
엥겔스(Friedrich Engels) 31
역사철학 78
역설(paradox) 235
연역적 논증 72
열린 물음으로서의 자아 251
열반 275-276
열반으로서의 인생 275
열정(passion) 250
예술로서의 인생 272
예정론 131

오웰(George Orwell) 157
욕망으로서의 인생 274
욥(Job) 39
우연적 진리 230
우주론적 논증 76, 202
우주적 자아 256, 258
울스턴크래프트(Mary Wollstonecraft)
  149, 173
울프(Virginia Woolf) 173
유비 논증 200
유아적 신(an infant Deity) 220
유아주의 247-248
유토피아 264
윤리적 결과주의 89
윤리적 이기주의 106, 113-118
의무 논리학 73
의무론적 윤리론 92, 99
의무주의 89
의식적 자아 245
의지의 자유 123
이데아 133
이모티비즘(emotivism) 69, 215
이성(rason) 236
이성의 이데아 210
이성의 진리 229, 231, 239
이성적 사유 250
이타주의 105, 112, 118-121, 276
이타주의로서의 인생 276
인과율 123-126, 135, 203
인과율과 우연 124-125
인생의 의미로서의 내세 266
인생의 의미로서의 자식 264
인생의 의미로서의 하나님 264

인식론 81, 83, 226
일신론 213

[ㅈ]
자기동일성 245-247, 249-251, 258
자기정체성 245
자연권 147-148
자연신학 205
자연적 악 214, 222
『자유론(On Liberty)』 150
자유에 대한 권리 147-148
자유의지 61, 84, 123-128, 221-222
자치 141-142
재산에 대한 권리 147
재산의 자유 149
적극적 결정론 128
적극적 자유 138
정당화된 참된 믿음 236
정신(spirit) 258
정치적 자유 138-139, 141, 144-146
제퍼슨(Thomas Jefferson) 31, 147
젠더(gender) 180-182
존재론 185, 189-190
존재론적 논증 76, 205-207
종교의 자유 144-146
종교적 결정론 130
좌절 274, 278-279
좌절로서의 인생 278-279
주체적 진리 242
진정한 자아 243-245, 255-256
질병으로서의 인생 273

[ㅊ]
창조적 원인자 136
챔벌린(Wilt Chamberlain) 158
철학사 77-78
초연 279
초월 252-253
최소한의 국가 167
최소한의 필요(necessary minimum)
  167

[ㅋ]
카뮈(Albert Camus) 267, 271
카스트 171
카오스 이론 100
칸트(Immanuel Kant) 76, 90-91,
  210
칼리굴라(Caligula) 141
캘빈주의 130
코페르니쿠스(Copernicus) 54
콩스탕(Benjamin Constant) 149
키에르케고르(Kierkegaard) 250

[ㅌ]
탄탈루스(Tantalus) 274

[ㅍ]
파우스트(Faust) 271, 275
팡글로스(Panglos) 221
페미니즘 171-173, 179
페인(Thomas Paine) 149
페일리(William Paley) 198
폴 포트(Pol Pot) 141
프레게(Gottlob Frege) 73

『프로슬로기온(*Proslogion*)』 205
프로이트(Sigmund Freud) 177, 273
플라톤 171, 235
플레처(Joseph Fletcher) 68
필연적 진리 229-231, 237-238
필요(必要) 165

[ㅎ]
하나의 양파 259
하이데거(Martin Heidegger) 35
한정 기술구 74
합리론 78, 236
항구성의 원칙 275
항진(恒眞)명제 228
해석적 개념 132
행동이론 65, 84
행복 추구권 147
행복주의 89
허무주의 267-268
헤겔(G. W. Hegel) 79, 258
헤세(Hermann Hesse) 259
현상 191-192
형이상학 81-84, 185, 194
호머(Homer) 38, 276
호신론 77
화이트헤드(Alfred North Whitehead)
  73
환상 42, 52, 245
회의주의 247-248, 257
흄(David Hume) 126, 199, 201-
  202, 220, 257

최 유 신

중앙대학교 철학과를 졸업하고 같은 대학원에서 석사, 박사학위를 받았다. 미국 인디애나대학교 철학과에서 두 번에 걸쳐 방문교수로 연구과정을 거쳤으며, 지금은 선문대학교 철학과 교수로 재직 중이다. 주요 논문으로는 「John Locke의 관용론 연구」, 「John Rawls의 정의론 연구」, 「관계의 측면에서 본 관용과 사랑」, 「K. Barth의 인간학 연구」, 「로크의 자연권과 그것에 상응하는 의무에 관하여」, 「Plato's Moral Politics from the Viewpoints of 'United Constitution with Dual Purposes'」, 「로티의 관용에서 가다머의 관용으로」 등이 있으며, 역서로는 『동양고전철학입문』, 『전쟁과 평화의 윤리』가 있고, 저서로는 『윤리란 무엇인가』가 있다.

철학이란 무엇인가

·

2006년 11월 10일 1판 1쇄 인쇄
2006년 11월 15일 1판 1쇄 발행

지은이 / 최 유 신
발행인 / 전 춘 호
발행처 / 철학과현실사
서울시 서초구 양재동 338-10
전화 579-5908 · 5909
등록 / 1987.12.15.제1-583호

ISBN 89-7775-607-3 03100
값 12,000원